新コモンズ論

幸せなコミュニティをつくる
八つの実践

細野助博
風見正三
保井美樹
編

A NEW COMMONS : INTRODUCTORY ESSAYS

中央大学出版部

まえがき

　本書は「コモンズ」というキーワードを共通に用いた8編の論考でできている。各編で人口減少と高齢化が進み，次第に格差が顕在化しつつある地域社会のあり方を問い，実例を踏まえてその解決を提示する。日本計画行政学会において2009年に設置された専門部会「コモンズ研究会」の研究活動の中で生み出された知見のいくつかを世に問う形でまとめている。

　これまで「コモンズ」というキーワード自身は，古今東西にわたり，いろいろな専門分野，いろいろな思想や主義主張を基盤として，また単一の研究領域として，あるいは学際的対象として，論者の思いのままに，様々な角度と事例をもとに議論されてきた。その点では文理融合，学際的アプローチを信条とする（一般社団法人）日本計画行政学会に最もふさわしい研究対象の一つといっても過言ではない。

　しかし他方で，多様なアプローチで「コモンズ研究」が進められてきたこと，その間に議論の共通基盤を構築する動きもなかったことから，いまだ体系化の兆しが見えず，ともすれば「コモンズ」をキーワードとする書籍の多くが，執筆者一人の単著であるいは複数の執筆者による思いだけが色濃く出てきてしまうバラバラな論考の寄せ集めになる危険性が避けられない場合が多かったように思われる。本書もその例にもれないのではという危機感から，幾度かの編集会議を経て，考え方やアプローチの仕方に関して統一感が出るように模索を続けた。しかし取り扱うべきテーマについての多様性やそれに伴う多義性は当然のごとく無視しえず，同時に個々の論考の自己完結性も犠牲にすべきではないという結論に達した。それは，無理に統一するような負荷を執筆者たちに押し付けることのマイナス面も考慮すべきだという意見も出たからで，最終的に読者諸賢が手にするこのような構成となった。したがって教科書のように1章から順序立てて読むこともできるし，なるべく事例を組み込むべきという基本原則を立てたことから，各章を独立に読み進むこともできるように各論考を配置した。各章の執筆者がそのよって立つ立場を明確にするために，執筆者個人の注目する「コモンズ論」に言及するところに本書の特徴もある。これは

論考の冗長性を放置したわけではない。また読みやすさを考慮するため，記述形式に関してはできるだけ共通のパターンを取った。

それでは本書の構成を手短に紹介しよう。

まず，第1章はこれまでのコモンズの概念を手短に展望する。その上でコモンズ自身が消費の対象としての側面よりもむしろ，コモンズの自己再生と試行錯誤を繰り返しながら進化創造する側面に注目した。その具体的事例として地域社会の再生に向けて，地域の未来を創造する学生たちの活動を推進力の中心に置く産官学の連携組織から「コモンズ」のあり方を検討する。

第2章は，「知財＝知のかたまり」という知識社会における基本的エレメントが，真の意味で人間社会を幸福にするイノベーションを引き起こすには，コモンズの内容が重要であり，「イノベーションへの期待に関する情報」など三つのエレメントから構成されると同時に，知を重視する現代社会ではグローバルな視座を忘れてはならないと述べる。

第3章は，害を及ぼすと忌避されてきた渡り鳥が渡来する湖沼を，新たな価値を創造する「コモンズ」としてとらえなおす運動がそのまま地域産業の活性化につながりだす経緯とその結果を詳述している。小さな運動の成果が可視化を通じて価値連鎖の創造と拡充してゆく過程を吟味することで，成功を生み出す要因を抽出する研究の試みが語られている。

第4章は，再生されるコミュニティ空間をある種のコモンズとし，アートをその再生の過程でツールとして活用することを薦める。コミュニティを構成する市民がアーティストと協働し共育し合う実践的姿を「コミュニティ・エンゲージメント」ととらえ，その現場力を米国の事例から掘り起こす。

第5章は，公共空間や施設等の社会インフラをめぐって発生するフリーライダー問題を都市問題と関連付けながら，社会関係資本がもつ都市の再生力を吟味する。具体的には，ニューヨークのコミュニティ会議，BIDを題材にしてその自発性と再生効果がもつプラス／マイナス両側面についての教訓を日本のエリアマネジメントに生かすための官民共同の条件を探る。

第6章は，コモンズの過少消費という現象に着目したアンチ・コモンズ論を紹介し，それを中心市街地活性化の枠組みにあてはめる。活性化政策の枠組み

を地域の事情に通暁しない中央政府がつくることから，中心市街地活性化が地域共通の利益よりも特定集団の利益に転化する過程を「まちづくり」に焦点を当てて指摘する．

第7章は，これからも起こるであろう大災害をも創造的に乗り越えるための有効な社会基盤を構築することの重要性をテーマとする．南三陸や著者が直接携わった東松島での事例等を通して，社会基盤はあくまでも「地域に根差すべきもの」であり，そのための地域創造の戦略ツールとして，広義の意味でのコミュニティビジネスの高い実効性を紹介する．

第8章は，ソーシャルイノベーションの一類型ともいえる，近年盛んになっている産官学の広域連携の実効性を，「（広域の）面的なコモンズ」を形成することで担保し，その実効性は普遍的（つまりどの地域でも）であることを証明する．「桜」という自然資源をシンボルとした活動空間（コモンズ）を構築し，その成功をきっかけに地域資源の掘り起こしと活用を通じて，地域活性化の使命を着実に達成しつつあることを紹介する．

以上が本書の構成である．本書で取り上げる「コモンズ」には多義性，あいまい性が散見されるとして読者諸賢はある種の戸惑いといぶかしさを感じるはずである．しかし，コモンズ論に定型的な定義が早急に必要であるという立場を，本書執筆者は誰も取らない．あえていえば本書を出発点として，新たなコモンズ研究が進むことを願っている．その意味で，本書のタイトルを「新コモンズ論」とした．この挑戦的姿勢を感じながら読み進めていただければ，執筆者の意図が伝わってくるはずである．

2016年初春のキャンパスから

編者を代表して　細野助博

目　　　次

まえがき ……………………………………………………………… i

第1章　創造的なコモンズ
──現代社会に必要な新しいコモンズ論──
細野助博

　はじめに …………………………………………………………… 2
　第1節　コモンズの価値とその持続可能性 …………………… 4
　第2節　創造的なコモンズの創発 ……………………………… 22
　第3節　創造的なコモンズの展開
　　　　　──大学起点の産官学連携「ネットワーク多摩」の挑戦── … 39
　おわりに …………………………………………………………… 53

第2章　知的財産とコモンズ
菊池純一

　はじめに …………………………………………………………… 58
　第1節　知識を本位とする社会における知財 ………………… 58
　第2節　知財の与益 ……………………………………………… 60
　第3節　コモンズのシステム論 ………………………………… 70
　第4節　創成循環によるイノベーション ……………………… 77
　第5節　地域とコモンズの関わり ……………………………… 82
　おわりに …………………………………………………………… 84

第3章　世界農業遺産やラムサール条約湿地という コモンズを活用した地域価値の共創
　——宮城県大崎市・蕪栗沼ふゆみずたんぼ プロジェクト他——

大和田順子

はじめに ………………………………………………………………	88
第1節　地域価値の継承 ………………………………………………	89
第2節　ラムサール条約湿地というコモンズ ………………………	92
第3節「世界農業遺産」というコモンズ …………………………	109
おわりに ………………………………………………………………	120

第4章　アートとコモンズ
　——アメリカ社会における現代アートによる コミュニティ・エンゲージメント——

菊池宏子

はじめに ………………………………………………………………	124
第1節　アメリカ社会における歴史的展開 …………………………	125
第2節　コミュニティ・エンゲージメントとは …………………	129
第3節　現代アートの社会的機能 ……………………………………	135
第4節　アーティストによるコミュニティ再生と コミュニティ・エンゲージメント ………………………	143
おわりに ………………………………………………………………	150

第5章　都市とコモンズ
　　　――政府と市場をつなぐエリアセクターの構想――
　　　　　　　　　　　　　　　　　　　　　　　保井美樹

　　はじめに ………………………………………………… 156
　第1節　都市におけるコモンズの議論 ………………… 157
　第2節　都市コモンズは復活するか
　　　　　――ニューヨーク市のケース・スタディ―― ………… 162
　第3節　コミュニティ会議（Community Board）に見る
　　　　　集合的意志決定 ……………………………… 165
　第4節　BIDに見る集合的資源活用事業 …………… 172
　第5節　新しいコモンズと連携型管理による都市再生 ………… 180
　　おわりに ………………………………………………… 185

第6章　中心市街地の活性化とコモンズ
　　　――「まちづくり会社」による中心市街地の
　　　　　活性化とは何であったのか？――
　　　　　　　　　　　　　　　　　　　　　　　矢部拓也

　　はじめに ………………………………………………… 190
　第1節　従来のコモンズ論に対するハーヴェイの
　　　　　都市コモンズ創出論からの批判 ……………… 191
　第2節　まちづくり3法による中心市街地活性化政策
　　　　　とは何であったのか？ ………………………… 199
　第3節　アンデルセンの「福祉レジーム」の3類型と
　　　　　二重構造 ………………………………………… 201

第4節　まちづくりの新たな二重構造とネオリベラリズム …… 204
第5節　「まちづくり」の比較分析 ……………………………… 205
第6節　今後のまちづくりはどこへ向かうのか
　　　　――緊縮論者（オーステリアン）か修正ケインズ
　　　　　主義者か―― ……………………………………… 215
　　おわりに ……………………………………………………… 218

第7章　震災復興とコモンズ

風見正三

　　はじめに ………………………………………………………… 224
第1節　20世紀の成長主義を超えて
　　　　――真の豊かさの追求―― ……………………………… 225
第2節　コモンズの視点による地域創造 ……………………… 229
第3節　大震災を超えて
　　　　――コミュニティイノベーションの時代―― ………… 232
第4節　地域主体による真の創造的復興 ……………………… 235
第5節　東北再生の新たなる視座
　　　　――社会的共通資本としてのコミュニティ―― ……… 244
　　おわりに ……………………………………………………… 246

第 8 章　地域連携とコモンズ
　　　——地方創生に向けて——

　　　　　　　　　　　　　　　　　　　　宮坂不二生

　はじめに ………………………………………………… 252
第 1 節　人口減少時代の「地域の活性化と自立」 ……… 253
第 2 節　人口減少時代におけるコモンズを活用した「美しい
　　　　多摩川フォーラム」の普遍的な地域づくり運動 ……… 254
第 3 節　人口減少時代におけるコモンズを活用した東北復興
　　　　支援プロジェクト「東北・夢の桜街道運動」………… 266
　おわりに ………………………………………………… 279

　あとがき ………………………………………………… 283

第1章

創造的なコモンズ
―― 現代社会に必要な新しいコモンズ論 ――

細野助博

はじめに

　コモンズの対象的となる資源などは経済的に定義すれば，個人が独占的に享受したり，他を排除することを財産権で守ったり，維持管理することのコストよりも，その便益的価値がそれほど高くない財である。このことから，合意（暗黙あるいは契約をこの際は問わず）のうえでルールを前提に共同で管理し維持する対象として定め，その便益をシェアし享受する財や空間と定義できる。あるいは，多様な社会の背景のもとである種の社会的共通資本の一つとして，持続可能な形で管理運営するための制度や工夫をコモンズと位置づけることもある。このようにコモンズには多様な貌がある。コモンズのコモンズたる所以といえよう。

　魚の乱獲に関するゴードンのモデル，牛の放牧で牧草地が劣化するハーディンの指摘などで示されるように，財産権が明確でないいわゆる共有地や入会地において，制度的な仕掛けや調整弁が欠落している場合に機会主義的，利己的な使用が行われ，そのために持続可能性が脅かされたり枯渇したりした例が歴史上確認されてきた。しかしコモンズがもつ本質的な脆弱性に関する彼らの指摘がある一方で，制度的工夫により共有地や入会地の保護や管理がうまく作用し持続してきたケースも多々ある。ただし，いずれにしても管理制度がうまく作動しない場合は，機会主義的な利用者の増大がもたらす混雑現象により，共有地や入会地の枯渇につながるという基本認識が共通の前提となっている。

　しかし近年の日本や先進国における森林の放置や耕作地の放棄などに見られるように，利用者が激減することによる「過疎化」で，かえって共有地や入会地の荒廃が起こるケースも出現してきている。ある程度の密集や待ち行列の効用にも目を向ける必要性についてもここでは指摘する。これから議論を展開する共有地や入会地以外の広義のコモンズに対する議論する場合，何らかの再定義や分析フレームの再構築が必要になることを指摘したい。

　さらに本章ではコモンズの利活用あるいは消費以外に，もう一つの側面を指摘する。既存のコモンズの大半の議論は，財や空間などの形を成す共有資源の

消費という側面に限定している。ここではコモンズを構成する資源は利活用あるいは消費のみでなく，コモンズ自身が資源生産のフロンティアを今まで以上に拡大する可能性を秘めていることを指摘する。むしろ消費よりも生産についての密度の高いコミュニケーションを可能にする協調行動こそが，新しいコモンズの側面を明確に語ってくれる。その際に従来のコモンズ枯渇論で議論の多くを占めていた混雑や機会主義者の問題が引き起こす「コモンズの悲劇」以外に，コモンズの社会的機能について十分に理解し得ないがゆえに，機会主義的行動に出る傾向が強いよそ者の積極的な導入で，彼らの行動パターンの変化がむしろ「コモンズの生産」や「コモンズの楽園ドラマ」などに生まれてくる可能性が強い。さらに「長期的な付き合い」を前提とすれば，コモンズを巡っての機会主義的行動の自己抑制や互恵的行動選択，はたまたメンバーシップからの自発的または非自発的退出を派生させるメカニズムがそこにはあるはずだ。本章ではこれらに焦点を合わせることが今後のコモンズ論には必要であるという問題意識で議論したい。その意味で新たに「創造的なコモンズ」というキーワードを使って議論を展開する。

　またコモンズを巡っては，ICT などの進展をもたらしてきた技術進歩の側面からの指摘も必要であろう。ICT 技術の進歩と普及により「いつでも・どこでも・誰でも」安価にコミュニケーションできる社会が実現しつつある。いわゆるユビキタス型の社会である。このような時代背景を前提とした場合，従来型のコモンズ論の再構築が必要不可欠となる。空間と時間の制約の緩和は，コモンズ論で盛んに議論される最適化からの乖離をもたらす情報格差などで発生する各種の取引費用を大幅に低下させる可能性も高い。ICT を介したコミュニケーション能力の社会的な増大は，社会のあらゆる階層の共感や協調行動を同時に促進する。そのことが社会的コンテクストのもとで展開されるビジネスシーンにおいて，ビジネスの社会的責任や様々な社会階層との間で展開される協働を通じた価値創造とその配分を巡る協力を容易にする。これらは，「マーケット」を介さずにいろいろな局面で発生してくるし，「市場か国家か」あるいは「市場か組織か」といった取引費用の経済学が重用する二分論を色あせたものにする。既存の集中・集積理論では捉えきれない「モラルや慣習」などの

説明を待つ現象がそこにはある。

　以上の問題意識のうえで，本章はコモンズ資源の生産と消費の通時性から消費と生産の共時性へと議論のウエイトをシフトさせる意義を明らかにする。構成は第1節でコモンズの価値とその公共性について先行研究の紹介も含めて理論的に述べる。第2節においてコモンズの新しい概念枠組みとして「創造的なコモンズ」について説明し，そのコモンズが様々なビジネスシーンにおいてどのような効果を発揮するかを述べ，第3節で産官学連携の組織とその活動空間を創造的なコモンズとして事例紹介し，最後に創造的なコモンズの公共政策上の意味合いを述べる。特に創造的なコモンズが日本の中央集権的な社会システムを一変する可能性について簡単に指摘し，現代日本の都市論や国の形論について一石を投じたいと思う。

第1節　コモンズの価値とその持続可能性

1.1　コモンズと市場

　市場を介して取引が成立した歴史は案外古い。人々が持てる物と持たざる物を他人と交換することから始まった。そこにおいて貨幣を仲立ちとする価格のメカニズムが働いたかどうかはわからないが，いわゆる交換の場としての市場はかなり古くからある。その際にそれぞれの交換者は相対取引を前提としながら，詐欺や不正や脅しも当然介在したことは想像に難くない（マクミラン2007，グライフ2009）。1回限りの取引であれば不釣り合いな取引も当然起こり得る。しかしそうした取引は長続きしなかった。信頼と安心が介在することによって取引は継続されたし，安全と安心が約束される優れた取引の場も取引当事者の評判とともに口コミなどで充実していくことになる（佐藤2008，ビンモア2010）。やがて交換の対象地域は拡大することになり，移動距離の拡大を伴う取引の利便性から持ち運びに便利な貨幣が用いられるようになる（岩井2015）。物財の交換価値が貨幣をメディアとする価格という「数のメッセージ」によって収束してくるには取引を巡るコミュニケーションコストの大幅な削減という

利便性からして，そう時間はかからなかった。そのうちに価格が物の価値や生産コストを反映するようになる。当然それは物の希少価値とも結びついてくる。よく経済学ではダイヤモンドと水の話が引き合いに出される。使用価値からすると水はダイヤモンドより高いが，交換価値からするとダイヤモンドの方が高くなる。このパラドックスの説明に商品の希少価値という説明が永らくなされてきた。つまり，交換価値（価格）の決定には交換を目論んでいる人たちの共通認識として希少性が高いかどうかにかかっていた。当然希少性は，主観，客観問わず，様々な要因で決定される質や量によって左右されるため，価格という「数のメッセージ」が商品に関する多面的な情報を集約しているという共通認識ができてくる。このような価格の基本的な機能を十分に活用して交換市場は進化し，その信頼性に基づいて市場経済が発展した。他方，そのような社会がつくり出す格差や貧困などの歪みを是正する必要性から，計画経済という物量をむしろ計画的にコントロールする社会的実験が社会主義国を中心に行われてきた。この計画経済は，ハイエクを中心とする経済学者によりその計算の膨大さからして不可能であることが指摘され，社会主義陣営の経済学者を中心に政府による価格をコントロール手段とする「擬似市場経済的」社会主義経済のアイディアに変更されたりした。しかし，いずれにしても価格メカニズムがもつ情報の効率性と欲望を満たし得るインセンティブ上の整合性は資本主義的な経済メカニズムを世界的な共通システムに押し上げることになる。その象徴がベルリンの壁の崩壊である。ただし当然ながら，この情報効率性とインセンティブの整合性をもつ市場メカニズムも限界を擁していることは経済学的常識でもある。そうでなければ，リーマンショックのようなパニックがたびたび起きることは考えられない。市場はフランク・ナイトのいう「不確実性」にとても弱いからだ（ファーガソン 2009）。

　価格メカニズムを主軸にした市場も実は大きな限界を擁していることは，以下のような事由による。一つは社会を構成するどの個人の意思決定にも他人の意思決定が当然のように作用してくる。道路の混雑，受動喫煙などがそのマイナス的な側面であろう。逆にプラス的な側面もある。例えば日本では自らが負担したわけではないが，地下鉄などの新駅が居住地のすぐ近くにできる計画が

もち上がると，同時にその地域一帯の地価は交通利便性が期待されるから当然上昇する。これらのプラス／マイナス両側面の現象を「外部性」という。外部性のマイナス面を社会的費用といい，この費用は外部生の発生度合いに応じて私的に支払う私的費用との乖離を生む。また，プラスの外部性は社会的な便益と私的な便益の差を生む社会的に望ましい外部性を十分にもたらすことがなくなる。実はこの論文の骨子である創造的なコモンズは，このプラスの外部性の一種である。これをいかに増加させるか，あるいは増大させるかあるいは充実させるかが本章の議論の中心である。

　社会的最適化の観点から外部性のコントロールのために，税金や補助金を駆使して誘導する手立てをこれまで政府は採用してきた。しかし，その手立てが，情報に関わる不確実性や個人の利己的な思惑により，効果が中和されあるいは逆に歪み変化してしまうことが，様々な事例によって明らかになっている。当事者たちのインセンティブに関わる問題が発生してくるからだ。だからあたかも外部性に関するマーケットが合理的に成立し得ると仮定し，例えば CO_2 の排出権取引が試みられたりしているが，なかなか実効性の点において楽観できるものではない。さらに外部性について加害者に税を課す場合と，加害者に被害者から補償金を与える二つの政策では，もしも被害者と加害者の間での交渉のコストが限りなく０に近ければ，社会的に最適な同一の結果をもたらすという有名な「コースの定理」がある（神取 2015）。しかしまたしてもこのような取引の状況においては双方に情報量の格差が無視し得ないほど大きい場合，取引費用はそれに応じて増大する。お互いの信頼とお互いの正直さというものが存在しなければ大きな歪みをもつか取引が成立し得なくなることは明白である。以上のことから社会的最適化を実現する方向に導く「とりなしの神」として，第三者が登場し裁定するメカニズムを考えないといけない。その第三者の代表として，政府の必要性というものが浮かび上がってくる。

　市場の限界の二つ目は，取引者同士で交渉力の強弱が大きい場合が挙げられる。優越的な立場にある方がそうでないものに対して不利な交換条件を主張する場合が出てくる。この場合にも取引は長くは続かない。あるいは部分最適が短期的には実現できても，長期的には最適状態から大きく外れてしまうケース

が出てくる。弱い立場の取引相手を窮地に追い込むことで，下請けが集積する産地自身が崩壊する。さらに下請けを搾取することで彼らの思い切った投資による効率化を妨害することで，長期的には親企業も競争力を失ってしまう「ホールドアップ問題」が生じる例が多々ある（ウィリアムソン1989，長岡他1998）。ある面では鮫と小魚の関係のように，小魚を余計に獲りすぎると，鮫はやがて餌の枯渇から生存が脅かされるようになる。同様のことが取引の中でもいえる。そのため下請法や独占禁止法のような規制法が国によって制定されることになる。やはりここでも国は「とりなしの神」として出現する。

　市場の欠陥ゆえにとりなしの神として政府が必要とされるが，議論を簡潔にするためにそのような政府活動の束をとりあえず「公共財」という概念でここではくくってみる。公共財は基本的には誰にもオープンで混雑も引き起こさないことから，「等消費性」をもつと考えられる。国民全員に等しく享受されると同時に，「非排除性」ゆえに享受と負担が完全に分離されている場合が公共財の特徴である。したがって，「非排除性」ゆえに上で述べた市場の限界は公共財によって十分解消に向かうと考えられてはいない。なぜなら先に述べた計画経済と同様に政府にとりなしの神としての機能を委託する市民が正しいメッセージを出さないあるいは「出せない」場合は，「特定の利益集団の虜」になり，政府もまた失敗することになる（ディキシット2000）。ひところ資本主義の救世主といわれたJ. M. ケインズが一握りのエリートや賢人により国家運営がなされるべきというナイーブな主張をした。この主張こそが，政治学者や経済学者によって，ケインズを「世界恐慌を救った大恩人」という権威の座から引きずり下ろした理由である。

1.2　コモンズと機会主義者

　公共財という政府サービスを享受することと負担が直接対応していないことから，機会主義者の出現が必然的に起こってくる。これは，どのような組織体あるいは，何らかの目的に従って形成される集団にも共通しているある種の病理である。あるいは社会的ルールや制度の不完全性ゆえに個々人の利己的な行

動が引き起こす社会的なジレンマといえる。特にこのジレンマをゲームの理論に翻案すると，囚人のジレンマと言い換えることができる。この機会主義者こそが，ゴードンやハーディンが指摘した「コモンズの悲劇」をつくり出す主要因であった。

　一般的に共有地や入会地が存在した理由について考えていく。コモンズは所有欲を左右する誘引がそれほど高くない物財，あるいは空間といえる。植林がなされていない雑木林，水が溢れやすい沼沢地などが一般的に指摘されている。他の用途として顧みられない雑木林は燃料革命が起こる前の炭の原料を調達する場として貴重であったし，動植物性のタンパク源を採取するための場所として沼沢地もその一例であるといえる。入会地としてのそこには特定の個人に所属する財産権（所有，使用，処分などに対する排他的権利）は存在しなかった。その理由は個人で負担するにはあまりにも高すぎる管理費と，個人で独占してもそれほど価値のない資源しか存在しないからである。したがって，不明確な財産権のまま放置されてきた。もっとも，人口増加により家屋の建設等が早まった時代においては森林の価値は上がり，一方では国有林，他方では私有林として入会地などのコモンズから分離された歴史はある。しかし資源の市場価値の変動により私有林等は荒廃に任されるという場合も出てきて，必ずしも望ましい方向での変化ではあり得ない場合が多かった。コモンズは私的な営みの中で，所有権については緩い縛りを約束され使用権については相互監視のかなり強い縛りで維持管理されてきた。その点では公のものであると同時にその対概念としての私の自己規制的な行動が強く期待されることによって持続性を保ってきた存在である。このことからゴードンのモデルを中心にしてハーディンの要素を若干加味したモデルの政策的合意は示唆に富む。コモンズを議論する場合には避けて通れないので，以下に簡略に述べる。なお，複数存在する場合「個別モラル」によってハーディンのいう悲劇を超越できる可能性があるとしても，普遍的なモラルが確立しなければ「個別モラル」間の対立をもたらす可能性は高い（グリーン 2015）。

　ここではまずゴードンの指摘した「コモンズの悲劇」を簡単に説明する。カナダの政府からなぜ沿岸漁民の貧困が継続するのかの研究を依頼され，1954

年に古典的な論文を書いた H. S. ゴードンはコモンズとして漁場を捉えた（クラーク1988）。そこで彼は漁民の低収入は魚の乱獲によって引き起こされていると主張し，乱獲を抑えるための最適漁獲量を提案した。しかし彼の提案は乱獲を抑えたが，その代償として漁民たちに過剰設備という負担を導く提案になってしまった。これを簡単な図表式で示そう（図1-1）。

横軸に漁民たちが漁獲量を増やすために彼らの労働力と漁船等の投入量を示す。縦軸に魚の価格と量で変化する収入と漁労投入量と技術で変化する費用をとる。収入曲線は漁獲量により価格も上下するため，ある一つの最大点をもつ上に凸の2次曲線と単純化して表すことができる。ゴードンは漁民たちの貧困の継続を乱獲として捉えた。その際に十分な設備をもたなくても労働投入を増やすことによって低い費用曲線1で漁業ができるならば，点aの均衡点が実現することになる。これは明らかに乱獲をもたらし，何らかの制約が課されない場合，時間とともに収入曲線を下の方に押し下げる効果をもつ。この乱獲を抑えるためには，矢印で示されるように費用曲線を1から2に変化させなければならない。その変化は政府当局の規制によらなければならないとゴードンは提案した。しかしそのためには手持ちの設備あるいは労働力を削減しなければならない。つまり収入曲線の頂上よりも左に位置する点bを実現するには，フローとしての労働力は単純に減少させることはできても，ストックとしての船や貯蔵庫などを遊休設備に転化させる可能性を強いることだ。それは当然，収入を増やすどころか逆に減らすあるいは設備購入時に発生させ負債の増加をもたらす。そして実際に起こったのはこの推論の通り，当局が望んだ沿岸漁民の収入の安定化とは逆の効果であった。

彼は政府による強い規制

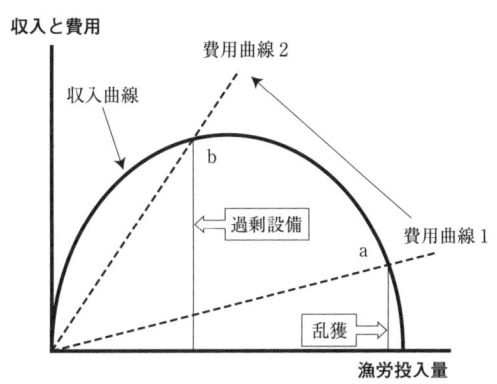

図1-1：ゴードンの漁労モデル

により問題は解決すると考えたが，期待したこととは真逆の効果が生まれることを様々な研究から指摘された。しかしゴードンが沿岸漁民にとって漁場がある種のコモンズであるという位置づけから論理を出発させたことの意味は大きい。なぜなら漁民の定収入の源泉は漁場を誰のものでもないコモンズとして認識し，漁民の利己的行動様式が，結果として乱獲を産んだという本質的な指摘を1950年代に行ったからである。

さて，そのゴードンの指摘から約10年経って生物学者のG.ハーディンは『共有地の悲劇』という古典的な論文を発表した（ハーディン1975）。共有地は誰のものでもない。個々人の私的な利益最大化の構造が長期的には共有地の資源を枯渇させる効果をもつことを指摘し，財産権を独占的個人に委ねるか，あるいは公有財産として国の管轄下に置くかのいずれかしかないという結論を導き出した。それをゲームの理論で有名な囚人のジレンマゲームで説明してみよう（表1-1）。

ゲームの理論のパイオニアであるトマス・シェリングの発明した標準的表記とは違う利得表をあえて用いて説明する。AとB二人の簡単なゲームで示すが，これを一般的にn人ゲームに拡張することは簡単である。各利得をAの場合には左下，Bの場合は右上に示してある。AとBが相互に協調行動を行い，コモンズの資源を乱獲することを相互に自制した場合，お互いの利得は100ずつになる（利得をCと表す）。双方とも「裏切り」としての乱獲を繰り返した場合にやがてコモンズの資源は枯渇し，利得は二人とも0になる（利得をBで表す）。囚人のジレンマゲームでは，相互にさらにAかBいずれかが協調しいずれかが裏切りの行動をとった場合，裏切った片方は110の利得を獲得し（利得をTで表す），裏切られた片方は−10の利得（利得をSで表す）しか与えら

Aの戦略＼Bの戦略	相手と協調	相手を裏切る
相手と協調	100 / 100	110 / −10
相手を裏切る	−10 / 110	0 / 0

表1-1：囚人のジレンマゲームの利得表

れない。この四つの値の差に注目してほしい。不等式でS＜D＜C＜Tとなる。そしてSとTとの平均よりCが大きければ（つまり，この利得表ではC＞50）囚人のジレンマが発生する（ラパポート 1983）。このゲームのように1回限りのゲームである場合には，相互にミクロ的合理性が働くことによって双方を裏切るというナッシュ均衡が容易に予想されるため，コモンズが供給する資源は枯渇するという結果を回避することはできない。つまり限られた資源，限られた認識，限られた情報がこのような結果を生み出す。これは相互に話し合い，協調するためのきっかけもルールも存在しないことにより発生する。あるいはルールが存在するとしても二人からn人と関係する当事者が増大するほどコミュニケーションやモニタリングのコストが増大し，資源の枯渇の可能性も増大する。これをフリーライダー問題として指摘したのはM. オルソン（オルソン 1983）である。今のことをもう少しダイナミックなモデルとしてロトカ・ヴォルテラ方程式を使って示してみよう（山口 1985）。

　ただし，ここからはフリーライダーを自己利益の最大化をねらう「機会主義者」と言い換える（有限の繰り返し囚人のジレンマゲームでは，短期的にも長期的にも「裏切り」が一つの魅力的なナッシュ均衡として耐え得ることの意味は深い）。どの当事者にも自己利益最大化といった合理的な行動が予測できる場合，状況や制度という外部環境により，機会をどうとらえるかで同一の人間が協調する場合も，裏切る場合も出てくる。自らの期待損益で機会主義的な行動を採り得ると想定するのは当然である。コモンズを支える集団がその持続可能性のためにある一定の組織化を志向する場合，単純な二項対立（初期時点で協調するか，裏切るかの確率はゲームが終了するまで一定と仮定するベルヌーイ型確率過程）では記述できない。ある場面では協調し，また別の場面では協調するという多面性をもつという意味では参加する個々人はすべて状況に応じて「機会」主義，あるいは個人合理主義，あるいは利己主義を徹底すると考えて良い（ビンモア 2010，サイモン 2016，佐藤 2008）。

　単純な微分方程式を用いることによって機会主義者の数を減らすことがコモンズの価値を上昇させ，その資源を守ることになるという結論がグラフによって容易に示される。コモンズの資源的価値の成長率は単純な成長を描くので

はなく，おそらく一般的には環境自身の許容度や容量から，ある天井をもつS字型の成長カーブになる。これはロジスティック曲線で代表され，生態学の基本的前提といえる。コモンズの価値に関する単純成長率を α，資源の混雑によって成長が阻害される率を β とする。また，機会主義者により搾取されるコモンズの価値の比率は機会主義者の数に比例してその乗数を δ とする。次に機会主義者の増加率は，何らかの理由によって引き起こされるマイナスで示される退出率 κ とコモンズの資源的価値に目をつけて比例的に増加する参入率 λ で決定される。横軸に機会主義者の数，縦軸にコモンズの資源的価値をとる。縦軸の二つのパラメータ κ と λ の比は，退去率と参入率の相対比であり，横軸の二つのパラメータ α と δ の比は，資源価値成長率と資源搾取率の相対比である。

機会主義者はその数によってもその行動によっても，ある種のコモンズ搾取の現象を起こすことが予想される。と同時に，コモンズの資源の価値が増えるほど機会主義者の数は増える。コモンズの資源はそれ自身，再生可能であっても一定の天井をもつと仮定する。そのような状況においては図1-2のように機会主義者の参入率 λ を減らすあるいは何らかの措置による退出率 κ を上昇（機会主義者が協調主義者に変化）させることによって，動学的な均衡点は点aの近傍から点bに移動することになる。

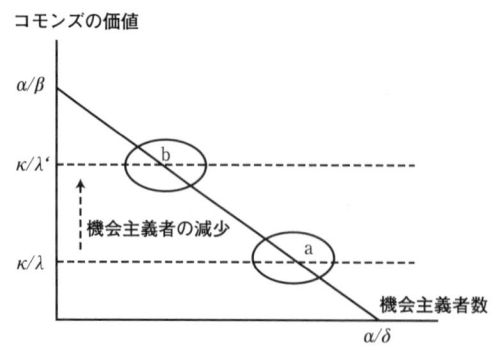

図1-2：機会主義者の動学モデル

1.3 調整弁の存在

コモンズの資源として価値が限られた認識や機会によって失われることを囚

人のジレンマモデルや機会主義者の数を巡るダイナミックモデルによって問題化する姿を見てきた。これらの簡単なモデルに対してどのような調整弁によってコモンズの資源的価値の持続性が保証されるのか，そのための必要な調整弁を検討しなければならない。一般的に価格メカニズムが十分に働き得ないのは財産権等の不在あるいは独占的強制権をもつルールの不在によるものであるが，それらの要因を失わせる根本的な原因は前述したようなコモンズの特性とともに調整弁に関わる取引費用（モニタリングコスト，コミュニケーションコスト，そして制裁のコスト等）があまりにもコモンズの価値に比較して大きいからである。しかし近年 ICT 等によるコミュニケーションに関わる費用の劇的な低下や交通手段等の技術的なイノベーションを通じてこの種の取引費用の低廉化が一方で起こっている。この技術進歩の側面を避けてコモンズを議論することはできない。そのためには何が必要かということに対して少し指摘することがある。ひところ，デジタルデバイドという問題があった。それは ICT 技術を活用するための情報機器の高価さや地域的なネットワークの進捗度合いの格差に起因したものである。しかしこれらも技術進歩の恩恵により低廉化と普及の拡大が地域を超えて行われることによっていわゆる「フラットな社会」（フリードマン 2006）が到来し，地球規模でコミュニケーションコストの低廉化が起こりつつある。特に先進諸国の場合は著しい。ソーシャルイノベーションの発露といわれる NPO ／ NGO の活動領域の急拡大はインターネットに代表される ICT の普及に多く依存している。ただしこれらデジタルデバイドを克服したフラットな社会の恩恵を十分に引き出すには，そのために必要な教育プロセスあるいは学習プロセスが不可欠である。特にコモンズの枯渇や消滅を未然に防ぐには教育や教訓を円滑に流通させるためのデジタル，アナログ双方の情報回路を関係者すべてが維持し発展させる必要性がある。

　コモンズは排除性がうまく働かない分，公的側面をもつ運命にある。オープンアクセスに代表される公的側面をもつことに起因する脆弱性は早くから指摘されてきた。なぜならばコモンズ自身がメンバーシップを有しているといっても，その開放性について制限する有効な財産権や逸脱への制裁を含むルールが確定しない，あるいは存在しないうえにオープンアクセスを排除できないから

だ。このような状況では，コモンズが支える環境も含めてキャパシティ（容量）の有限性があり，当然そこにボトルネックがつくり出される。再生産可能だとしても，果たしてどの水準で再生産が保証されるのか心もとない状況にさらされる。たとえ再生産可能ではあっても再生産のためのインセンティブやルールが約束されない場合，満足できる再生産の可能性は甚だ心もとないといわざるを得ない。以上がコモンズが背負うことになる社会的側面の限界である。

　ここで社会的側面の限界を取り除くために，メンバーシップを決めるという作業に一手間かけることを考えてみよう。メンバーシップを決めることはコモンズを巡る特定のアイデンティティを形成する重要な一歩になる。しかしアイデンティティの確立を求めることは，コモンズの社会的側面であるオープンアクセスの許容の側面から見ると極めて排他的な性格をもたざるを得ない。メンバーシップを確定することによりアイデンティティを確立し，コモンズの資源的な価値を持続可能にすることは可能であるが，他方において開放性を著しく犠牲にし，排他性を強めるというパラドックスがどうしても出てくる。これはコモンズやコミュニティを対象に議論するときの不可避的課題である。

　さらに，コモンズの資源的価値を高めることはメンバーシップの拡大を求める声と同時に機会主義者の出現を容易にする。いわゆるオルソン問題である（オルソン1983，森脇2000）。これが再びゴードンやハーディンの主張を裏付ける契機にもなる。機会主義者を生み出す状況をコントロールするために何らかの強制力の必要性が出てくる。しかしその強制力に関して必ずしもメンバー間で明らかな合意が成立しない場合，この強制力は限定的なもの，あるいは最悪の場合には形式的なものにならざるを得ない。コモンズのコモンズたる所以であるメンバー内での等消費性や非排除性を奪い，コモンズの本来的価値を減ずる傾向に動き出す場合が出てくる。したがって，一般的に囚人のジレンマをコントロールするためにルールの取り決めをすべきなのか，あるいは望ましいルールを形成するためにどのようなプロセスを経る必要があるのか，そのための条件について予備的な議論が必要になる。

　その際に，囚人のジレンマを引き起こす当事者間にコモンズの価値や状況に関する一般的な共感や当事者間の信頼性について共通知識を有しているかどう

かがここで大きな課題となる．この点を少し詳述してみよう．第1に共感とは個々の意思決定が再帰的にからみ合う相互作用だと考えてよい．自らの意思決定は他人の意思決定に影響を及ぼし，その事実をまた相手も知っている，その相手が知っていることをまた自らも知っているというある種情報の入れ子構造，あるいは再帰性が当事者間に形成されているという条件が必要である．第2に，コモンズに関して誰もが完全の知識をもっているわけではないが，それぞれが所有している情報や知識を持ち寄ることにより共通の知識ストックを形成し，それに信頼を置いて利活用する．同時にそれに基づいてコモンズに関する様々な制度やルールを，当事者間で選択し，決定する状況をつくり出す必要がある．もしも共通の規範の下で期待される行動からはみ出した場合，メンバー内での評判が著しく傷つくような状況が生まれなければならない．第3に，評判を維持することから相互に生まれる信頼は時間軸の中でその水準や対象範囲を変化させる．特にコモンズの資源的価値の時間的変化やメンバーシップの変化がメンバー間相互の信頼水準に与える作用は無視し得ない．このことがコモンズの公的側面のあり様を左右するということを強調しておきたい（ビンモア2010）．ではコモンズを巡って展開されるゲーム状況において，そのような信頼の変動をなるべくメンバー間でコントロールするには何が必要か次に検討してみよう．

　人々は古い時代から伝承，お伽話あるいはタブーという独特の情報が相互に伝えられる情報回路を工夫してきた．例えば古老が幼い子どもたちにお伽話を使ってコモンズの持続性を維持させるための教訓をわかりやすく伝えたり，あるいは鎮守の杜のようにコモンズの資源的な価値を心ないものにより破壊されないよう成員間に祟り伝説やタブーを用意したり，それに違反した場合生存権を奪い去るような村八分の制度をつくってきた．これらが長年積み重なることにより生活の中に知識として埋め込まれ，習慣として無意識的に期待されるコモンズ保全行動に変化するということが繰り返されてきた．しかし時代の変化に伴う都市化による人々の流動化はこれらの情報回路を先細りさせ，あるいは分断する効果をもってしまった．ではその劣化した情報回路を修復するにはどのような仕掛けが必要なのか，これについて今のところ確固とした解決手段を

提示することはできないが、ひとまずその候補として学校における教育を挙げることができる。理由は家庭の中で連綿として続いてきた情報回路、ある程度閉ざされた（明確で排他的なメンバーシップ）による地域社会がもつ情報回路の弱体化を代替するものとして学校教育が期待できるからだ。社会性を根づかせる早期教育の有効性については、実証的な取り組みも多い（ヘックマン 2015）。今の議論を次にオストロムたちによって築かれた学問的蓄積から一般化してみよう。

1.4　オストロムのジレンマ開放

　ゴードンやハーディンモデルで説明したように、囚人のジレンマ状況から機会主義者が蔓延することによってコモンズの悲劇が展開される。しかしこの悲劇は非常に特殊な例であり一般的なものではないと 2009 年にノーベル経済学賞をもらった E. オストロムやその他の研究者は反論した。身近なところにある大半のコモンズはそれぞれに持続可能性が工夫され、地域の活性化にも強く結びついていることが示されるからだ。では、その持続可能性を支える要因は何か。大きく分けて第 1 にコモンズが提供する資源やその発生メカニズムの特性、第 2 にコモンズを巡る当事者の特性、第 3 に当事者が中心となって形成されるメンバーシップにおける制度的な取り決め、第 4 には外部環境として政府がどのような振る舞い方をするかに尽きる（全米研究評議会 2012）。

　第 1 のコモンズの価値を決定する資源に関して説明すれば、資源を明確に定義する空間的な画定性、特に空間が小さければ小さいほど資源的価値は明快になる傾向がある。第 2 のメンバーシップの特性についてはメンバーシップの人数が限定されていること、つまり対面型のコミュニケーションが実現する高い可能性を保証できるメンバーに制限されている方が望ましい。いわゆる「顔見知りの効用」と呼ばれるものである。また、過去に獲得できた成功体験や情報、知識などがソーシャルキャピタル（社会関係資本）の中にハードウェアの一部のように組み込まれていて、いつでもアクセスできることが保証されているほうが望ましい。メンバーシップ間の情報ネットワークが密でいつでも確実

に連結できることが望ましい。メンバー間の社会生活および経済活動がかなり重層的あるいは入れ子状の構造をもつということが挙げられる。この状態であれば，共感や協働が早めにかつ円滑に進む可能性が高い。さらに重要なことは，コモンズとメンバーとの空間的（物理的あるいは意識的）な距離が短く，かつコモンズが提供する価値の分配を巡ってメンバー間でなるべく平等性が担保されていることが望ましい。

　第3の点に関しては，どのようなコモンズでも，その本質的特性から潜在的に囚人のジレンマが発生する可能性が高い。したがってメンバーはいつでも誰でも機会主義的行動を選択できる。その場合に何らかのルールを取り決めることによって機会主義者の発生要因をあらかじめ取り除く制度的工夫が必要となる。それにはまず取り決められるルールが単純明快でなければならない（アクセルロッド1984）。ルールの主なものとしてはコモンズへのアクセスと持続可能性を担保するための管理に関するものが必要不可欠である。また機会主義者の発現を前もって抑止するために，制裁の取り決めは学習の余地を残して段階的に強化されるものでなければならない。つまり1回の裏切りより数回の裏切りに対してより制裁の水準が高くなる必要がある。また機会主義者が発生することに対してモニターする費用は低ければ低いほどよい。逆にいうと制裁の執行がなるべく少なくなるよう，機会主義的行動を未然に防止するメンバーシップの工夫が必要になる。その点で成功したメンバーシップは高いアイデンティティをもつ。しかし急いで付け加えるが，アイデンティティが強化されるあるいは即座に形成されることはメンバーシップの多様性の減少あるいはその先に均一性を意味する場合も多いことに留意すべきだろう。

　以降で述べる創造的なコモンズはその本質的な特性からしてメンバーシップの均一性に対して半分の価値しか付与することができない。思考や文化の多様性が効力を発揮するからだ，例えば出自，性別，教育年限，職業，居住地，国籍等における多様性はともすればメンバーシップを劣化したり破壊する要因にもなり得るし，逆にリスクに対する耐性を強化する要因にもなり得る。さらに思考や文化の多様性が創造性を育む可能性が高いことも期待される。したがってメンバー間の共感あるいは相互依存性というものが，従来重きを置いていた

均一性以上に重要な時代が来ている。これについては後述する。ただし若干触れておきたいが、相互依存性の進化にはメンバーシップの入れ子状態が必要である。その意味を述べる。例えば長野県のある地域では、あらかじめ決められたローテーションで、住民が相互にボランティアで保健補導員の役割を順に果たす仕組みが存在する。これは誰もが指導する側と指導される側にいつでも入れ替わる仕組みであり、指導する立場になったときに必要な健康医療知識を学習することになる。こうした役割交代をシステマティックに実行することで相互了解を前提にした協力構造を実効性のある仕組みに転化させる。これによって「迷惑をかけない」というお互い様の意識も醸成されると同時に、コモンズを巡って共通認識が形成されるという非常に巧みな仕組みができる。いろいろな取り組みを経て、このような仕組みを作り上げることで長野県の多くの地域は医療費の低さと長寿を手に入れている。

　第4にコモンズは私的な側面と公的な側面があることから、政府の関わり方も重要である。ルールや制度的な取り決めをメンバー間で決定する場合に、公的な代表としての政府はどのように関与すべきかが問われることになる（ノース 1989）。フリーライダー問題に端を発したコモンズの悲劇を問題提起したゴードンもハーディンも解決に向けて、政府の存在と独占的な命令権行使を解決の主要な一手段として主張した。それに対してオストロムたちは、空間限定的な地域コミュニティの役割がむしろ公的な存在の政府以上に重要だと主張する。と同時に、地域コミュニティの存在を脅かす存在になることを政府は厳に慎むべきだと主張した。しかし、都市化の進展と人口の流動化により急速にコミュニティの希薄化が進む。日本の現実を考えると、地域コミュニティにとって中央・地方政府は最後の拠り所であることを無視すべきではない。地域コミュニティによるルールや制度的な取り決めは、社会関係資本に深く依存しているとしても政府のルールや制度的な取り決めと論理的整合性でつながっていることが重要であり、そこにねじれがあってはならない。最後の拠り所としての政府の信頼性ゆえに、コミュニティルールは有効性と生命力を保ち得る。つまり専門的な言葉を使うならば地域コミュニティと政府はルールや制度に関して入れ子関係の構造でなければならない。もしもコモンズの破壊につながりかねない

機会主義的行動に対する制裁の必要性が生じた場合，その正当性やガバナンスのあり方に対して政府側の積極的な理解と支援が明示的・非明示的を問わず必要とされる。このことについては最後に再び立ち返る。それより急いで議論したいのは機会主義についてのこれまで十分注目されることがなかった側面である。

1.5　機会主義者の有用性

　現今の人口減少時代を捉えるならば，ネガティブな評価がこれまで与えられてきた機会主義者の役割である。彼らの激減はコモンズに関する需要の減少にもつながり，逆にコモンズの資源的価値を減ずる可能性があることをここで指摘しなければならない。つまり機会主義者の存在はコモンズの価値ゆえに生ずる混雑現象を代弁し，コモンズのもたらす多様な価値やその余剰の存在を外部に示唆するものである。機会主義者は何らかのきっかけによりコモンズの貢献者に転ずるポテンシャル（潜在的可能性）を常に有している。人間としての多様性の存在がそれを可能にしてくれる。実在する人間は誰も単なる自動機械（オートマトン）ではない（サイモン 2016）。だから機会主義者の激減は逆にいうとコモンズに追加的な資源の価値を付与するポテンシャルを大幅に減じ，結果的に管理の費用と便益の逆転を引き起こす。それがまた管理の不在をもたらし，コモンズの資源的価値の低下という負のスパイラルを引き起こす可能性が高くなるリスクを生じさせる。

　典型的事例として近年の日本の森林の荒廃，あるいは里山の荒廃を挙げることができる。日本におけるコモンズの全体像を客観的に捉えることは困難である。コモンズは登記する制度的枠組みが法的に確定しているわけではないので，所有形態だけで把握できるほど単純ではない。近年の市町村合併もコモンズの把握に対しての混乱に拍車をかける。その中で比較的把握が容易な「財産区」（市町村の一部で財産を有し，その管理などのために公の施設を設けている特別地方公共団体）を例示する。「財産区」の資産内容は平均 160ha 規模の林野が全体の 64% 弱を占めている。また財産区に帰属する収益は，地元の社会インフラなどの強化にも活用されてきた。しかし，林業の不振からその期待収益は年々

先細りになり，市町村有への切り替えによる解散の手続きを取ったところも多い。また市町村合併による透明性のある行政運営への期待から，これまでの歴史的経緯によって一見「不透明な」存続と管理が許されてきた財産区も，漸次行政による法的関与を受け入れざるを得なくなりつつある。そのため弾力的な運営も次第に困難になることも予想され，市町村有への切り替えによる解散の手続きを取ったところも多い（室田 2009）。

　自由化などによって引き起こされた木材価格の暴落と長期低迷は，林野の経済価値を著しく減じ，付随するコモンズ自身の資源的価値も管理費用を大幅に下回る状況から，「放置」に等しい状況を生んでいる（宇沢 2015）。林野を巡るこの一連の流れは，その意味で有用な機会主義者を発生させる誘引とはなってはいない。このような状況下で，治山治水の機能面での重要性や健康資源，観光資源として森林の価値の再発見をきっかけにして，林野の保全を目的とするNPOや企業のCSR活動といった「市場を介さない」見直しが都会を起点にして始まっている。無断で山の幸を持ち出す機会主義者も含めてコモンズの管理者，政策当局者，あるいは外部からコモンズに対して価値や意義を再発見する研究者等都会の「ヨソモノ」が一緒になり，新たなステークホルダーを形成しつつある。

　前節では機会主義者の存在を抑止するメカニズムについて述べてきた。しかしここからはメンバーシップの多様性の必要性について述べる。実はメンバーシップの多様性は有効なモニタリングや逸脱に対応する制裁などについての「明確な」ルールが存在しない場合に，機会主義者の発生の可能性も当然高くなる。しかし，機会主義者は一律に悪者扱いをされる存在ではないことを示してみたい。まず，機会主義者の行動はすでに触れたように一顧だにされなかったコモンズの価値を外部に伝えてくれる存在である。機会主義者は増加することによって，彼らが個々に負担するコストを着実に低下させることができる。「みんながやっているから……」の論理である。この集団的行動はある種の有用性をもつともいえる。例えば長い行列ができるレストランでは，ある一定期間が経過すると我慢が限界に達してそこを離れる人もいるし，ちゃっかりと長い行列に割り込もうとする人もいる。それだけの行列をつくれる価値のレスト

ランであれば，待つことに価値あるレストランである可能性は高いと大方の人は予想し，それが「行列のできる美味なレストラン」として評判が評判を呼ぶことになる。つまり行列が行列をつくり出す。だから逆に，並んだり離れたり割り込んだりする列を構成する機会主義者の数が少なくなることは，ある面でそのコモンズの資源的価値が減衰していると判断することもできる。日本の多くの森野のように顧みられなくなり，打ち捨てられ，または管理が行き届かなかったりすることで，資源的価値が大幅に低下することにつながる。日本が人口減少時代を迎え，地方の里山や森林がその価値を大幅に減じ投下される管理費用も低下の一途を辿ることから，害獣が人間の住む地域に出現する事例が多くなっている。その点では機会主義者というコモンズを意図的にあるいは偶発的に良化させたり悪化させたりする存在も，あるいは潜在的な機会主義者としての新参者の出現もコモンズの存在と社会的有用性を再発見，再構築するきっかけづくりを提供してくれる有用な存在である。

　機会主義的行動を消極的な意味で評価するのは，彼らが意図的，あるいは無意識的につくる賑わいこそが，コモンズの価値を間接的にも直接的にも示唆してくれるとっかかりとなる重要な要素であるからだ。従来の当事者ばかりでなく，いわゆる「よそ者」がときには厄介者として振る舞ったり，ときには出る杭になって活躍したりという状況こそ，地域コミュニティの賑わいを演出するために必要になる。では，このような潜在的な機会主義者としてのよそ者を増加させる方法としてどのような仕組みがあるだろうか。前述のように，コモンズの持続可能性についてある程度の閉鎖性が必要条件として挙げられた。しかしこの閉鎖性を大幅に緩めることによって，ようやくよそ者は出現してくる。よそ者がアプローチする初期費用をいかに低下させるか，また機会主義的行動が発生するだろう様々な状況を前もって防止あるいは抑止するモニタリングコストやコミュニケーションコストなどの様々な取引費用を統合し，それを何らかの形でコントロールする賢さが必要である（ウィリアムソン1989）。このようなガバナンスの構築からようやくコモンズの資源的価値を引き上げるための人的，金銭的投資が増加する。

　囚人のジレンマ状況が様々な社会的工夫によりコントロールされ，それに

よってコモンズ特有の悲劇が解消され，あるいは未然に防止されてきた事例は世界で見ても枚挙にいとまない。コモンズを巡る議論を，対象となる財や空間のもつ固有の特性と，そのコモンズを管理持続させる制度的工夫については前述のオストロムたちの研究が大いに貢献している。この研究の豊かな蓄積を下敷きにして，我々のテーマである「創造的なコモンズ」に議論を移してゆこう。

第2節　創造的なコモンズの創発

2.1　創造的なコモンズとは

　今までコモンズを巡って需要サイドの議論を続けてきたが，供給サイドの議論も本章の主題として取り上げる。所有や管理に関して政府か市場かあるいは組織か市場かという二項対立の議論ではなく，その中間領域に属し需要，供給両サイドに有用なコモンズをいかに生成発展させるかが今日的には主要なテーマになるべきだ。そこでゴードンやハーディンが想定したロジスティック曲線で示されるようなコモンズの資源的価値が固有にもつ天井を，一律上に推し上げるパワーの創発を約束する新たな技能を備えたものをここでは創造的なコモンズと定義する。社会関係資本のようなソーシャルな関係性と相まってプラスの外部性をつくり出すエンジンと言い換えることもできる。

　例を挙げよう。一つ目は図1-1の収入曲線のフロンティアを拡大する。二つ目は先ほど挙げた囚人のジレンマの利得表を根本的に変え，協力ゲームとして設定し直すことである。実例を挙げれば，双方の協調により得られる数値を110ではなく200に変えるルールに設定し直す。するとナッシュ均衡は双方が協調するという結果をつくり出す。1回限りであっても裏切りの戦略を相互に選択しない仕掛けになることによって十分に保証される。あるいは1回限りの囚人のジレンマを繰り返しの囚人のジレンマに設定し直し，未来係数を大きくする。つまり現在よりも未来に対しても十分に留意してゲームを繰り返し，利得の総和を比較した上で賢明な付き合いという行動パターンに変わることだ（アクセルロッド1987）。三つ目は機会主義者になるよりも，積極的にコモンズ

の資源を豊かなものにする協調行動にこそ意義と価値を見出すメンバーをつくり出す工夫のことだ。この理想的な状況は一部シリコンバレーや新しい映画づくりの中に見出すことができる。ビジネスに関係させてその仕組みづくりを例示してみよう。

　ヒット作『ロード・オブ・ザ・リング』は映画の街ハリウッドに巣食う様々な既得権をもつ組織の高コスト体質を嫌い，ニュージーランドで制作された。ICTを存分に使えば，映画はハリウッドでなくてもできると宣言し成功した。この種の映画制作に世界中に散在する人材や資材を呼び込むために威力を発揮する「場」としての創造的なコモンズをつくり上げるためにリチャード・フロリダの言葉を借りれば三つのTが必要条件となる。技術（Technology）のT，才能（Talent）のT，異文化や異なった意見に対する寛容性（Tolerance）のTである。ところで彼が学んだピッツバーグは情報工学，経営工学の名門カーネギー・メロン大学，医学の名門ピッツバーグ大学が隣接し，街の人口に占める学生の割合は高くて全米で6位，野球のメジャーチームもあり，USXや金融財閥のメロンの本拠地でもある。しかし人材はピッツバーグを見捨てる。それは優れた人材が求める創造的なコモンズを用意する力をもち得なかったからだという（フロリダ2008）。それらを併せもつのは人間と地域で構成される「場」である。この三つのTを有しているのは東京でありパリでありロンドンである。これらはいわゆるグローバルシティを構成し，地球規模でお互いに凌ぎを削って競争している。「都市とは自由そのもの」といわれるように，都市化が匿名性と寛容性それに新奇性を好み育むからだ。しかしこれは大都市だけの特徴ではない。クリエイティブな人材が求める「場」とは，快適なライフスタイルを提供できる生態系（ミクロコスモス）なのだ。

　同様にアナリー・サクセニアンは『現代の二都物語』の中でフロリダのいう三つのTは何もグローバルシティだけの専売特許ではないことを明らかにした（サクセニアン1995）。サクセニアンは三つのTの一つでも欠けた場合クリエイティブな地域の創造は難しいことをボストンとシリコンバレーの2地域の比較を通して説明する。ボストンのルート128に立地するIBMなどの大企業が群雄割拠し，企業ガバナンスのあり方を「階層ピラミッド」を前提としている

ボストン地域のように意思決定の迅速性を犠牲にしても秩序正しさを尊重する地域と，シリコンバレーのように大中小の企業がお互いに競争し合い協調し合うカオスのような地域とを対比させ，どちらがビジネス的にクリエイティブであるか実際のケースを通して説明する。まず一番大事なものは人間の才能であり，あるいはその才能を活かすためにマイナスや割り算の思考ではなくプラスと掛け算の思考を重要視したうえで多様な才能を融合させる場（組織や地域といった空間もこの中に含める）と設定し，異質なものあるいは多様なものに対しても寛容に受け入れるという地域風土の必要性を強調した。そしてその風土を進化させるものがICTを中心としたテクノロジーと対面型のアナログコミュニケーションである。シリコンバレーではTシャツと短パンで遊びとビジネスと研究が渾然一体となって醸し出す革新的な活動が展開される。ルート128近辺の企業でその就業スタイルを眺めるとYシャツと背広と大企業から中小企業までの堅苦しい階層システムを前提として活動が展開している。

　現代版二都物語は，いかに対照的であるかを明確にする。企業組織論では企業組織内のフラットなネットワークに対比するものとして，階層的ネットワークが指摘される。しかし階層性でなくてもビジネスが円滑に機能し，様々なイノベーションがそこで展開される，あるいは創造される。フラットなネットワークが集い合う人々の知を鍛え直し十分な創造性を発揮させる。少しずつ異なり，あるいは重なり合った知の群れが新しい環境のもとで，新しい知恵や考え方，行動に転換するきっかけがお互いのコミュニケーションを通じて準備される。この創造的な地のネットワークの存在が重要である（ペントランド2015）。こうして創造性のためには「大学をも育てる」という逆転の思想に基づき絶え間なく人材をつくり出す教育と，ビジネス上の実践を繰り返す風土を保つことが決定的に重要なのだ。こうした繰り返しのうえに，ヒューレット・パッカードやインテルやアップルなどのベンチャービジネスが大企業に生まれ変わった。シリコンバレーの伝説的存在ともいえる的確なビジネス感覚と遂行能力をもつ起業家は，大企業のトップの椅子などには何の価値も見出さない。彼らは企業を成長させ，そしてもっと欲をいえば社会を変えるようなソーシャルイノベーションを繰り返し生み出すことに生きることの価値を見出

す。自らがその能力を失ったと自覚したときは自らのもてる設備，資産，人的ネットワークなどの経営資源を後続のイノベーターの支援に回すある種の「メンター」としての度量をもつ。彼らの生きざまはまるで米国映画の名作『ペイフォワード（後続者に恩恵をつないでゆく）』のテーマと同じだ。ルート 128 の近辺にある銀行や投資会社が行う通常の融資との決定的な違いは，融資先が技術上あるいはビジネス上でデッドロックに乗り上げたとき，資金を引き上げるのではなく，積極的なアドバイスや場合によっては直接的な関与もいとわないことである。したがって彼らは後続する野心的若者たちのスタートアップ事業に対して，エンジェルとしてあるいはベンチャーキャピタリストとして，時にはメンターとして潔く支援に回る。彼らは東海岸のトップが好む革製の椅子などには何の魅力も感じない。それよりも有望なビジネスチャンスを探し，発見し，あるいはポテンシャルの高い人材を独特の目利きにより発見し，育てるというところに重きを置く。彼らはクリエイティブな地域におけるビジネス環境を創造し支える。そこに介在するのは，クリエイティブシンキングであり冒険であり積極的なリスクテイキングである（サクセニアン 2008）。そしてその結果，社会的な実験とそれに伴う試行錯誤とが遊び心とうまく融合される空間が広がることになる。そこには情報やビジネスチャンスに対して誰でも望めばアクセスできる開放性がある。まさしくこれが創造的なコモンズというものである。理論的には情報や知の複製コストが限りなくゼロに近くなることから，混雑現象などは無縁である。この活動空間では誰もが機会主義者になれるし，クリエイターやプロデューサーにもなれる。むしろ機会主義者として得られる利得よりももっと重要で価値のある利得がクリエイターやプロデューサーとして獲得できるという風土が重要である（リフキン 2015）。

　それがロトカ・ヴォルテラ方程式の $\beta=0$ で表されるように混雑現象の解消と機会主義者の参入率 λ が λ' に低下する意味である。縦軸に '知' のコモンズを取って示すならば，その結果，機会主義者は知のコモンズの価値を上昇させる方に自らの行動を転換する。これは機会主義者であることよりも知のコモンズに何らかの貢献をする方が，自らにとっても，他者にとってもプラスになる環境が揃うからだ（図 1-3）。

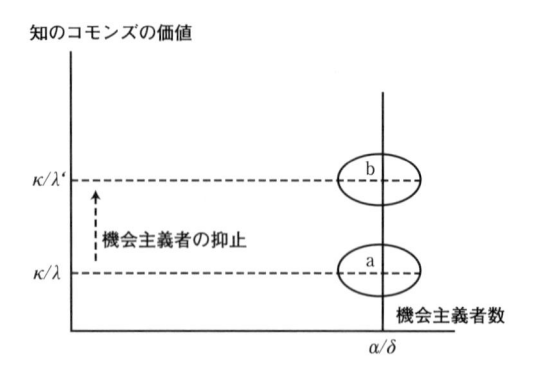

図1-3：知のコモンズと機会主義者減少の効果

ともすればシリコンバレーを利害相反するライバルだけで構成され、激烈な競争だけが支配している地域と想定しがちであるが、それはこの地域のビジネス環境でつくり上げられる特性の一面でしかない。熾烈な競争だけでは、そのプロセスの中でお互いが疲弊し、消耗戦を際限なく繰り広げることだから、クリエイティブな成果など上げられない。確かに競争は激烈であり、勝者敗者が即座に決定する状況下にはあるが、敗者への賛辞とともに、再チャレンジへの機会がいつでも供給されるような「のりしろの存在」あるいは「ニッチ」の存在をここで強調すべきだろう。その結果、シリコンバレーを構成するビジネスの柔軟性と弾力性は一段と向上し、グローバル競争における耐久力も復元力も増大することになる。日本勢に追い上げられたインテルが見事に再生し、マイクロソフトと「Wintel時代」を築き上げたことにも現れている。そして勝者もいつかは現役を去る。その際に培った知見や経験を「知識ストック」として蓄積し、誰もが迅速にアクセス可能な状況にすることを望む。フリーアクセス・フリー価格（つまりゼロの価格）の創造的なコモンズとして、それらの知識ストックを皆がシェアできるような場や組織（大学や業界団体など）の企業コミュニティが重要なのだ（リフキン 2015）。これらが時代の移り変わりの中で、常にシリコンバレーを再生し、維持させる基本的仕掛けである。その本質は試行錯誤を伴いながら自然発生的にできた社会的、制度的枠組みなのだ。シリコンバレーの最も優秀な起業家とは、大きなつまずきを何回も経験した人種のことをいう。一向に反転しない日本の低い開業率と高い廃業率の推移を見て、シリコンバレーのような優れた創造的なコモンズの必要性を強く感じざるを得ない（サクセニアン 2008）。

2.2 ネットワークでN次産業

　それでは，創造的なコモンズのような新しい概念のコモンズをいかにつくるかに議論を移そう。創造する条件の一つは才能が量的，空間的に集中すること。二つ目は多様な才能が質的に集中すると同時に，間髪を容れず相互に融合，コラボ，進化すること（この1と2の条件をもって集中・集積の条件という）。三つ目は多様な連携の存在，あるいは人や情報のネットワークの存在。これら三つの条件が有機的に結びつくことによって創造的なコモンズの発生の必要条件が満たされる。まずある閾値（クリティカル・マス）までの量的な集中の重要性を指摘したい。規模の拡大によって混雑現象が発生すれば，ある種の取引費用が増加し規模の経済性が発揮し得なくなる。しかし，その前に一般的に規模がある閾値に達するまで集中集積のメリットはなかなか起き得ないことに注意しなければならない。さて，同質の才能の集中を前提とすると，投入過程で累積効果が生まれる。結果としてのアウトプットは規模の経済性をもつ。またコミュニケーションによって生まれる了解の迅速性と簡潔性と破断リスクを緩和する冗長性が相まって流通する情報量も十分に確保され，知識ストックに変換される。なぜある産業に特化する地域が生まれるのか（例えば書籍店街あるいは業種が特化した商店街）。量があることによってその量が多様な質的差異をつくり出し，巧みなマッチングの可能性を生み出し，そこにおのずと競争と協力が噛み合いながら魅力をつくっていくからだ。かつて，英国統計学の祖ウィリアム・ペティはスイスの時計工房の特定の場所への集中集積が分業化を進める原動力になり，工房ごとに時計の個性をつくり出し，まとまった多様性をつくり出すと述べた（細野2013）。この説明はアダム・スミスの分業論よりも格段優れている。これらも前述した集積が作り出したプラスの外部性ということができる。集中集積でまた共通価値観や世界観が醸成されていく。多様な才能が集中することのメリットとは，新しいアイディアやビジネスチャンスが意図せず突発的に生まれる可能性が高くなることだ。異質な才能のぶつかり合いや融合によって創造力が生まれてくる。学問の学際的な創造性あるいは産業を超えた連携など，新たな隙間から様々なアイディアやチャンスが生まれてくる。例え

ば前述したゲームの理論は数学者と経済学者の協働から生まれた。コンピュータも電気学という工学部門と数学を融合させることによって生まれた。量子力学は電子工学を生み，それが今日のICT社会を生み出した。多様な才能の集中集積のメリットは創造的なコモンズをつくり出す重要な源泉ということができる（リフキン2015）。その具体例をスタンフォード大学，カリフォルニア大学バークレイ校など全米有数の大学と，それを補完する大中小の州立大学やコミュニティカレッジの集中集積するシリコンバレーやサンフランシスコ都市圏に見る。

　共通の価値観や世界観を土台とする連携の重要性はネットワークの経済性によって取引費用が大幅に低下することで容易に生まれてくる。そしてメリット効果の双方向性から集中のメリットと集積のメリットはこのネットワークの経済性を仲立ちとして生まれてくる。したがってネットワークに注目した議論をこれから展開しなければならない。シリコンバレーのあるカリフォルニア州とハーバード，MITのあるマサチューセッツ州の事業所の数を比較すれば，従業者数や事業所数で70年台後半を境に格段の差がついてしまった。汎用コンピュータからミニコンピュータの跋扈した時代までは東海岸が優勢であったが，ダウンサイジング，オープンアーキテクチャを身上とするワークステーションからPCそしてICT時代を迎えて西海岸が東海岸を圧倒してしまった。その点では，中央省庁システム，大企業優先システム，大銀行優位システムといったヒエラルキーを前提とした組織を主とする日本の産業体質は，ボストン128号線が固執した体質と相似形をなしている（サクセニアン2008）。1970年代から東海岸の人口は減り続けた。例えばニューヨーク州の人口は70年代に100万人減少したが，西海岸の代表であるカリフォルニア州は同時期に400万人増大した。地域のベンチャー・キャピタルによる支援で，次々とハイテク型の起業が行われ，カリフォルニア州の人口はその後600万人ほど増え，2000年までの10年間でさらに400万人増える結果となった。これは中西部のウィスコンシン州（人口570万人）が10年ごとにカリフォルニア州の中にできていった計算になるという（ハバート他2014）。まさしく人口は職と未来の夢を求めて移動し，あるいは豊かさの中に人口を増大させるという仮説が成立す

る。またその移動者が若い世代であることはいうまでもない。彼らが，あり余るほどの夢と野心と旺盛な生命力で人口増加をもたらす可能性も高い。これは米国だけの特殊事情ではない。日本にも当然のように当てはまる。地域総生産(GRP)の成長率が高まるほど出生率を上げる傾向があることが統計的に確認される（細野 2013）。職が若い人口を引きつけるからだ。

さて，ネットワークのタイプについてコモンズとの関係から検討する場合，足し算のネットワークと掛け算のネットワーク，あるいは弱いネットワークと強いネットワーク，そして一方向的なネットワークと双方向的なネットワークの区別が必要である。これは個々のネットワークの結びつきの強弱や構造的な違いや固有の特性に依存するものであり，重要性を示唆するものではないことに留意すべきだろう。たとえ弱いネットワークであっても，ある場合には強いネットワーク以上に社会的なインパクトや個人的な利益を結果として生み出す場合も大いにあり得る（グラノベッター 1998）。しかし創造的なコモンズという視点から考えた場合，弱いネットワークもいつしか強いネットワークに転換される場合が意外と多い。あるいは強いネットワークも弱いネットワーク，あるいは一方向のネットワークに転換することも当然あり得る（ペントランド 2015）。

ではネットワークの重要性を産業の観点から見ていこう。例えば「攻める農業」を具体化した6次産業は1次産業，2次産業，3次産業が足し算で連携するというアイディアから生まれた。しかし今は $1×2×3 = 6$ の表記で議論される場合が多くなった。これは弱いつながりから強いつながりの議論とは別に3種類の産業が有機的につながるべきだという議論の展開から生まれている。これと今まで議論してきた機会主義者との関係を見てみよう。

三つの種類の産業のうち，一つでも機会主義者になった場合，足し算であれば他の二つの産業が頑張ることによって同じような結果を生むことが期待される。ところが，掛け算の発想になると，一つの産業でも機会主義者的な状況に陥ると，この連携の効果は0に限りなく近づいてしまう。例えば北海道・東北は農業生産高が全国平均の3倍ある。もしも地域の資源を100％活かした食品製造業を考えた場合，単純に計算した場合には食品製造業も全国平均の3倍の

キャパシティをもつ必要があるが，北海道・東北地域の食品製造業生産高は残念ながら全国平均でしかない。したがってこれらの地域では農業のポテンシャルをいたずらに捨てているということになる。

　1次産品のマーケットが人口の厚みがないことから十分に発達し得ない地域では，地場の需要や連携が十分でない場合には1次産品の付加価値を増大させるチャンスを失ってしまう。大消費地の1次産品市場は競争が激しいうえに，消費地と生産地の距離が増大すれば増大するほど地元が手にする付加価値の大きさと反比例する。これが大消費地から遠い1次産品の生産地が，距離の不利益ゆえになかなか苦境から立ち直れない大きな理由といえる。例えば，北海道と比較して，約半分の面積の九州を事例にすればわかりやすい。北海道は，大消費地は札幌でしかない。2番手，3番手の都市規模が，九州に点在する2番手，3番手の都市規模より小さいと同時に空間的に分散しすぎている。加えて都市数も少ない。これは，都市間の財・サービスの移動に大きなハンディをもつことを意味する。大消費地から遠いこと自体も，近隣する都市がないことも輸送コストを大幅に上昇させるからだ。また情報の迅速性や内容の豊富さと都市からの距離は反比例することから，都市のつくり出す情報サービスと結びつく可能性を低下させる。なぜならばそのようなサービスは大消費地の中に生まれる可能性が高いからだ。こうして，付加価値を増大させるチャンスをこれらの2番手，3番手以下の地域は失ってしまう。これら距離のハンディを克服し付加価値を高めるためには1次産品とその加工を主とする食品製造業との連携の必要性を示唆する。以上のことから，6次産業を掛け算の思考で考える意味が理解できるだろう。

　ジェーン・ジェイコブズの『都市の原理』にマンチェスターとバーミンガムの二つの都市の事例が出てくる（ジェイコブズ 2011）。マンチェスターは繊維産業をメインとし，効率的な都市性を追求し，秩序を重んじ，街としての美しさも世界に誇れる大都市だった。他方バーミンガムは猥雑な地域を擁し，これといった特筆すべき産業があるわけではなく，様々な産業の混成地域でもあった。誰もがマンチェスターに都市としての成長を期待したが，バーミンガムについてはこれといった関心をもたなかった。しかし結果的にはマンチェスター

は繊維産業と同じ運命をたどり，衰退していった。他方これといった特徴のないバーミンガムは細分化された産業同士で失敗や非効率を抱えながら試行錯誤のコストに耐えて絶え間なく都市としての成長を続けた。この教訓は，細分化されたN次産業が存在し，しかも緊密なネットワークが存在する場合，新しいビジネスを迅速につくれるチャンスが潜んでいることを教えてくれる。やがてそのビジネスは成功し，その成功がまた新しいビジネスを必要とし準備し，そこに追加する循環的なプロセスが成立してきた。おそらくバーミンガムは現在でいえばシリコンバレーなのかもしれない。この多義性の強味を学んだ私たちはN次というキーワードに着目しなければならない（サクセニアン2008，ジェイコブズ2011）。

　N次産業システムとは特筆すべき産業はなくとも，お互いに個性的な持ち味を出し合い，リンケージを保ち，結果として大きなパフォーマンスが実現できるような産業構造であることを意味する。このN次を端的に説明するために，立地する産業の多様性で表現してみよう。多様性の低下を示すインデックスとしてハーフィンダール指数が代表的である。ハーフィンダール指数はそれぞれの産業がその地域で占める生産額のシェアの自乗の合計で示される。他に抜きん出たシェアを占める産業が存在するほど，この指数の値は上昇する。この指数はシェアの平均とシェアの標準偏差の比率で計算される「変動係数」と，産業の種類でも計算できる（細野2013）。計算に用いられる平均を標準偏差の構成からしてハーフィンダール指数の上昇は多様性を低下させると解釈できる。ここで2014年の経済センサスの地域ブロックデータを使用してハーフィンダール指数と各地域の総生産成長率を比較してみると，明らかにハーフィンダール指数と成長率はマイナスの関係になる。つまり多様性指数が上昇すればするほど地域の総生産の成長率は上昇することがわかる。また，製造業だけに着目しても同様な傾向を確認できる（表1-2）。つまりマンチェスター方式ではなくバーミンガム方式の産業のあり方が人口成長を約束してくれる経済成長に有効であることがここからも推測できる。

　次に，2009年の市区町村データを利用してこの関係を地域人口ごとに別の側面から検討してみよう。全国を昼間人口規模別に振り分け，そのグループご

	Hirfindahl	成長率
北海道・東北	1,202	−4.74
関　　東	1,282	−3.07
中　　部	1,677	−7.30
近　　畿	1,402	−3.03
中　　国	1,488	−3.53
四　　国	1,329	2.35
九　　州	1,268	0.39
合　計 H23	1,315	−3.51

全産業での多様性のメリット

	Hirfindahl	成長率
北海道・東北	1,737	−10.35
関　　東	1,356	−2.27
中　　部	1,706	−13.34
近　　畿	1,314	−2.26
中　　国	1,215	−2.78
四　　国	1,344	16.59
九　　州	1,478	4.42
合　計 H23	1,368	−4.96

製造業での多様性のメリット

表1-2：産業の多様性がつくり出す地域経済成長

とにハーフィンダール指数の逆数である多様性指数が生産年齢人口あたりの課税対象所得に対してどのような効果をもつか計測してみる。結果を見ると，昼間人口規模の大きい都市ほどそして産業の多様性があるほど一人当たりの課税所得の水準を着実に上昇させる。まさに都市への人口の量と質の両面で人材の集中と集積が経済的効果を持つことを示唆する（図1-4）。地域ブロック別と行政人口別の二つの計測結果が示唆することをもう少し検討してみよう。

　多様性は他の産業とのリンケージが強くなることと多少他産業と領域が「かぶる」ことから，相互の了解相乗的効果が実現しやすくなることで生まれる。その際に要となる産業の存在が必須であることも指摘したい。すべての産業が同水準でお互いにリンケージを取り合っているわけではない。そこに存在するのはある種のハブ（結節点としての集中性をもつ点）を形成する取引関連のリンケージであったり，就業関係のリンケージであったりする。日本の場合は必要な要素は祭りや寄り合いなどのまちのイベント活動を通じて形成されるグループ間のコミュニケーションネットワークのリンケージである。例えばものづくりを代表する製造業と地域に存在しそこの住民とのリンケージを主とする小売業とでそのリンケージの数や頻度や強さで比較する。するとすでに自動化が進行している製造業よりも，おのずと人の関わりが強い小売業が労働集約的な産業の特性からして，仕入れや販売を通じて形成されるネットワークの層も厚く人的資本の厚みを前提にした多様なリンケージを形成していることがわかる。さらにコミュニケーションを活発化させる「場」の重要性も指摘できるが，こ

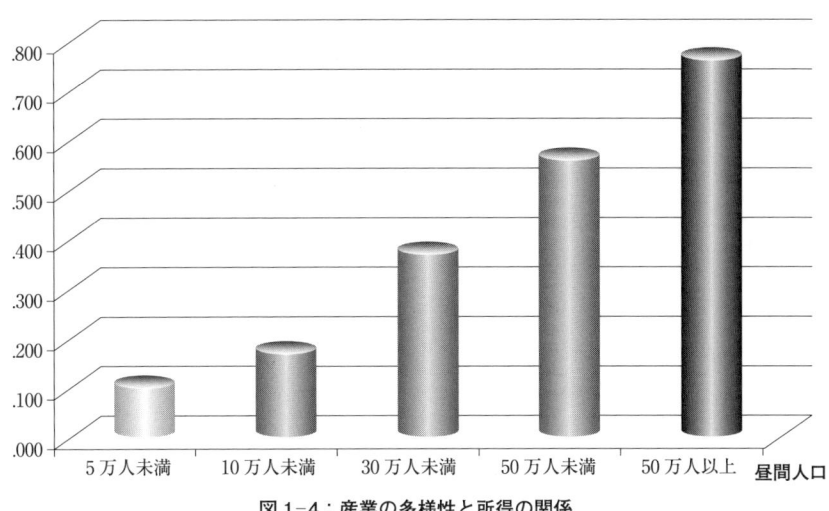

多様性指数→課税対象所得／生産年齢人口

```
.800
.700
.600
.500
.400
.300
.200
.100
.000
     5万人未満  10万人未満  30万人未満  50万人未満  50万人以上   昼間人口
```

図1-4：産業の多様性と所得の関係

の議論は後述の「サードプレイス」で取り上げる。ともかく近年の地域経済の衰退は，その機能をもつ商店街等の小売業の衰退と軌を一にしていることはこのような事情に起因していることがわかる。小売業やサービス業は人と人とのつながりで生まれてくる。財やサービスと金銭との単なる交換ではない。大規模スーパーの衰退はコミュニケーションの軽視にも起因する。これまではその機能の重要性を小売業自身もまた地域社会も十分に認識することがなかったため，どの地域でも中心市街地の衰退から地域経済の衰退へと一直線につながってきた。中心市街地の活性化は戦略的地点から生まれる地域活性化とイコールである。中心市街地の衰退は周辺地域の衰退にも必然的につながっていく。地域経済活性化に向けてN次産業の中味の多様性を議論する場合，地域産業のハブとして小売業を位置づけることの重要性を認識することから進めないといけない（細野2007）。

さて，地域における経済的成果のメルクマールをどのような要因と結びつけるべきか。「人口は職や将来を求めて移動する」という大原則からすれば，地域経済の繁栄が人口増加を当然のように生み出すのだから，人口増加を成果

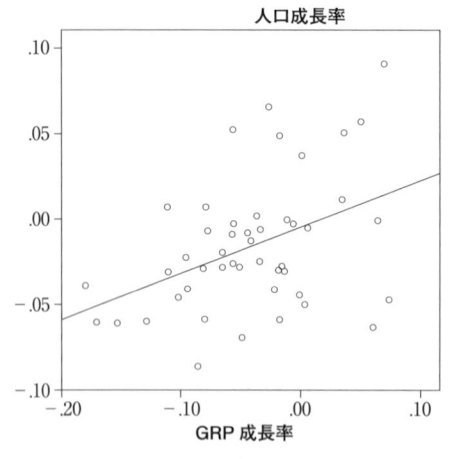

図1-5：GRP 成長率と人口成長率の関係
（2000-2010 年）

のメルクマールと位置づけることに何の違和感もない。これは米国の東部地域と西部地域の人口増加の数値でも確認できたことである。同様のことが日本でも起こっていることを確認したい。都道府県データを使用して1990年から2000年にかけて10年間隔の地域の経済（GRP）成長率と人口成長率との間には目立った関係がなかった。しかし，2000年から2010年にかけての10年間の地域の経済成長率と人口成長率との間には顕著な正の関係が出てくる（図1-5）。これは，地域経済が余剰人口を貯めておく余裕がなくなったことを意味する。すべからく「人口は職を求めて移動」するパターンがどの地域でも例外なく当てはまってしまう現実がここにはある。事実，いわゆる「失われた20年間」を1990年から2000年と2000年から2010年の2期に分けて地域の経済成長率を比較すると，東京都以外の「すべての道府県」では，成長率が低下していることからも想像がつく。人口成長率は，人口の自然増減と社会増減を含む。進学や就職で地域間移動を決意する人口の多くが若者世代であるとしたら，社会増減は若干の時間的遅れを伴いながら，自然増減に波及してゆく。つまり，人口成長率は若い世代の移動を伴うわけだから，彼らを吸収した地域の人口再生力は婚姻率の高まりとともに強化されてゆく。事実，東京23区は永らく自然減に苦しんでいたが，近年は自然増に転換した。その代償として，多摩地域を中心に郊外都市は社会減として続いている若い世代の都心回帰で自然減にも苦しみ出している。このようにGRP成長率は社会減のみでなく自然増とも深く関係してくることになる。地域の中での事業所数の増加や生産年齢人口の増加によるGRP成長戦略こそ

が地域の繁栄と将来を約束してくれる．シリコンバレーの事例に見られるごとく，このきっかけを創造的なコモンズの中からつくり出してゆくことが期待される．

2.3 創発の場としてのサードプレイスの重要性

　おそらくマンチェスターの都市としての凋落をもたらしたのは，過度に効率を追求したことにより，マンチェスター固有の「人々の集う場」，例えばどこのコミュニティにも存在したパブやカフェのような心地よい居場所が非効率性ゆえに仕分けの対象になったからではないか．同様に，社会学者のパットナムは最近著の『孤独なボーリング』の中で，コミュニティの仲間たちでかつてはわいわい喋りながら賑やかにボーリングを楽しんでいたと回顧する．やがて時間とともに都市化が進行し，モータリゼーションも進行して人々も移動しやすくなり，その分昔からあった市街地のコミュニティは崩壊してゆき，結果として個々人がひとりぼっちでボーリングをしている光景があちこちで見られるようになる．その光景の本質を捉えて，草の根の民主主義が衰退しつつあることに彼は警鐘を鳴らした（パットナム 2006）．

　家庭が第1の居場所であり職場が第2の居場所であるとすると，家庭や職場を離れ心地が良く誰にも開放された第3の居場所（サードプレイス）という空間がインフォーマルな形で重要になってくる．これもある種のコモンズなのだ．近隣の人たちが何の目的もなく集まってくるカフェや居酒屋，あるいは喫煙空間もそうかもしれない．また個人事務所をもたない起業家にとって執務室にもなる．若い学生たちにとっては勉強部屋の代わりにもなる．打ち解けた個々人がフォーマルな属性を脱ぎ捨ててひと時を語らい，他人の言葉にもそっと耳を傾け会話を楽しんでいる．あるいは待ち合わせ再会を喜ぶ．そのような空間を「サードプレイス」として注目した本を書いたのがオルデンバーグである（オルデンバーグ 2013）．この空間こそ重要なコモンズであること，ここに知の集中集積が加わることによって知のコモンズが誕生することが，歴史研究からも主張され出している．確率論の誕生に一役買ったのが社交場や賭博場であ

ることは，パスカルとフェルマーの書簡を介した情報交流で確認できる（デブリン 2010）。だから私たちがこれまで議論した創造的なコモンズの典型的なカテゴリー項目としてサードプレイスを組み入れることに何の支障もない。相手の身になって考え，お互いを認め合い，ときにはアドバイスし，アドバイスされ，ときにはとびきりの情報やゴシップを提供し，あるいはそれをもらう。そのひと時の豊かな時間がサードプレイスで提供される。おそらくシリコンバレーにおけるサードプレイスも職場の近くのカフェであったり，レストランであったり，業界人のたまり場であるクラブであったりする。そこがビジネスや仕事からもたらされる極度の緊張感などを一気に開放し，新たな活力を再生させるきっかけづくりの場として活用される。そのようなサードプレイスはインフォーマルではあるが，人々にとって公共的な空間として，維持すべきかけがえのないとびきり居心地の良い空間として，活気のみなぎる地域に存在している。ある場合には家族の絆も社会的な関係性もほとんど捨象され，ただ参加する個人のみの存在感と参加意識がみんなのものという意味での「公共的集会所」としても尊重される。まさしく，創造的コモンズを構成する典型的な空間と位置づけることができる。

　ではここでの文脈からすると，そのサードプレイスはどのような機能や要素を参加する人々から期待されるだろうか。一つ目はギブアンドテイクを前提に，公平性が期待される。二つ目は常に主と客が入れ替わる可能性，つまりある種の双方向性や平等性が確保されなければならない。供給側にも需要側にも変幻自在なプロシューマーが生存を確保できる空間ともいえる。三つ目はいつでもそこに加わることができるというある程度の開放性がなければならない。そして最後にその場に駆けつけようという魅力や吸引力が存在しなければならない。創造的なコモンズとしてのサードプレイスが，社会を動かす原動力として歴史的な存在感をもち出したのはおそらく近代社会が成立した頃である。それまでは領主と住民，教会と信者のように上下関係を前提とする一方的な関係性が土台にあり，それが社会的な変動や革新的な活動に対する足かせになったり秩序を維持するための調整弁になったりしていた（アセモグル 2013，リフキン 2015）。この前近代的関係性を打破し，新しい社会をつくり出す「水平的」空

間としてサードプレイスが自発的に生まれてきた。さらにそのようなサードプレイスは様々な社会的イノベーションを生み出す重要な空間でもあった。技能と知恵とそれをまとめ上げすくい上げる実力者やリーダーの存在により，ビジネス上のイノベーションが創発されてきた。例えば保険制度，銀行制度，株式会社など，現代を特徴づける様々な仕掛けがカフェなどのサードプレイスから始まった。ただし急いで付け加えるべき重要なことは，サードプレイスがお互いのリスクを吸収し合う機能をもったことである。既得権も権力もない個々人が新しいアイディアをもち寄り，そのアイディアを実現に導くためには，多くの多様な才能のコラボレーションがなければ不可能であった。またそれをまとめ上げ機能させる社会関係資本（ソーシャルキャピタル）の存在も不可欠であった。ウィリアム・ペティがまさしく指摘したように，そのようなアイディアや多彩な才能がある限られた空間に集中することによってのみ，新たな展開が始まることは，歴史が証明している（細野 2010）。その空間に参加する金銭的，心理的費用などの取引費用が低ければ低いほど，サードプレイスの存在とそこから生まれる様々な成果は進化し大きく拡大していく。他方，何らかの理由によりそこに関係する参加者の平等性や公平性が失われていくとき，そのサードプレイスは衰亡する運命にあった。

　サードプレイスに自主的に参加するには，ある種の娯楽性を必要とする。例えば楽しい会話，うまいコーヒー，心地よい音楽，誰も気づいてはいない魅力的な耳よりの話などが準備されていることが必要だ。サードプレイスがなぜ都会化する社会から消え失せようとしているのだろうか。それはパットナムが指摘したように社会の孤立性が高まり，コミュニケーションの場が狭まりつつあること，参加する個々人の多様性が失われつつあること，移動を前提とした社会がモータリゼーションとともに一般化したことからだろうか。それとも人々の経験や情報が均一化しつつあること，経済的不平等の拡大とともに社会階層間の隔たりが拡大し，共通領域として重要な「のりしろ」を維持するための心理的な余裕がなくなりつつあるからだろうか。

　現在，その衰退しつつあるサードプレイスをいかに再生するかという課題が社会につきつけられている。一つ目は経済的な平等性を政策的にどのように実

現するかにかかっている．特定の恵まれた階層が手にする経済的なチャンスや成果は時間とともにそれより恵まれない階層に漸次流れてゆくという「滴り（トリクルダウン）効果」を保守的な思想家は主張するが，人類の歴史上未だかつて恵まれた側からのそのような自発的再分配が起こった試しはない．社会階層の分断がそのままサードプレイスの多様性と活気を奪っていくわけだから，経済的社会的そして地域間平等性への何らかの公的な介入がなければサードプレイスの再生はない．二つ目は，モータリゼーションが人々の移動力を格段に強化し，そのことが人々のつながり具合を異質で皮相的なもの，一時的で分断が容易なものに転化させた．郊外のショッピングセンターと居住地近くの商店街の関係，初等中等教育における公立と私立の関係，中央と地方のネットワークの硬直化，貧富の格差と同時に発生する社会的な中間層の減少といった二項対立的なものがサードプレイスの弱体化を生んでいる．この社会的な様相からの転換，高密度な空間で多様で多彩で多世代の人口が集中するコンパクトシティの実現こそがサードプレイスの再生につながる．高齢化や人口減少などで限界集落が出現しつつあるが，車に依存しないようなコンパクトシティが人々のつながりを再構築させ新たなサードプレイスをつくり出す大きな転換力を提供する．まさしく，コミュニティに存在する商店街こそ，その役割を請け負う存在であることを自覚すべきなのだ（細野 2007）．三つ目は社会的なセーフティネットが財政上の硬直化によって危機にさらされている．誰もが直面するリスクに対して相互扶助の仕組みづくりを急がなければならないはずである．その相互扶助は公の能力と財政力だけでは賄いきれない．その際に政府か家族かという二分法ではなく，共助によるセーフティネットの強化の可能性にもっと注目する必要がある．この共助の生まれる空間こそ様々なコミュニケーションを通じてコミュニティの状況が把握されるサードプレイスである．では，このサードプレイスを創造的なコモンズとしてどのように活用し，進化すべきだろうか．創造的なコモンズの再生が実際に成功につながるための条件の中に公と民の間に存在する大学の役割をもっと認識することが必要になってくる（細野 2000）．

第3節　創造的なコモンズの展開
――大学起点の産官学連携「ネットワーク多摩」の挑戦――

3.1　産官学連携の時代的要請

　大学起点の産官学連携のプロトタイプとして，米国ピッツバーグの事例が有名である。日米貿易摩擦で湧いた80年代，地場産業である鉄鋼業が日本勢に壊滅的な負けを喫し，ピッツバーグを流れる二つの大河によって生まれたダウンタウン「黄金の三角州」に近い川べりに錆び付いた製鉄所の残骸が放置されていた。失業者が街中に溢れ，ダウンタウンの犯罪率がうなぎのぼりになり，人々はこぞってピッツバーグを捨てて移動を開始した。今でも有能な人材が輩出されながら他の場所に吸収されてしまうとリチャード・フロリダは嘆いている。そのピッツバーグの大地に広がる大学街は先端的医学で有名な州立ピッツバーグ大学と情報工学や管理工学で全米有数の私立の名門カーネギー・メロン大学で構成されている。全米有数のこの2大学以外にも何校か大学がある。この大学資源を活用して，バイオサイエンスとICTテクノロジーを結びつけ，新たな産業の掘り起こしによって地元ピッツバーグの再生を図ろうという試みが動き出した。その代表者の一人が日本の企業に資金的な支援を求めてきた。ある縁で筆者はその案内人の役割を担うことになった。来日で期待していた十分な資金的手当ができたか否かは今となっては確かめようがないが，それから10年から15年ほど経過してようやく日本でも大学コンソーシアムが各地域に根を下ろし始めた。しかも，その一端を担う役割を期待されるとはその頃想像だにしなかった。しかし，この得難い経験が，大学起点で産官（公）が協働して地域活性化を主たる使命とする日本でもユニークな大学コンソーシアムをつくり上げるきっかけになった（細野 2009）。

　日米の大学コンソーシアムの違いは意外と大きい。違いとは，立地産業としての大学に主眼を置いて地域活性化を主軸に置くか，「大学冬の時代」を強く意識して大学の生き残りの相互安全保障に主軸を置くか，重心の違いとなって

現れる。日本では大半の大学コンソーシアムは後者の大学の生き残りを主として活動している。グローバル化と少子化の進展は，大学にとって「右肩下がり」の市場環境となり，大学に対して様々な対応や変革を求めてきているからだ。他方すでに大学・短大への進学率が57％を超えた。おしなべて大学教育は，量的な拡大から質的な充実を求める段階に入っている。そして2012年8月の中教審答申で，「生涯学び続け，主体的に考える力を如何に育成するか」が大学に問われた。

　大学教育の質的転換には，学修コンテンツの充実とともに，その評価の標準化（GPA制度の導入など）も検討の対象になる。またICTリテラシー教育の一層の充実とICTの果実を教育向上につなげてゆく方策も考える必要がある。従来のようにこの方策を個々の大学が「単独フルセット主義」で実現するのは経営を圧迫すること必定だから，大学を取り巻く環境からして許されなくなっている。大学経営の損益分岐点を下げるため，情報交換をスムーズに進めるため，ハード・ソフトの相互のやりくりも含めてコンソーシアムの結成が有効であることが広く認識されてきた。

　大学コンソーシアムの必要性に関しての認識は国にもあった。「21世紀型大学教育」の一環として，大学の社会貢献を目的とした産官学連携の必要性を熱く説いたのは遠山敦子元文部科学大臣であった。大学の質的向上も連携の主目的として認識することが求められているが，社会貢献・地域貢献も同時に求められている。大学の社会貢献・地域貢献を日本経済の現況から考えると，地域への有為な人材の供給元として期待される。地域企業，地域社会との間での実践的活動を通して，キャンパスを超えた「人材育成の場」の確保も在学中のインターンシップなどを通じて必要になる。大学から生まれる知を源泉とする創造的なコモンズはまさにこのようなプラットフォームを舞台にして作成され，運営される。

　これまで地域の中で孤高の存在を是としてきた大学も，キャンパス所在地の状況に左右される「立地産業」であることを認めざるを得なくなった。少子化による18歳人口の減少と地域経済の沈滞から，全国大半の大学で文字通り「商圏」は縮小傾向にある。だから，どの大学にとってもキャンパスのある地

元は重要な第1次商圏となる。立地先の魅力が大学キャンパスの魅力に直結するから，地域に対する関与も積極化せざるを得ない。また，行政を中心に地元も大学の地域貢献に期待を寄せる。大学に存在する有形・無形の知の集積の活用も可能であるし，街の賑わいの演出に若者の代表である学生を十分活用できる。また住民も学生たちとの交流を歓迎する傾向があるからだ（細野 2010）。

ただし大学との連携を行政が主導して行う場合，資金的余裕の他に目的や活動領域が明確になる反面，行政は行政目的を最優先させて継続的な支援や課題提供の責務を担い続けなければならないから，組織の活動空間を狭める傾向も生まれる。往々にして，「行政起点の産官学連携」の活動の自由度は「大学起点の産官学連携」より狭まらざるを得ない理由がここにある。だからこそ「大学起点の産官学連携」への回帰が望まれるが，それには後述するような問題も発生する。

3.2 ネットワーク多摩の始動

これから地域活性化を主たる使命として結成された大学起点の産官学連携「公益社団法人学術・文化・産業ネットワーク多摩」（略称ネットワーク多摩）を知のコモンズ，あるいはもっと革新を強調して敷衍した言い方をすれば創造的なコモンズとして創発した経緯を紹介する。

東京都は島嶼地域を除き，都心23区と郊外都市多摩地域に大まかに二分できる。都心部と多摩地域の面積比は1対2である。人口は逆に2対1である。だから経済力の差を如実に示す人口密度比では4対1になる。ところで，バブル崩壊後に都心の地価が大幅に下落したことで，共働きを当然とする若者世代は住居を勤務地に近い都心部に移す傾向が強くなっている。働く女性を中心に通勤時間の大幅削減を目指すからだ。結果としてベッドタウンの機能を期待され，それに応えてきた都心西郊にある多摩地域の30市町村は，残念ながら若者世代に敬遠され，と同時に高齢化の加速化といういわゆる「郊外都市の憂鬱の時代」を迎えている。

かつて多摩地域全体では短大も含めて大学が60を越え，キャンパス数で見

ると 80 を越えていた。全国より一足先に大学の郊外化が進んだからだが，現在は大学の都心回帰も若者の都心回帰を追う形で進みつつある。多摩地域の製造業出荷額は 23 区を上回っている。多摩地域の「ものづくり」や情報産業など大中小零細のどの企業も大学の知的支援や人材の供給を渇望している。商店街を中心にイベントへの学生たちの参加で，都心に対して劣勢に立つ郊外都市の魅力づくりに手を貸してもらいたいという要望も根強い。このような地域環境の中で，2000 年の 12 月，「大学サミット多摩 2000」というシンポジウムが多摩大学理事長・学長会議主催で開かれ，「多摩地域はシリコンバレーになれるか」をテーマにしたパネルディスカッションが中央大学で開催された。この段階から，大学による大学のためのコンソーシアムではなく，大学による地域貢献積極化を志向した新しい形の大学コンソーシアムを目指す「学長宣言」が出席した多摩地域の行政首長の前で披露された。その内容は，以下の 4 点に絞られる。地域に開かれた大学として，

① 住民（NPO）・企業・行政と協力して多種多様な課題に柔軟に対応できる新たなネットワークを構築し主体的に関わる。
② このネットワークをもとに，多摩地域の抱える問題の解決に向けて，大学の研究教育資源を積極的に投入する。
③ 高齢社会の到来を前提に，福祉を始めとして市民生活の向上に積極的に関わり，生涯学習に向けて「学びの場と機会」を地域に提供していく。
④ 地域産業活性化のために，大学間および企業・関係機関・行政との効果的な相互協力ネットワークをつくり，研究成果などの知的資源を提供していく。

これらの実現を目指して情報通信基盤を活用し，さらにグローバルネットワークを構築し夢のある多摩地域を実現するためのグランドデザインを描く。この宣言の具体化に向けてたどったネットワーク多摩のこれまでの試行錯誤を次に紹介してゆく。

3.3 試行錯誤の軌跡と課題

　2001年7月に任意団体としてスタートするに当たり，「学長宣言」の内容に即して五つの事業計画を立て，20近くの事業が実行に移された。その後事業を実行してゆく過程で，人的・資金的制約を強く意識せざるを得なくなった。人的には大学と企業からの出向者とパート職員で構成される事務局メンバーと，学生ボランティアや教員で構成される実働メンバーが，車の両輪となって各事業を実施する。人数に限りのある事務局メンバーは複数の事業を担当するため，当然ではあるが各事業の遂行の際に時間的制約に苦しめられる。また活動に参加する教員も学生も，本来の講義時間との調整に苦しむことも多く，期待していた教育効果を十分に挙げられる事業とそうでない事業に二分される状況に陥った。事業の円滑な運営に必要な人数が，圧倒的に不足していたからだ。加盟団体は多いときは100近くに達したが，現在は70近くで安定している。大半の大学コンソーシアムと違う点は，産業界からの加盟が多いことである。もちろん，大学起点の連携組織であることから，大学と深くつながっている産業の加盟が多いことは事実である（表1-3）。

　この構成が産官学連携の妙味をつくり出している。その意味を述べよう。歴史的に見ても，大学（学）は「知のコモンズ」の創造元としての本来的使命を社会から期待されてきた。この使命を社会経済的な意味合いをもたせ，あるいは結合させて「創造的なコモンズ」に昇華させる「時間と空間」を提供するのが，行政（官）とビジネス（産）の役割である。産官学の連携の意味はこのようなフレームによって捉えるべきだろう。

　資金的には会費収入と委託事業補助金で基本的には賄っているが，会員数の変動が会費収入の変動に直結するので，会費制のジレンマから資金的にはほとんど余裕がない。特に多摩地域は30市町村で構成されているが，多摩全体という意識が低いのか現在の加盟行政は9市止まりである。学生の地域研究のフィールドとしてあるいはインターンシップ先として協力を取り付け，多摩地域への各自治体のアイデンティティを確立させるために原則全自治体の加盟が望まれる。この全自治体加盟は一つの大きな課題であるためにそのきっかけづ

公益社団法人学術・文化・産業ネットワーク多摩加盟機関一覧（2014年10月10日現在）

参加大学・短期大学一覧（参加形態別）

	名称	種別
1	桜美林大学	正会員
2	大妻女子大学	正会員
3	恵泉女学園大学	正会員
4	実践女子大学	正会員
5	実践女子大学短期大学部	正会員
6	首都大学東京	正会員
7	白梅学園大学	正会員
8	白梅学園短期大学	正会員
9	創価大学	正会員
10	創価女子短期大学	正会員
11	拓殖大学	正会員
12	多摩大学	正会員
13	玉川大学	正会員
14	中央大学	正会員
15	帝京大学	正会員
16	帝京大学短期大学	正会員
17	デジタルハリウッド大学	正会員
18	電気通信大学	正会員
19	東京工科大学	正会員
20	法政大学	正会員
21	明星大学	正会員
22	亜細亜大学	協賛会員
23	亜細亜大学短期大学部	協賛会員
24	嘉悦大学	協賛会員
25	白百合女子大学	協賛会員
26	成蹊大学	協賛会員
27	東京家政学院大学	協賛会員
28	東京経済大学	協賛会員
29	日本獣医生命科学大学	協賛会員
30	和光大学	協賛会員

機関／種別	正会員	協賛会員	特別会員	計
大学・短期大学	21	9	0	30
行政	9	0	0	9
企業	13	9	1	23
団体	5	3	1	9
個人	－	1	－	1
計	48	22	2	72

参加機関一覧（参加形態別）

	名称	種別
1	稲城市	正会員
2	小金井市	正会員
3	立川市	正会員
4	多摩市	正会員
5	八王子市	正会員
6	羽村市	正会員
7	日野市	正会員
8	福生市	正会員
9	町田市	正会員

	名称	種別
1	インテル(株)	正会員
2	(株)学生情報センター	正会員
3	京西テクノス(株)	正会員
4	京王電鉄(株)・	正会員
5	コカ・コーライーストジャパン(株)	正会員
6	(株)シー・エス・イー	正会員
7	(株)立飛ホールディングス	正会員
8	多摩信用金庫	正会員
9	(株)ナジック・アイ・サポート	正会員
10	日本たばこ産業(株) 立川支店	正会員
11	東日本旅客鉄道(株) 八王子支社	正会員
12	(株)ベネッセコーポレーション	正会員
13	(株)読売新聞　東京本社	正会員
14	(株)オープンループ	協賛会員
15	(株)岡村製作所　立川支店	協賛会員
16	(株)環境総合研究会	協賛会員
17	(株)クオリティ・オブ・ライフ	協賛会員
18	清水建設(株) 東京支店西東京営業所	協賛会員
19	(株)ナルド	協賛会員
20	日本電気(株) 西東京支社	協賛会員
21	ネオス(株)	協賛会員
22	(株)ラティオインターナショナル	協賛会員
23	多摩都市モノレール(株)	特別会員

	名称	種別
1	(一財)公園財団	正会員
2	NPO法人 セルフ・リライアンス・パートナーズ	正会員
3	(公財)大学セミナーハウス	正会員
4	(公財)東京市町村自治調査会	正会員
5	(独)都市再生機構 東日本賃貸住宅本部 (UR都市機構)	正会員
6	NPO法人 エンツリー	協賛会員
7	(公財)東京都中小企業振興公社	協賛会員
8	NPO法人 日本ITイノベーション協会	協賛会員
9	多摩ニュータウン学会	特別会員

	名称	種別
1	個人会員1	協賛会員

表1-3：ネットワーク多摩加盟機関一覧

くりに後述する「政策スクール」などの新規事業を立ち上げた。会費は大学が 10 万円＋学生一人当たり 10 円 × 学生数，企業と行政は会費一律 10 万円である。慢性的な人員不足の解消を求めて会費の値上げを計画しているが，加盟機関に十分なメリットを提供できていないからか，この組織への認識がそれほど高くないからか，今のところ会費値上げに関しては大方の賛同を得られる状況にはない。それに委託事業収入も，それほど使途の面で自由度があるわけではない。人的・金銭的な各種の制約条件を考慮すると，効果の薄い事業を淘汰するという「事業仕分け」を毎年のごとく行わざるを得ない。時代の趨勢と実践から学んだ教訓から 10 年のうちに事業が淘汰され，あるいは時代的地域的必要性から事業が新たに追加された。淘汰された事業は高大連携事業つまり高校対象の事業が目立つ。教育成果のより一層の向上を図るためにシームレスな教育を目指して，高大連携を事業化したが双方の間の制度上の違いなどがあり，努力の割には効果が出なかった。また，イベント性の強いホームページグランプリやスポーツ・音楽の事業も 4，5 年のうちに取り止めた。これは担当する会員組織の都合，事業運営中の事故などによる。事業の多くは組織体制というより極めて担当者依存性が強いから，継続性を担保するためには安定的な人事体制の確立が条件となる。人事の課題がどうしてもついてまわる。またこの 10 年間で新設された 9 事業は，学生支援（宿舎，就職支援）と地域人材育成，それに国際交流事業である。地域人材育成は教育ボランティアの「まちづくり版」であり，オフキャンパスの教育を狙う。また東京市長会の支援を受けたご当地検定「多摩武蔵野検定」は現在，小中学生版，1-4 級に区分した Web 検定でいつでもどこでも受検できるが，高齢者を中心に会場での検定に根強い要望が寄せられたため Web と会場という二つのタイプのいずれかで受検が可能とした。この種の検定には根強いファンが存在し，地域住民の生涯学習の一環といえるだろう。また近未来に起こり得る自治体合併を視野に置けば，多摩地域全体に関するこの種の基礎知識は自治体にとって格好の職員研修テキストコンテンツともいえる（表 1-4）。

　また事業を遂行する目的は次のように集約され事業化され，一定の効果を上げている。すなわち，前述の学部主導の「フルセット型教育」のタガを若干緩

事業計画	事業名	2001年度実施	2011年度実施
大学間連携	章・中学校学生教育ボランティア		実施
	読売英字新聞講座		実施
	NHK提携講座	実施	実施
	多摩地域大学理事長・学長会議	実施	実施
	全国コンソーシアム	実施	実施
	企業合同説明会		実施
	単位互換	実施	実施
	ひとり暮らしのトータルサポート		実施
地域人材育成	知のミュージアム・多摩武蔵野検定		実施
	まちづくり振興推進事業		実施
	花と緑と知のミュージアム		実施
	女性の学び支援	実施	実施
国際交流	留学生支援		実施
	キャンパスTAMA		実施
環境貢献	奨学生対象体験型環境教育	実施	実施
	環境社会貢献		廃止
廃止事業	公立学校教諭対象の10年経験者研修	実施	廃止
	多摩地区高校生の夏休み大学授業体験	実施	廃止
	高校教諭進路指導研究会	実施	廃止
	高校生の大学授業履修生度	実施	廃止
	進路選択・公益法人インターンシップ	実施	廃止
	卒業生の就職支援	実施	廃止
	中小企業ホームページグランプリ	実施	廃止
	朝日新聞提携講座	実施	廃止
	TAMA CUP(フットサル大会)	実施	廃止
	多摩フレンドシップコンサート	実施	廃止

表1-4:事業の改廃と新設(2011年度に大幅変更)

めると同時に,学部授業の相互乗り入れだけでなく,大学間での単位互換をもっと活用することで,個々の大学の損益分岐点を低下させる効果をねらっている。マスメディア協賛の連携講座はその典型だ。受験生にアピールする特色ある教育や,大学自らが構造改革する手段として大学間連携事業を積極的に活用する。個々の行政も近隣行政との連携でオール多摩の魅力づくりをする。「学生教育ボランティア」は専門のマッチングサイトを設けているため,学生たちは大学の立地場所に制約されることなく,居住地から最も至近距離の小中学校に教育支援要員として通うことができる。産官学が連携して就職活動支援の講座を開設し,「企業合同説明会」などマッチングの機会を設けている。

　各事業は一定の効果は上げているものの,大学間での距離が相互に離れすぎていることから加盟団体間(とくに大学間)の事業参加意欲に対する温度差はかなり大きい。運営側で期待しているところと現実との間にはまだ大きな

ギャップが存在する。それを生み出しているのが，地理は要因のみでなく組織固有のニーズやローカルオプティマム追求優先から生まれる「偏狭なナショナリズム」だ。温度差がそのまま活動や帰属意識の差となって現れる。参加度の低い加盟団体ほど，「わが大学のために，わが市のために，ネットワーク多摩は何をしてくれる」といったメリット論にすぐ結びつけようとする。人口減少時代，都心回帰の進展は加盟期間の「守りの姿勢」を一層強化させ，それが個別のナショナリズムを強化する。連携の効果を可視化する努力が今ほど必要とされる時代はない。ナショナリズムの克服にはまだ時間がかかるだろうが，活動を通じて着実な成果を見せてゆくしかない。

3.4 ネットワーク多摩の新たな挑戦

2011年度を起点としひと・モノ・カネの制約を十分意識し，これまでの全事業を選択と集中で仕分けしてきた。次代のニーズに即応する，あるいは今後必要になる事業は当然これからも継続し，開発実行してゆく。しかし時代の要請を受け，連携組織ならではの事業をこれからも新設することに何のためらいもない。すでに走り出している代表例を三つ，「新たな挑戦」として紹介する。

◆多摩未来奨学金
一つは，多摩の事業所に基金を積んでもらい，大学が優秀な学生をそれら企業に対してインターンシップや就職先として紹介する「双務的役割」を前提とした「企業・私学合同スカラシップ制度」である。現在各大学とも経済的に困窮し学業継続に支障をきたしている優秀な学生の支援に向けてきめ細かな対策を練っている。その活動を補完する人材育成型というユニークな奨学金制度として，多摩の企業からの協賛金をプールし，大半の奨学金制度とは異なり貸与型ではなく使途は自由に奨学生が決定できるという給付型の持続可能性を追求したシステムをつくり上げた。

企業出資（一口10万円）で奨学基金を募り，各大学から学長推薦を勝ち取った優秀な学生20名強に奨学金（一人30万円）を給付し，奨学生たちは「健康・

福祉」「教育・文化」「環境・産業」の3分野に分かれて1年間かけて多摩地域への政策提言を作成する。これには産官学の一線級の識者がコーディネーターを務め指導する。多様な大学から多様な学問分野の奨学生が参加し，グループでそれぞれ試行錯誤を伴う思考実験とフィールドワークを行う。その結果から政策提言を含んだ調査報告書をつくり上げる。

　奨学基金は持続可能性を意識して企業の負担に無理がないように薄く広く出資を募る。多種多彩な地元企業と奨学生との交流の機会を可能な限り頻繁に設け，多摩地域の企業や事業所や経営者の優れた点をじかに発見してもらう。これまで多摩の事業所と大学との間に存在していたネットワークの「構造的な綻び」が，この奨学金制度をきっかけとした学生と企業との出会いから密度の濃いコミュニケーションネットワークで繕われることが最大の狙いである。平成25年度は29社1団体の寄付で19名の奨学生が生まれ，平成26年12月に1年間をかけた政策提言を含んだ作品の発表がなされた。平成26年度は51社1団体の寄付で22名の奨学生が生まれ，平成27年4月から政策提言を目指して，予備研究，実地調査，中間報告，政策提言までの活動を統合した調査報告書を，1年間という長い期間をかけて他大学の仲間と一緒につくり上げる作業に入った。その姿を寄付に応じてくれた多摩地域の志の高い企業が見守ってゆく。また寄付に応じてくれた企業には，この奨学金制度に関する意見やコメントを毎年アンケート方式で収集する。この奨学金の持続可能性と制度的進化を積極的に図るためだ。と同時に，求人で悩む多摩地域の企業と職を求める学生たちとの就職マッチングサイト「じんナビ・ねたまナビ」（登録料無料）の紹介と活用を促している。もちろんこの奨学金制度の募集対象を，私学以外の国立，公立大学法人に拡大してゆく。

◆政策スクール
　23区に対して劣勢の多摩地域の30市町村を原則ネットワーク多摩の加盟団体にする試みである。現在8市にとどまっているが，平成の大合併を見送った多摩の行政は，近隣との連携によって人口減少や輸送路線の間引きなど交通利便性の低下，工場等の移転に伴う大規模空地の増加など各種の郊外地域問題の

克服を試みる必要性を感じ始めている。原則加盟を視野に入れて多摩地域「政策スクール」などを，教員のみでなく首長も講師にして設置し，問題意識の共有化を図ることを目的にしている。

　若い世代の都心回帰や事業所の海外移転など，多摩地域が抱える行政課題に対して，行政の若手職員と行政職を志望する学生たちが，職員研修の一環として位置づけられたワークショップに参加し，准教授クラスの教員をコーディネーターにして課題の整理，構造化，政策提言まで掘り下げる。その過程で，若手職員は学生たちの何者にもとらわれない発想に耳を傾け，日常業務の中で馴化した考え方や仕事の進め方にも反省を加え，次のステップでのチャンスに備える。他方，学生たちは若手職員の熱い使命感や情熱に触れ，手際の良い仕事の仕方を直接目にすることで，行政職志望への気持ちを一段と強くする。あるいは自らの適性を再考し，他の職への志望切り替えを図るきっかけにもなる。

　「多摩が明るく'縮む'社会になるには」（平成25年度），「東京五輪が多摩地域の活性化に活用できるか」（同26年度），「多摩から地域創生」（平成27年度）といった年度ごとの大きなテーマの基調講演も参考にしながら，各々三つのサブテーマごとに大学准教授クラスの若手コーディネーターから課された事前学習を準備のうえ，グループごとにワークショップを開き政策提言をまとめ，全体会でそれを発表しフロアも含めて参加者から講評を得る。それぞれの年度のサブテーマ代表例は「人口減少時代にどう商店街を活性化するか」や「五輪をきっかけにスポーツがコミュニティの再生に寄与するには」や「人口減少時代を迎え低下するモビリティをどう改善するか」などである。また若い参加者との交流を楽しみにしている元日野市長（元東京市長会会長）を校長先生にお迎えしその人柄とユーモアのある話しかけが好評を得ている。

◆大学生まちづくりコンペティション
　学生を主軸として行政がある程度関与しながら地域の問題に取り組むオリジナルで斬新なまちづくりの試みをコンペ形式で紹介してもらう。大学にとっては主要なクライアントである学生に多摩地域が宿痾のように抱え込む種々の課題に果敢に取り組むフィールドを与えたい。その意図を組みフィールドワーク

を積み重ねて，一生懸命に地域の期待に応えようとする学生たちを垣間見ることのできる得難い事業でもある。自由応募の予選と予選を勝ち抜いた作品で発表が行われる本選に分かれる。まず審査を予選と本選に分けた理由は多摩が抱える問題は多岐にわたるが，三つくらいの共通テーマに集約することができ，各大学から多くの作品が寄せられるだろうと考えるからだ。それぞれ集約された三つのグループ「観光・教育・食育・自然・アート」「マーケティング・地域ブランディング・商品開発・就労支援」「商店街・住宅環境・居場所づくり・世代間交流」に対して大学，行政，ビジネスの各界の中堅の実践で鍛えられた人たちに予選の審査をとりもってもらう。その予選を通過した応募作品に対して本選で日本を代表するまちづくりの専門家や多摩地域の行政および企業のトップに幅広い知見による議論をもとに最終審査することをお願いし，厳正な審査により優秀作品等を選び出すというシステムが組み上がった。

　予選は2014年度は11月8日（土）に19大学16団体のエントリーにより行われた。各応募団体は以下の三つのグループに分けられた。グループ1は観光・教育・食育・自然・アートがテーマであり，5作品がエントリーした。グループ2はマーケティング・地域ブランディング・商品開発・就労支援がテーマであり，5作品がエントリーした。グループ3は商店街・住宅環境・居場所づくり・世代間交流がテーマで，6作品がエントリーした。10分の発表に対して5分の質疑応答で予選の審査が展開された。予選の審査委員は行政9名・企業6名・大学教授3名で，それぞれの大学教授がコーディネーターを務めた。予選では審査委員のグループ分けによって評価の辛い審査委員と甘い審査委員がかたまってグループ化されることも想定されたので，素点で本選の候補作品を絞り込むことはせず，それぞれのグループの素点の平均値と分散をもとに標準得点を計算し直し，最終的な順位づけを行った。予選によって本選への資格を手に入れた作品は七つであった。この七つの本選作品に対して，本選審査委員会の厳選なる審査によりモデルの普及可能性（15点），地域活性化に対する具体的な効果（15点），そして総合的な評価（20点）という合計50点の評価点で競われた。本選は各々パワーポイントを使い10分間の発表時間，質疑応答5分間である。その最終結果は以下のとおりである。最優秀賞は『諏訪小学校

と地域の連携づくり』，優秀賞は 2 作品で『八王子駅南口"繋がる"プロジェクト』ならびに『トンネル美術館』に決まった。

　それぞれ本選に残った作品はかなりの水準に到達していると思う。しかし参加していない多くの優れた活動が存在するはずではあるが，私たちの前にはまだ現れていない。これらの諸作品が日の目を見るために，応募のしやすさを工夫したり，広報を通じた積極的な呼びかけが必要である。時代の激しい移り変わりでキャンパス内の教育のみではもはや学生の人格や学力を総合的に向上することはできない。むしろ社会と一緒にオフキャンパスでの教育の重要性が高まっているという自覚もある。また，行政の側も住民意思や政策ニーズにすべて応えるための人的，財政的資源は十分ではない。このことから大学と行政の積極的なコラボが今後ますます強化されることになろう。「まちは教材の宝庫」と位置づけて散在する「個別のキャンパス」を出て，大学間の垣根を越えた指導体制を目指す。連携に伴う個々の大学の「アイデンティティの危機」を主張される場合が多い。それぞれの大学が自信をもって，教員・学生の人材を提供し合えば，キャンパスに帰ったときに大きな戦力になれるはずである。シリコンバレーは UC バークレイ校やスタンフォード大学などの「プライマシー校」だけに依存するわけではない。州立大学やコミュニティカレッジの卒業生や在学生のパワーも混在しながら「アカデミーのるつぼ」を形成し，それが世界に誇れる強みを発揮するエンジンとなっている（サクセニアン 2008）。このような事例を念頭において多様な試みを世の中に積極的に知らしめ，まちづくりの具体的な参考資料として提供するという一つのきっかけとしてこの「大学生によるまちづくりコンペティション」を位置づけたいと思う。

3.5　創造的なコモンズとしての使命

　多摩地域の学生には 1,160 平方キロの活動の場が与えられている。多様性に富み長い歴史を刻んだ広大なフィールドを，ときには鳥の目で俯瞰し，ときには虫の目で逍遥しながら学ぶ機会を若者に提供する義務が大学を含めて地域社会にはある。できるだけ多くの人たちの心を緩く結びながら，その豊かさに触

れる機会を少しでも多く提供することがネットワーク多摩の使命である。それが都心しか見ていない若者にとって意識の転換が実現し，愛着と憧れの空間に多摩地域を変化させる一歩ではないかと思いながらネットワーク多摩を運営している。さらに，多摩の地域は23区の2倍の面積があり，大学も都心と比較して分散立地していて必ずしも集積しているわけではない。したがって単位互換制度も交通アクセスの不便さから必ずしも活用されているわけではない。そこで，通学型の単位互換というよりもICTを活用したネットワーク型のe-ラーニングに本格的に切り替える必要性を痛感している。タブレット型端末やスマホ活用による単位互換制度で，多摩地域特有の交通アクセスの不便さを克服し，文字通りいつでもどこでものユビキタス単位互換制度をそれ専用のサーバーを用意して実現する方向を模索している。

　連携が真に効果を上げるには，偏狭なナショナリズムを克服し，全加盟団体に「広域多摩のために，首都圏のために，わが国の教育のために」という気概と志の高さが求められる。学生たちは連携講座や体験型教育を通して，それぞれの所属する大学の良さを再認識し出している。彼らこそ連携のもつメリットをいち早くつかみ，そして大学コンソーシアムの原動力になっている。「気づきが学習を促す」という。キャンパス内ではもちろん，キャンパス外でも連携活動での交流や活動を通じて，学生は知識の拡充や情報の交換で，さらなる学習意欲が生まれるはずだ。中教審が提唱する「質を重視した大学教育」も視野に地域の資源が総動員される環境づくりこそ，これからの連携組織の一大使命と考える。

　以上三つの事業を紹介しながら，創造的な「知のコモンズ」としてネットワーク多摩を一般的な大学連携組織との違いを強調してみた。高齢化と人口減少のダブルパンチで多摩地域は都心と比較して苦戦を強いられてから久しい。この局面を打開するためにおしなべてどの行政も近隣の大学との包括協定を結び，大学は半ばインターンシップ，半ばPBL（実践的な事例をもとにした教育）の一環としてフィールドワークに基づいた教育プログラムを工夫している。大学が立地産業であることから多摩地域のもつ多様な特性から生じる様々な政策課題に，積極果敢に調査研究をすることの重要性をどの大学も感じ取ってい

る。もはや生命力のない大学では生き残れない時代に突入したと見て良い（細野 2009）。

最近の事業を広く認知してもらうことで，行政のみならず地域住民からも学生を育ててもらい，ネットワーク多摩が多摩地域に限らず，広く人口に膾炙すればこの組織を創造的な「知のコモンズ」としての位置づけ，同様の試みが全国に普及し，大学のありようも変わってゆくに違いない。この過程で，知の創発を繰り返しながら発展するシリコンバレーのビジネス空間のような創造的なコモンズとして，ネットワーク多摩の活動領域が名実ともに位置づけられることを願っている（表1-5）。

分類	事業名
大学間連携	1. 単位互換事業
	2. 学生教育ボランティア
	3. 多摩未来奨学金
	4. 学生生活支援事業
	5. 国際交流事業
	6. 加盟大学への講座等の提供
	7. 全国大学コンソーシアムの展開
	8. 多摩未来創造フォーラム
	9. 大学生まちづくりコンペ
地域人材育成	1. 多摩・武蔵野検定
	2. 多摩地行行政連携事業
	3. 地域の人材育成と教育力アップ
	4. 新任の大学教員研修・職員研修
環境貢献	1. 環境教育事業
	2. 環境貢献事業，福祉・防災事業
就職支援	1. 就職支援，キャリア形式支援事業

表1-5：ネットワーク多摩の現事業

おわりに

本章はコモンズの脆弱性とそれだからこそその持続可能性に向けて，古今東西の地域コミュニティがどのようなガバナンスを工夫し，次世代につなげようとしてきたのかを展望することから始めた。これまでコモンズは，単に機会主義者が蔓延している世界での消費の対象あるいはシェアによる協調的な消費（コラボ消費ともいう）の対象として多く語られてきた。しかし，コモンズを積極的に地域活性化や地方分権的なガバナンスの手段とみなす最近の風潮を考えるならば，コモンズを自然からの恵みという側面よりも，もっと解釈を広げて，人々の社会的営みから生まれる社会的イノベーションや社会関係資本（ソーシャルキャピタル）の創発の場として，あるいはその成果物をも含めた形で創造

的なコモンズとして捉え直すことが必要になってきている。

　地域社会は循環を繰り返す。ジェイコブズが批判を込めて事例としたコダック社の城下町ロチェスター，フロリダが嘆くカーネギーのつくったUSスチールの城下町ピッツバーグも長年の低迷を脱して浮揚するきっかけを模索しながら現在も頑張っている。米国自動車のメッカであるデトロイトも都市再生の本格的な歩みをいつか始めると思われる。創造的なコモンズの源泉あるいは核である人材がそこに存在する限りという条件づけはもちろん必要ではある。そのために大学を中心とした人材づくりと彼らの定着が鍵といえる。

　本章で繰り返し強調してきたように，地域の浮揚を助ける要素としてどの場合も共通しているのは，大学が輩出する人材であり，知財である。大学こそが地域のサードプレイスであり，創造的なコモンズの源泉である。事例として紹介したネットワーク多摩の活動と模索はまだその成長段階初期でしかない。しかし，この大学連携組織が「多摩地域はシリコンバレーになれるか」という壮大な目標を掲げながら誕生したことの意味をここでもう一度強調したい。

　東京一極集中が地域経済の市場解であることを意味しない。市場原理主義者は東京独り勝ちを，グローバル化が引き起こす産業構造の変化を巧みにくぐり抜け，ヒト・モノ・カネの集中集積がうまく実現できた結果と皮相的に評価する。だから，東京一極集中の安易な是正は日本全体を奈落の底に突き落とすと脅す。確かにこの主張も一理ある。しかしこの考え方はかなり偏ってもいる。確かに経済合理性は人・モノ・カネの集中・集積を求め，それに他地域を圧する付加価値の高さで応える。しかしそれは現実の一面でしかない。歴史上，中央政府の能力や制度，政策に欠陥がある限り，そこに発生する取引費用をビジネスにつなげる動機が発生してくる。社会的な綻びから生まれる「うまみ（政治的レントと政治経済学者はいう）」を求めて，野心ある個人も地方政府も民間企業も中央に集中してくる。本来は効率性を損なう，この種の不当なレントから生まれる独占的付加価値を求めて，人材や若者も（短期的，あるいは長期的な）社会的最適化などまったく考慮せずに東京に群れ集まってくる。中央政府も黙視するこの種の日本版ハドリアヌス帝施政下の「パンとサーカス」状態からの脱却なくして，日本に真の意味での地方分権は実現しない。現在の日本とロー

マ帝国とどこがどう違うのだろうか。

　心地よさに惹かれて人々が集まってくるサードプレイスは，社会的制度的属性が付着した「ヨロイ」を脱ぐところだ。集う人はそこに安寧と安心を感じ，会話を楽しみ明日への希望を生み，そこでエネルギーを注入されてやがて家族のもとへ，職場へと散らばってゆく。大学のキャンパスも，ポテンシャルを秘めた若い人材を集め教育し社会に送り出すという本質的機能をもっている。混迷する時代だからこそ市場と国家からの自由，そして両者の欠陥を積極的に補完する強力な存在として，創造的なコモンズを改めて位置づける必要がある。脆弱なコモンズ，保護すべき対象としてのコモンズというステレオタイプな位置づけや認識を根本から変える思考や試みが現代社会に求められている。

―――　**参考文献**（容易に手にとって読める文献を重点に列挙した）―――

アクセルロッド，ロバート『つきあい方の科学』（松田裕之訳）CBS 出版，1987 年。
アセモグル，ダロン他『国家はなぜ衰退するのか』（鬼澤忍訳）早川書房，2013 年。
井上真編『コモンズ論の挑戦』新曜社，2008 年。
宇沢弘文『社会的共通資本』岩波書店，2000 年。
宇沢弘文他編『社会的共通資本としての森』東京大学出版会，2015 年。
ウィリアムソン『エコノミックホーガニゼーション』晃洋書房，1989 年。
オルソン，マンサー『集合行為論』（依田博他訳）ミネルヴァ書房，1983 年。
オルデンバーグ，レイ『サードプレイス』（忠平美幸訳）みすず書房，2013 年。
クラーク，コーリン『生物資源管理論』（田中昌一訳）恒星社厚生閣，1988 年。
神取道宏『経済学の力』日本評論社，2014 年。
グライフ，アブナー『比較歴史制度分析』（神取道宏他訳）NTT 出版，2009 年。
グラノベッター，マーク『転職』（渡辺深訳）ミネルヴァ書房，1998 年。
グリーン，ジョシュア『モラル・トライブズ』（竹田円訳）岩波書店，2015 年。
コーエン，I，バーナー『森が世界を作った』（寺島英志訳）寿士社，2007 年。
サイモン，ハーバート『意思決定と合理性』（佐々木恒男他訳）筑摩書房，2016 年。
サクセニアン，アナリー『現代の二都物語』（大前研一訳）講談社，1995 年。
―――『最新・経済地理学』（酒井泰介訳）日経 BP 社，2008 年。
佐藤嘉倫『ゲームの理論』新曜社，2008 年。
ジェイコブズ，ジェーン『都市の原理』（中江利忠他訳）鹿島出版会，2011 年。
全米研究評議会編『コモンズのドラマ』（茂木愛一郎他訳）知泉書館，2012 年。

チェスブロー，ヘンリー他『オープンイノベーション』（長尾高弘訳）英治出版，2008 年。
ディキシット，アビナッシュ『経済政策の政治経済学』（北村行伸訳）日本経済新聞社，2000 年。
デブリン，キース『世界を変えた手紙』（原啓介訳）岩波書店，2010 年。
ビンモア，ケン『ゲームの理論』（海野道郎他訳）岩波書店，2010 年。
長岡貞夫他『産業組織の経済学』日本評論社，1998 年。
ノース，ダグラス『文明史の経済学』（中島正人訳）春秋社，1989 年。
ハーディン，ガレット『地球に生きる倫理』（松井松之助訳）祐学社，1975 年。
パットナム，ロバート『孤独なボーリング』（柴内康文訳）柏書房，2006 年。
ハバード，グレン他『なぜ大国は衰退するのか』（久保恵美子訳）日本経済新聞出版社，2014 年。
ファーガソン，ニーアル『マネーの歴史』（仙名紀訳）早川書房，2009 年。
フリードマン，トマス『フラット化する社会』（伏見威萬訳）日本経済新聞出版社，2006 年。
フロリダ，リチャード『クリエイティブ資本論』（井口典夫訳）ダイヤモンド社，2008 年。
ヘックマン，ジェームズ『幼児教育の経済学』（古草秀子訳）2015 年。
ペントランド，アレックス『ソーシャル物理学』（小林啓倫訳）草思社，2015 年。
細野助博『中心市街地の成功方程式』時事通信社，2007 年。
―――『コミュニティの政策デザイン』中央大学出版部，2010 年。
―――『まちづくりのスマート革命』時事通信社，2013 年。
ボッツマン，レイチェル他『シェア』（小林好人監修）NHK 出版，2010 年。
マクミラン，ジョン『市場を創る』（瀧澤弘和　他訳）NTT 出版，2007 年。
室田武編著『グローバル時代のローカル・コモンズ』ミネルヴァ書房，2009 年。
森脇俊雅『集団・組織』東京大学出版会，2000 年。
山口昌哉『食うものと食われるものの数学』筑摩書房，1985 年。
ラパポート，アナトール他『囚人のジレンマ』（廣松毅他訳）新曜社，1983 年。
リフキン，ジェレミー『限界費用ゼロ社会』（柴田裕之訳）NHK 出版，2015 年。

第2章
知的財産とコモンズ

菊池純一

はじめに

　知的財産とコモンズの関係は新しい。しかし，知的財産は情報のかたまりである。情報とコモンズの関係であると読み換えてみれば，その関係は極めて古いテーマであるといえる。つまり，人類の歴史を貫いている本源的な関係の一つであると見るのが良いだろう。本章では，最近の数十年間を情報社会のルネサンスと位置づけたうえで，社会システム論の視点から知的財産とコモンズの関係を論じることにする。その際，この段で予告しておくのであるが，現在の日本社会の中で定着し始めている知的財産という4文字の考え方ではなく，かつ，その略語としての2文字の知財ではなく，与益創成の情報概念として，新たな「知財（Intellectual Assets）」の2文字を使う。また，コモンズをどのように定義するのかについては，多くの先達たちが書きまとめた書籍のかたまりの中に入らざるを得なくなるが，必ずしも日本の中で定着した概念ではないと考えるので，知財とコモンズの相対的な関係において，コモンズの性質を述べることにする。

第1節　知識を本位とする社会における知財

　かつて，1876年当時，情報という2文字が軍事用語として使われ始めた。小野（1991）の説では，仏語 Renseignements の和訳であったという。少なくとも，地域生活になじんだ和物の言葉ではなかったのであろう。他国との戦争の時代を越えて，その後，1954年頃から，通信工学の学術用語として，一部の学者たちが英語の Information を情報と同義として使い始めた。特に，情報化社会の到来を構想した林雄二郎の著作（1969年刊行）がなした啓蒙的役割，かつその政策形成効果は極めて大きかったといえる。
　他方，知的財産という4文字は，どのように扱われてきたのだろうか。著者の経験を踏まえて少し説明しよう。1987年の秋ごろ，「Intellectual Property」に「知的財産」という訳語を当てはめ，その知的財産の首座を排他的権利（他

者を排除し一定期間の間，利益を独占することのお墨付き設定する制度）とすることに筆者が違和感をもっていたことは確かである。なぜならば，排他独占の考え方は"業(なりわい)"を強めるものであっても，何らかの弱さが隠れているという直観があり，あらゆる知的創作行為の躍動力を束縛することに懸念をもったからである。そのことを意識しながら，1995年夏，『知的財産と無形資産の価値評価』(G. V. Smith & R. L. Parr 著，菊池純一監訳，中央経済社，1996) を財団法人知的財産研究所の下で取りまとめた。そのとき，米国の著者に許諾を得て，監訳者としての序章を書き加えた。これが，法律学と経済学と経営学の境界領域といえば聞こえがよいが，学術的方法論も不明瞭な「知的財産に関わる複合的アプローチ」の始まりであったといえる。しかし，先立つこと1978年冬に，ワシリー・レオンティエフという経済学者が，「一般的な相互依存関係は，国を越えて，企業を越えて，分野を越えて，極めて，グローバルな広がりもっているはずだ。私の産業連関分析は，商品と商品の強い連携を線形的に捉えたに過ぎない。しかし，これからは，知識と知識の強い連関のブラックボックスを解明する必要がある」と説明してくれた。経済の原動力に知の商品の関係（知の排他的独占行為も含めた知の連関の関係）が強く関わることを意識した，強く重い言葉であったと記憶している。

21世紀に入って，すでに，十数年を越えてしまった現在，情報社会という捉え方よりも，むしろ，知識社会と置き換えた方がよいだろう。ここでいう知識社会とは，自然人および法人がなす活動の根幹において形成され他者に譲渡可能となった情報のかたまりである知識，この知識を「本位とする社会」のことである。つまり，この本位とは，知識を豊かさの基準とし，創成し取引し，資産として蓄積することを根幹に据えることを意味する。むろん，知識社会は，このような定義によって「箍(たが)」をはめることができないほどの多様性と爆発的な躍動力をもっている。しかし，その知識社会は未熟な発展段階にある。そして，未だに，その社会の行く先の指針を与えるための方法論は不在のままである。特に，実物資産と金融資産に加え，知財（知的資産）が個人や組織から分離されて使用価値を形成することが知識社会の基本的構図であると仮定するならば，知財とコモンズの関係を社会システムとして設計し直すべきである

と考える。

第2節　知財の与益

2.1　権利ではなく権理通義上の多様な社会的調整

　筆者は2004年に，知財クリニックという「知財の病院」を始めた。11年目で症例は430件を越える程度であるが，知財に関わる共通のトピック・イシューを生きた状態で記録しているので，教育と研究の素材としてそれらの事例を使用している。

　さて，知的財産という用語は，2003年施行の知的財産基本法（公布：平成14年12月4日法律第122号）によって，法制度の概念として定義された。つまり，「この法律で「知的財産」とは，発明，考案，植物の新品種，意匠，著作物その他の人間の創造的活動により生み出されるもの（発見又は解明がされた自然の法則又は現象であって，産業上の利用可能性があるものを含む。），商標，商号その他事業活動に用いられる商品又は役務を表示するもの及び営業秘密その他の事業活動に有用な技術上又は営業上の情報をいう。この法律で「知的財産権」とは，特許権，実用新案権，育成者権，意匠権，著作権，商標権その他の知的財産に関して法令により定められた権利又は法律上保護される利益に係る権利をいう。」となった。

　もう一つ，コモンズとの関係を見定めるうえで触れる必要がある「知的所有権」という用語がある。現在でもパリ条約の工業所有権，WIPOの国際知的所有権機構などいくつかの公的な場での和訳として所有権概念が使われている。財産権なのか，所有権なのか。地域社会の活性化とコミュニティ形成の視座からすると，実は重要な論点である。特許庁編「工業所有権法逐条解説第16版」発明協会（2001）1頁において，「「工業所有権」という語は，特許法29条の説明においても述べているように，フランス語の propriete industrielle を訳したものであるが，末広厳太郎博士はこの点について「誤訳に近い不適訳だ」といっている。すなわち，工業所有権の保護に関するパリ条約は，その1条3項

において「工業所有権の語は，最も広義に解釈するものとし，本来の工業及び商業のみならず，農業及び採取産業の分野並びに製造した又は天然のすべての産品（例えば，ぶどう酒，穀物，たばこの葉，果実，家畜，鉱物，鉱水，ビール，花，穀粉）についても用いられる。」と規定していることなどを勘案して産業的財産権とでも訳すべきであった。」としている。また，2008年に中山信弘東大教授も「あくまでも19世紀の産業構造に相応しいから，そうなったに偶然に過ぎないと考えられる。所有権法的な構成はあくまでも借用概念であり，その時代に相応しかったに過ぎないとう点を忘れてはならない」と論じている。

本章では，「多くのプレーヤーが参画するグローバルイノベーションに供するための，経済価値の高い情報の財産」として，「情報のかたまりである知財」を位置づけたいと考える。それゆえ，所有権の用語は使わないことにする。かつ，排他的独占権が強く意識された知的財産の実態を鑑みて，かつて福沢諭吉が想念した権理通義上の多様な社会的調整の役割を加味して，知的創作行為から生まれるものの可能性と必要性を強調するため，あえて，知的財産と知財の2文字を併用する。

2.2 健全な知財

さて，制度が定めた知的財産（発明，商標，意匠，著作，営業秘密，種苗，その他有用な情報）を保護することは，一つのステップに過ぎない。それらを積極的に活用することも，重要なステップである。そして，設定された種々の権利関係が絡む利益相反に関わる紛争に対処することも，必要なステップである。さらに加えて，知的財産を健康にするということも，特定の制度のもとでは，新たな基本ステップとなる。とすれば，知的財産についての法的諸要件を熟知したうえで，知財（情報のかたまり）の可能性と危険性に関わる要点を習得した専門家が知識社会で活躍する機会があってもよいだろう。そのような専門家を知財クリニック・ドクターと呼んでいる。

知財クリニック・ドクターは，会社や大学などの知的財産を総合的に診断し，将来，起こり得るリスクの予想（病気の予防）や，無駄な資産の切り捨て

（手術），眠っている知的財産を上手に活かす方法のアドバイス（健康法の指導）を行う。さらに，知財の移植・不妊治療・助産（発明や創成のアーリーステージからのサポート），知財リハビリ（処方・処置の予後管理，知財テロ対策），知財テストベッド構築（起業，コンソーシアム編成など），紛争処理（利益相反，係争案件への対応）など戦略的なソリューション方策を支援する。

この知財の健康ということについて，菊池（2014）の第14章に基づいて，少し説明しよう。

知財クリニックで知財の病気であると診断されるに至る主な原因は5種類である。第1，契約に不備があったとき。第2，知財の空白域を発見したとき。第3，事前の与益が見えないとき。第4，知財リスクを管理していなかったとき。第5，参照するべき事例を知らないとき。

第1の病巣（Lesion）は，契約に不備があることを外部から指摘されるまで気がつかなかった場合が多い。知的財産が関わる場面は多様である。特に，特定の知的財産を創成する現場の者が誰の支援も得ずに各種の契約をしてしまったために，病気になる。あるいは，組織内部の軽微な判断で契約のデフォルト項目を無視してしまったため，事後的に重篤になることもある。特に多いのは，法制度が変更されたにもかかわらず，過去の取引慣行をそのまま使っていたことが原因の場合や組織変更に伴う人事異動がなされたにもかかわらず，引き継ぎがなされていなかったことが原因の場合もある。

第2の病巣となる「空白域」というのは，言い換えれば，情報のかたまりに穴があいている，または，何もないことを意味する。保有する知的財産に「空白域」があることは稀有なことではない，なぜならば，例えば，企業がビジネスを展開するうえで必要な知的財産をすべて自前で用意し保有することは必ずしも合理的な判断ではないからである。病気になるきっかけは，むしろ，利用する知的財産に穴があいていることを知らなかった（事前に調べなかった）ことにある。重篤（致命傷）なのは，知財を構成する三つの要素のすべてにおいて空白域が発生しているケースである。つまり，第1の客体要素（知的財産の内容情報）に関わり，発明の特許保護，著作物の各種の支分権処理，営業秘密の管理性確認，標章の商標保護などが必要であるにもかかわらず，そのいくつか

の作業を怠っていた。第2の主体要素（参画する主体に関わる情報）についても，知的財産の創成者は知っていたが，その財産権者の予定者やその知的財産の利用者を特定できていなかった。さらに，第3の図式要素（客体が利用され，主体が活動する場の環境，ビジネスモデル等に関する情報）についても，法制度上の制約を考慮せずに企画を進めた，参加者が気ままに勝手なビジネスモデルを自前で展開した，など，空白域が発生するきっかけは重畳的に積み重なるものなのである。

さて，第3の病巣は，事前の与益が見えないと感じたことで知財クリニックへ来院する場合である。つまり，事業に関わる周辺環境が変化していることはわかるのだが，将来の利用可能性が見えない，という相談である。第4，第5の病巣は，会社やNPO等の組織の規模にも依存する。第4は，知財の複合リスク（無効，廃棄，侵害，流出などの複合リスク）を管理していない場合であり，第5は，参照すべき事例が何かを知らない，というよりも，それらの事例を知らされていない場合が多い。

知財クリニックでは，第1の病巣「契約の不備」によって来院した者に，「知財与益の設計」とは何かを説明している。つまり，与益の設計とは，債権と債務を明確にする契約の中に，「第三者」の存在を手続き的にデザインすることから始発するのである。例えば，極めて安易に取り交わされる秘密保持契約（NDA）でも与益の設計は必要不可欠である。個々の権利保護が希薄な知財の包括クロスライセンス契約においても当然のこと「正の与益」と「負の与益」を想定すべきであり，その想定が「知財与益の設計」というレベルに到達しているか否かを確認する必要がある。

第2の「空白域」についても，「穴」（欠損）とは，事前の与益を設計していない領域，あるいは，事後の与益を観察していない領域のことに過ぎない。それゆえ，対象となっている知財を，客体，主体，図式の三要素から構成される「情報のかたまり」として再編成し，可能性の集合体として，何を他者（第三者）に与えることができるのかを精査すべきなのである。

知財クリニックに来院する者の中で，一番厄介なのは，第3の「事前の与益」，そのものが見えないという患者である。なぜならば，知的財産は，そも

そも無形の財産であり，見えないことが多い。診断の作業をするには，まずは，その者の説明を丁寧に聞いて，客体要素（知的財産の内容情報）を見えるようにする（可視化する）必要がある。そのうえで，主体要素（参画する主体に関わる情報），図式要素（客体が利用され，主体が活動する場の環境，ビジネスモデル等に関する情報）を，根堀り葉堀りで問診するのであるから，「事前の与益」そのものが見えない者からしてみれば，不可解な問いかけであるし，ときには，不要な質問と感じ心を閉ざしてしまう場合もある。

　例えば，安全と安心に関わる症例がある。「高い信頼性」という与益レベルを想定せずに，新規事業として「安心」を取り扱いたいというのが患者の希望であった。ブランド構築作業になるので極めてシステミックかつ継続的な設計作業が必要になりますよ，と前置きをして，「御社の資金は豊富ですか」「御社の社員教育は十分ですか」と意地悪な質問せざるを得なくなる。「安心」という与益は，エンド・ツー・エンド（端から端まで）のブランド・システム設計である。そして，そのエンドにおいては理解しやすく，心地よい刺激を与えることが求められる。そこでまず，その与益から還元される受益に関する基本方針を決める必要がある。例えば，多くの者が受け入れるレベルの安心なのか，あるいは，最頻値または平均値の近傍における推論が成り立たない特定少数のレベルなのか，いくつかの条件を組み合わせる必要がある。それゆえ，安心に関わる与益の設計においては，エンド・ツー・エンドのシステム内部において派生する複数の経路選択を想定せざるを得ない。例ではあるが，伝言ゲームのように始発の情報と到着の情報が違ったのでは，安心は得られない。同様に，商品のビジネス・サプライチェーンの中に投入してから期待する出口に期待する物やサービスが出てこなければ，安心は得られないはずである。となると，安心に関わる事前の与益を設計するには，知的財産という4文字の範囲では事足らず，少なくとも，新たな2文字としての知財の編成を設計しなければならないのである。

2.3 知財のサプライチェーン

　物と物のつながりを説明する場合，よく使われるのが生態系の食物連鎖のモデルである。同様に，資源から素材，部材，モジュール，そして，完成品という自動車の加工組立のモデルもよく使われる。情報の取引においても加工組立の図式を援用することができる。したがって，知的財産も同様のモデルを当てはめることは可能である。しかし，知財のパッケージ（特定の目的をもって編成された知財群）にこれらのモデルを当てはめることがふさわしいとは必ずしもいえない。

　一つの課題は，知財がイノベーションを引き起こすからである。詳細を説明する必要はないと考えるが，イノベーションとは，特定分野の技術思想等が社会に実装されて多くの人々の生活様式が変容することである。したがって，技術革新や社会革新の用語が当てはめられてきた。むろん，イノベーションについての先駆的研究者であるシュムペーターの考えによれば，その過程において大量の廃棄を伴うことがあり得るから，緩やかな革新の現象ではない場合，創造的破壊という用語を当てはめた方がよいとしている。情報の革新の場合，かつ，知識の革新の場合，緩やかな単線的変化ではなく，ときとして，爆発的で非線形的なしきい値の変化が顕在化することがあると想定した方がよい。その場合には，単純な食物連鎖的図式は適合しない。

　もう一つの課題は，情報の取引経路の一部が非開示になることである。人が情報を他に向かって発信する場合，少なくとも二様の経路を想定しなればならない。現行の日本国憲法に記された基本原則からしても二様である。一つは，相手が限定されている親書による通信という手段である。通信の秘密を侵してはならない，これが原則である。もう一つは，特定多数あるいは不特定多数に発せられるメディアを介した表現という手段である。表現の自由を侵してはならない，これも原則である。では，知的財産の場合は，どうなるのであろうか。まず，創作者が何らかの情報を引用した場合には，原則，その出所を開示しなければならない。そして，自らの発意となる新規な部分を表現し，そのことを介して何らかの受益を得る場合には，自らの先使用の機会を明記し，特定

の法的保護益を確保する必要があれば所定の手続きに基づいて，他者がその受益を享有することを一定期間にわたり排除できるのである。複雑そうに見えるが，事は単純である。つまり，自らの判断に基づいて知的財産の先取り内容情報を開示すれば，受益を占有できる。他方，開示せずに利用したとしても秘密であることの条件を満たせば，受益を占有できるのである。

　例えば，地域コミュニティのコモンズを考えるにあたって，一つの切り口として典型的な事例を説明しよう。「テレビ放送のネット配信」という図式である。これに関する日本の制度体系は，放送法と通信法の二重方式であり，かつ，放送は中央と地方の二重方式（民営非民営を考えれば多重方式）であり，通信は民営非民営の区分もあるが，プロバイダーなどから通販まで含む多重方式となっている。他方，放送と通信の技術は国のレベルから標準化（最近は，グローバル標準化）が指向されている。この図式の下で，情報のかたまりである知財を流通させる場合，2次，3次の複製利用に関する多重な許諾の調整が必要になる。つまり，「テレビ放送のネット配信」が知識社会のコモンズであるとは，容易に宣言できないのである。

　知財は，開示制度に基づく知的財産の情報を内包する。しかし，その第2，第3の要素である主体や図式に関わる情報は，意図して開示されるものではない。むしろ，必ずしも秘密ではないが，見えざる部分であるといえる。特に，知財の図式の根底にある法制度は半透明である。このように知財は，可視化された部分と見えざる部分の組み合わせから成り立っている。それゆえ，知財の関係がつくり出すはずの「網脈」（知財のサプライチェーン）の中にある多様な「節（変曲点）」を解析することは，社会へ与える与益の健全性を高めることに資するといえる。

2.4　オープンイノベーション

　知財とコモンズの観点からすると，イノベーションの類型は3種類ある。まず第1に，特定の会社など組織主体の中に閉じこもった「場」で創成された知財がつくり出すイノベーション，これは「クローズドイノベーション」と称せ

られている。さらに第2に，米国の経営学者チェスブローの理論に基づく組織間に開かれたオープンイノベーション，これを「従来型のオープンイノベーション」とする。そして，第3の可能性としてあり得るのが，「知財パッケージ型オープンイノベーション」である。

　クローズド型を採択するか，オープン型を採択するかの論点は，鎖国か開国かの政治判断に似ている。しかし，情報の取引という視点からすれば，明らかに，オープン型の方が多様な環境に対応した知財の創成が期待できる。したがって，鎖国か開国かの論点は，少なくとも知財の創成と利用に関して情報の発信と受信が制限されているか否かに帰着する問題であると考える。知ることの自由は本源的なことである。しかし，その知ったことに基づいて，新たな行動をなす場合には，倫理上の共感を求められ，法制度上のマインドを表明することが必要になる場合がある。つまり例えば，現行の法制度では必ずしも保護していない「他人のアイディア（着想等）」を知ってしまったとすれば，信義則からして，誠意を示して他者の知財を拝借する手続きを示す必要があり，それを怠れば，他人の知財の盗用になる恐れがある。知識社会の基底において，群雄割拠の熾烈な状況が展開されることを否定するものではないが，社会秩序の維持を望まない目的（特に，他者を不幸にする結果を想念できる目的）をもったイノベーションは制限される事由があると考える。

　「知財パッケージ型オープンイノベーション」というのは，複数の知財を重層化することによって，知財のサプライチェーンを構築する「場」を与え，その場に知財の循環的システムを統括するプログラムを配置することによって生じるイノベーションのことである。パッケージを構成する知財のすべてを一つの組織で独占することは不可能であろうから，複数の会社，NPO等がインソースとアウトソースを繰り返しながら，イノベーションのスキームに参画することになる。

　従来型のオープンイノベーションにおいては，知的財産に関わる個別権利処理の契約が曖昧であることが紛争の種になっていた。いわゆる第1章で論じているコモンズの悲劇が起きやすいのである。特に，知的財産をつくり出す行為に関わる人々の間で交わされるはずの，例えば，共同研究開発契約（知的創造

の共同成果に関わる約定），譲渡契約（知的財産の権利保護に関わる約定），ライセンス契約（知的財産の活用による投資回収に関わる約定）の3点について，イノベーションが進行する初期の段階において関係者間で合意をしておく必要があるのだが，いわゆる，それらの約定に関わる最初のボタンの掛け違いが起因となって，その後のイノベーションがもたらす受益の配分に関わる紛争が発生し，イノベーションのプロセス自体が停止することがある。

それゆえ，知財の健全性を保つことを設計することは，極めて重要な手続きであると考える。特に，イノベーションの局面が組織を越え，分野を越え，地域的な広がりをもつ場合，知財の健全性を保つための工夫は，個人間の合意を記した契約成文のみでは対応できない場合が散見される。かつ，上記の三つの契約に関わるリスクを軽減することにとどまっていたのでは，不十分であると判断する。なぜならば，まず，第1に，イノベーションに関わる主たる知的財産が特定できないからである。そのことが恒常的になっているとすれば，少なくとも，背後に隠された必須性のある知的財産のいくつかを検索し選定せざるを得ない。それゆえ，知財のサプライチェーンを調べることは要の作業となる。第2に，イノベーションの連鎖を追跡的に追いかける必要はないが，財産に対して適正な補償を律している法制度を遵守する限り，かつ，適正な競争環境を維持することも含めて，受益配分が多様化することは前もって想定したうえで，事前に対処すべきある。さらに，第3に，知財は，解決する課題をもって編成される。それゆえ，特定の目的または複数の目的に合う内容，つまり，合目的性をもっている。その目的が与益を創成することの負担行為であるとすれば，その与益の内容を事前に具体化しておく必要はあるだろう。仮に，事後的な評価の対象となった場合（例えば，他者に対する説明責が事後的に発生した場合）においても，禁反言（estoppel）の法則を踏まえ，事前にいくつかの想定を示しておくことは責務の一つであると考える。

複数の目的が複合的な権利の調整を要請するのであれば，これらの調整過程から生じる複合リスクは強い制約条件となる。したがって，これらの複合リスクを軽減するために知財をマネジメントする意思があるならば，イノベーションのスキーム（図式）は，知財パッケージ型のスキームを選択することが望ま

しいといえる。

2.5 クリエティブ・エコロジー（創成循環）

　知財クリニックの活動を続け，個別の経験的知見が積み重なってくると，事例の中に共通点を見つけることがある。

　例えば，知財パッケージ型のオープンイノベーションのスキームを設計する場合，単に，各種の知的財産の特別法による規定のみならず，関連する各種の業法の規定，独占禁止法の解釈評価の指針は必ず関わってくる。さらに，経験上の例示に過ぎないが，例えば，不正競争防止法，不当景品類及び不当表示防止法，租税特別措置法，特定商品取引法，民事執行法，日米相互防衛援助協定に伴う秘密保護法，輸出貿易管理令，遺伝子組換生物等規制法，薬事法，消費生活用製品安全法，原子力災害対策特別措置法，建築基準法，研究技術組合法，外国弁護士特別措置法，会社更生法，信託法，河川法，家畜改良増殖法，労働基準法，仲裁法，研究成果移転促進法，屋外広告物法，刑事訴訟費用法，国有財産特別措置法など，周辺諸制度と知財与益に関わる片務的制約をも考慮せざるを得ない。

　加えて，知財のサプライチェーンの始発にいるはずの「元綱（情報源）の主」に関わる出所情報が曖昧な場合もよく散見されることである。かつ，そのチェーンの先端が見えない（あるいは想定できない）場合もある。そのような状況の場合には，選択可能な「点」を一つ一つ編み上げることによって，選択肢の幅を確保しつつ，所定の範囲に編み込む作業を繰り返すことになる。労は多い，かつ，完全な設計であると断言できないことは事実である。そして，一人でそれらの作業を成し遂げることも容易ではない。

　これらの経験から，複合リスクの解析に関わる処々の負荷を少しでも分担するため，知財クリニックではクリエティブ・エコロジーという考え方を使っている。第4章執筆者菊池氏が提案している「創成循環 Creative Ecology」とは，情報のかたまりである知財を人から人へと運ぶ「People-ship base」をしっかりと認識し合うことによって，事前の知財与益を事後的に実現させるこ

とができるという考え方である．その考え方を踏まえて，知財クリニックでは，設計した知財与益を，まずは，素案として患者に伝え，その質疑応答を繰り返しながら，最ももっともらしい知財の編成作業を進める努力をしている．

　創成循環の考えの根底にある「People-ship base」とは，人と人が相乗りする「舟」であり，ものごとに対する「共感」あるいは「共観」が得られる「場」であり「機会」である．そのような「ship base」にとって必要なのは，「互恵」であり，「信頼」である．知識社会においては，その「People-ship base」をしっかりと認識し合う「状態」あるいは「関係」が「コモンズ」となる．仮に，自動車社会が成熟したとすれば，そのような社会における基盤には，規格化された道路や信号や運用ルール，そして，人々のマナーや遵法の心がコモンズとして求められる．さらに，最も重要なのは，相互の信頼関係なのであろう．とすれば，自動車社会と同様に，情報社会から知識社会に発展する段階にあって，改めて，「People-ship base」という要素を求めなければならないのは，知識社会に固有のことではなく，前段の情報社会がもたらした弊害や疎外感に原因がある可能性もある．しかしながら，思うに，知の源泉を人と人の関係の中に見出すとすれば，過去の人が成し得た知の連鎖の関係を現在の人々の連鎖の関係に写し入れ，そのうえで，将来に向けて新たな可能性をつくり出すことにほかならない．知のつながりに対する信頼関係は本源的なことなのかもしれない．

第3節　コモンズのシステム論

　携帯するスマートフォンという商品は，アフリカのサバンナの中で，象の背中に乗りながら使用することができる．富士山の頂上付近からの写真を地球の反対側にいる家族に送信することもできる．そのような環境が整ってきた．数十億の人々が使っているらしいので，そのような情報システムにも資源の制約が生じてきており，次世代のシステムも構想されている．

　もう一つ思考の飛躍をもたらす情報の商品がある．地図の上に乗せられた情報である．そのようなものは小学校の教科書の中にあったという経験をもつ者

が，まだ多いだろう。しかし昨今は，地球サイズの地図の上に，台風の情報が数十分おきに更新され，カラーのレーダーマップに表示された雨の降り具合をタクシーに乗りながら見ることができる。それほど遠くないうちに，台風のライブ情報を上空から鳥のように俯瞰することができる。それだけではなく，山並や平野をつくる地層の中を宇宙衛星から観察して，農業や漁業や防災の分野にイノベーションをもたらそうという情報システムも登場する。

これらの情報システムは，整理してみると，少なくとも，三つの要素をもっている。第1要素は，惑星規模（Planet size oriented）でシステムを考える。第2要素は，国境，分野の垣根などを飛び越える，いわゆる境界を越えた仕組み（Global spread）を考える。そして，第3要素は，必ずしも競争原理に依拠した功利的な考え方の枠組みにはまらず，あるいは，第三者との意見調整において多数のみを優先する論理にはまらない工夫がなされつつある。それゆえ，多重構造（Plural structured）の原理原則で実施することを考えざるを得ない。菊池(2014)の第10章では，この種のシステムを「メガ・システム」と名付けている。そこで，本章で扱っている知財とコモンズの関係を「メガ・システム」の中に配置して，いくつかの事例を分析してみる。

3.1 地域の原産に密接な情報とメガ・システムへの参画

知的財産に分類されている商標とは，事業者が自己の取り扱う商品・役務（サービス）を他人の商品・役務と区別するため，その商品・役務について使用する標識のことである。例えば，清酒（33分類）に使うマークは，指定商品の知的財産である。また，荷物を輸送する（39分類）に使うマークも，指定役務の知的財産となる。この考え方を拡張して，地域の経済を担う団体が使用する標識についても，2006年4月1日から地域団体商標として，特定の団体が地域名称を付して自らの知的財産として管理し使用することができるようになった。つまり，正当な事由をもって同一または類似のマークを排他的に使用することができるのであるから，そのような知的財産の権利を求める団体に対して，大枠，四つの条件が課せられた。つまり，少し拡張的解釈も入っている

が，

① 法律に基づき設立された組合，NPO もしくは外国法人で，現在の構成員と同じ程度においてその組合等に加入することの自由を保証している法人であること
② 組合等のメンバーが使う商標であること
③ マークの使用実績があり，その組合等やメンバーの商品・役務であることを近隣の都道府県に及ぶ程度の範囲でそれらの需要者が認識していること。ただし，そのマークは普通名称ではないこと
④ 商標に使う地域の名称が，商品（または役務）の産地を名指しする程度に密接な関連をもっていること

2015 年 1 月末で，京都府の 59 件を筆頭にして，570 件が登録されたという情報がある。そして，国内の各地域では，地域団体商標の周辺を取り巻くように，地域振興補助，普及支援助成が投下され，さらにその縁辺には，NPO のサポートや民間企業によるビジネス展開がなされるようになった。知的財産が地域活力の源泉になるという仮説が成り立つように思える。

しかし，団体による排他権の行使は，ときとして，権利の濫用になる場合がある。香坂 (2014) は，「西陣織のように，品質が満たないものを排除する一方で，商標以外に人材制度を設置することで，構成員や職人が登録されることで繁忙期に仕事を融通したり，ワークシェアのような仕組みがつくられるケースもある」と前置きをして，地域団体商標「博多織」（商標第 5031531 号）の権利者である工業組合が，被告等が普通名称であると主張する「博多帯」を使用している企業グループの経営管理会社等および標章等を記した証紙を発行する共同組合を訴えた判例（商標権侵害差止請求事件平成 23（ワ）1188，福岡地裁，平成 24 年 12 月 10 日）を引用して，「地域内アウトサイダー」（地域内で組合等に参加しない者）の問題点に言及している。

この裁判事例に関して，知財パッケージの論理を用いて，まず，関わる主体要素と図式要素を見てみる。事案の発端は，工業組合のメンバーであった訴外の会社（地域団体商標制度以前から博多織を使用していた会社）が解散し工業組合員の資格を失ったことにある。その後，被告の企業グループがその清算会社の

工場設備等を賃借し（後日，建物動産一式を購入している），元従業員を雇い入れ，業務を開始した。原告の工業組合は企業グループに対し商標法と不正競争防止法に基づき警告を行う。それに対して，被告は「博多織」のマークを使用せずに，「博多帯」の証紙を用いて業務を継続した。その後1年余を経て，被告は工業組合に加入申し込みを行ったが受け入れられなかった。

　裁判所の判断は，地域団体商標制度の趣旨は，他の地域の事業者等が地域ブランドの名称を便乗使用することの排除を容易にすることにあり，地域内アウトサイダーを不当に差別することを想定していないとし，何らかの事情で団体加入が制限され，または，自らの判断で加入しない場合であっても，一般的名称など取引に必要な表示には，商標法26条（商標権の効力が及ばない範囲）の1項2号（普通に用いられる商標）が適応され，不正競争防止法19条1項1号（普通名称を普通に用いられる方法で役務を提供した行為に不正競争は適用されない）に該当するとした。

　しかし，商標法7条の2は，普通名称であっても需要者に広く認識されているときは地域団体商標の登録を受けられるとしている。それゆえ，この判旨には，論理的乖離があるように見える。されど，同法26条の1項2号は，普通名称を始めとしその他の製品情報である取引上必要な表示について普通に用いられる商標は商標権の効力が及ばないと解釈される。したがって，「博多帯」の名称を普通に用いられる方法で業に供したのであるから，工業組合の知的財産権行使が適用されない範囲であったといえる。さらに，組合への加入制限については，商標法上では，「正当な理由がないのに拒み，現構成員が加入した際の条件よりも困難な条件を付してはならない旨の定めがある団体」が地域団体商標制度の適格者となると解されている。「参入障壁」となる行為は，組合内部での弱者救済的な品質保証を課すことや組合員が切磋琢磨することにより信用の保全維持を行うことを示すことにあるのではなく，自らが組合に加入した条件と同じレベルのものをアウトサイダーに課したのか否かにある。しかるに，この案件では，知的財産権の行使の前段階において，権利の濫用が認定される事実（組合への加入制限）があったといえる。

　特定の者がメガ・システムの中に参画することを想定してみよう。その者が

保有する知的財産が低品質の商品（役務）であれば，それらは淘汰されるであろう。また，高品質の商品（役務）を供することができる者はそのメガ・システムの中に定住することができるであろう。それゆえ，メガ・システムの中で活動する者たちは，自らを革新する努力を怠ることはできない。したがって，複数者が提供する同一証紙を付した商品（役務）が，需要者の間で，高いレピュテーション（所定の社会的評価を受け，商品・役務の提供者の行動に期待する度合い）を示すのであれば，原産地に所在する者たちが品質管理を行い，そのことを第三者に評価してもらう仕組みへ移行することは当然の成り行きである。例えば，シャンパン等の地理的表示（GI）の仕組みは，すべての商品（役務）に当てはまるものではないが，制度設計の観点からすれば，単なる出所表示のみならず，品質認証機関の仕組みを組み入れたものである。したがって，需要者との間に築き上げられた信用の毀損や希釈が行われないように排他権を設定することは自己の生存の自由を保障するものといえるであろう。

仮に，メガ・システムの中で，多数を構成する者たちと，少数の者たちが混在するとすれば，その調整の原理は必ずしも単一ではなく，複数の原理の組み合わせによる折衷的合意となるはずである。上記の事案では訴訟という調整方法を選択した。ただし，一般的には，民事的な和解の方法も選択できるのであるから，地域コミュニティ内での調整コストの増加を容認せざるを得ないとしても，信頼を保全するためには第三者による評価情報を受け入れることは必須条件であると考える。

思うに，知財の与益を実現維持させるには，まずは，知的財産によるイノベーションへの期待の内容を共有することが求められる。そして，その知的財産を利活用する図式，特に，受益配分の図式が不安定にならないように工夫することが必要になる。しかしながら，最も重要なのは，そのスキームに参画する者たちの信頼関係をどのように維持するのかにほかならない。

したがって，メガ・システムにおけるコモンズというのは，「イノベーションへの期待に関する情報」，「利活用の図式の安定性に関する情報」，そして，「参画する者たちの信頼関係の維持に関する情報」から組成されると考えるが妥当であろう。

3.2　個人情報の範囲を越えたビッグデータ情報のルール

　菊池（2014）は，ビッグデータを「メガ・システムに依拠した活動記録の情報資源」であると定義することが望ましいと論じている。確かに，ビッグデータは，その列挙項目が定まっているわけではない。ブログ書き込み発信，SNSつぶやき発言，GPS位置生活情報，防犯カメラ映像，センサー情報，ネット検索閲覧取引履歴などから始まって，隣接する日常の気象環境情報，相互運用可能な状態になっている各種のデータベースの断片情報なども含まれる。したがって大量，非構造化，非定型的，リアルタイムの用語範囲が示すように狭義の定義枠に押し込めることができない程の躍動性をもっていると考えられる。つまり，ビッグデータが人間の生命を支え，法人や社会の存続を維持する「躰の一部」であるとすれば，そのことが多様な財産権，あるいは，金融的債権などを含む派生的請求の根拠となる。たとえ，デジタル化された大量の情報を特定の者が単なるゴミであると捨て置いたとしても，所定の手続きの下他の者たちが排他的に利用できる知的財産として再編成できる（リサイクルできる）ことになる。あるいは，それらの情報のゴミが人間の生命，そして法人や社会の存続を脅かすことになれば，それらは特定の者たちの「躰の一部」から分離されて，宝石のごとく共同管理されることになるであろう。

　「GPS位置生活情報」や「防犯カメラ映像」の再利用においては，ときとして，対象となった特定の者のプライバシー問題が取り上げられることがある。例えば，原告の居住情報を撮影されインターネット上でその映像情報を公表されたことによって，私生活の平穏が侵害されたと訴えた事件（個人情報漏洩損害賠償請求控訴事件，平成23（ネ）439，福岡高裁，平成24年7月13日）がある。これは，情報の目的外の利用に際して許諾という禁止権解除の制度スキームを採用していることから紛争となる症状である。そして，情報の加工処理の程度が，オリジナル情報と同一なのか，あるいは，何らかの相当程度の加工処理がなされているか否かに依拠する症状でもあるといえる。

　仮に，個人の情報は人権と切り離すことができないとすれば，「躰の一部」を特定の個人が保持するのであるから，再利用しようとする他者との調整は当

然のこと必要になるだろう。他方，再利用しようとする側が相当程度の加工処理をして，新たな情報のかたまりを編成したとすれば，それらはリセットされたオリジナル情報と化したと推認することも可能である。

　この点に関し，2013年に，遺伝子情報の財産権に関し米国最高裁判所の判断を求めた「Myriad事件」(Association for Molecular Pathology vs. Myriad Genetics, Inc., 569 U. S., LEXIS 4540, 2013) の判決があった。なぜ，その企業は遺伝子情報を排他的に独占使用することができるのか。それほど難しいことではないので要約して説明しよう。

　自然界に存在する遺伝子情報を分離抽出した者が，その遺伝子情報の利用に関する排他権を設定できるのか否か。着目しなければならないのは，「その情報の加工処理の程度」である。Myriad事件では，乳ガンや卵巣ガンのり患リスクを高める遺伝子情報が対象となった。事案の本質を知るためには，知財（情報のかたまり）の構造を知る必要がある。つまり，自然界に存在する遺伝子（DNA）と塩基配列が同じ物質，これを単離DNAとする。さらに，人工的に合成された相補性を有する物質，これをcDNAとする。この物質は，特定の技術（スプライシング手法）によって特定の物質が除去されているから自然界に存在する状態の遺伝子と同一ではないが，必要な情報や機能に関しての相補性，つまり，相当の同等程度の期待をもち得るものである。Myriad社が排他独占しようとした知的財産は，「単離DNA」，「変異診断方法」，「ガン治療薬候補化合物のスクリーニング方法」の3種類であった。その中で問題となったのが，単離DNA（物）が示す内容情報であった。そこで，裁判官は，研究者の研究開発行為によって著しく異なった特有の特性を具備し得たのか（テスト基準1）。重要な程度において有用性を再現できたのか（テスト基準2）。そして，自然界に存在するDNAと特定の保管容器中に存在するNDAは，物質構造的に同一であるのか（テスト基準3）。それらの判定ステップ手続きを踏まえ，当該の単離DNAは特定の者が排他独占できる情報ではないと判断したのである。しかし，加工されたcDNAは，排他独占し得る余地がある情報であり，現在では，排他的独占の財産権が設定されるケースが増えている。

　遺伝子情報は，ビッグデータの一つである。そして，個人の生態に関わる情

報である。生命保険の料率設定にも再利用され，再生医療に利活用され，デザインされた遺伝子情報による物質の製造も可能になって，新たな多様なビジネス展開も想定されている。

　メガ・システムの視点から取りまとめてみると，「自然界に存在する物質系，生態系が発するオリジナル情報は特定の者が排他独占できない」といえる。ただし，特定の者が人間である場合，人権または生存権の主張をもって適用除外となる領域（難病等の領域）がある。それゆえ，それらの情報が重要な程度において有用であること（人間社会にとっての有用性）が確かめられれば，単一的な排他権設定のルール・スキームを最適とするのではなく，関わる情報の開示または非開示の選択的判断，特定物質の寄託または保存を責務とする選択肢も，ルール・スキームの中に取り入れることができるのである。

　思うに，知識社会におけるコモンズは，「人権や生存権の主張をもってその重要性と有用性が明確にされる情報の領域」から組成されると考えるのが妥当であろう。

第4節　創成循環によるイノベーション

4.1　情報複製の連鎖

　前述したように創成循環の考え方は，人と人をつなぐ「People-ship base」を健全にすることが基本であった。人と人の関係において，不特定多数あるいは特定多数の人々との関係は，コモンズを考えるうえにおいて重要な視座を与えてくれる。

　そこで，著作権法46条の常設公開の論理から問題を想起してみる。同法は，「美術の著作物でその原作品が前条第二項に規定する屋外の場所に恒常的に設置されているもの又は建築の著作物は，次に掲げる場合を除き，いずれの方法によるかを問わず，利用することができる」，ただし，次に挙げる「一　彫刻を増製し，又はその増製物の譲渡により公衆に提供する場合，二　建築の著作物を建築により複製し，又はその複製物の譲渡により公衆に提供する場合，

三　前条第二項に規定する屋外の場所に恒常的に設置するために複製する場合，四　専ら美術の著作物の複製物の販売を目的として複製し，又はその複製物を販売する場合」は除かれるとしている。

　まず，前条二項に規定する屋外の場所とは，「街路，公園その他一般公衆に開放されている屋外の場所又は建造物の外壁その他一般公衆の見やすい屋外の場所」のことである。その場所に，知的財産権を有する原作品（物）が恒常的に存在していると推認できれば，その物を複製する方法以外については，いずれの方法によるかを問わず利用すること（むろん，恒常的に設置することを妨げることになる違法な行為，不法な行為による利用は抑止されることが法の社会ルールであるから，その範囲に抵触しない方法を用いて利用すること）ができるのである。また，例えば，路線バスの車体に描かれた絵画作品は恒常的に設置したものとみなされている（著作権損害賠償請求事件，平成13年（ワ）第56号，東京地判，判例時報1758号137頁，判例タイムズ1067号297頁）。これらのことは，芸術文化の振興においては，人々の行動の自由が特定の人（原作者を含む人）によって過度に抑制されることは好ましくないとする社会的調整の機能を重視した考え方を採択している典型であるといえる。

　しかし，知識社会の展開は極めて拡張的に多様化している。かつて，インターネットという道具が登場した初期には，複製の繰り返しに関わる単純な疑問はあり得た。例えば，著作物である常設の建築物の外壁の写真（著作物）を高画素でデジタル化して，公開掲示板にアップロードすることは制限されないが，しかし，その写真を複製するためにダウンロードする行為は，制限される。なんと面倒なことであろうか，そのように感じたものである。人の大脳は，物の複製と情報の複製を瞬時に区別することができる能力をもっているはずではある。しかし，近年市販された高精度の3次元造形装置がつくり出した原作品（物）の複製物には騙されそうになったし，同時に，極めて創作的意欲を刺激するものであった。音声や画像をデジタル信号化して得られた情報のかたまりを複製する場合，現行の法制度は創作者以外の財産権の行使，もっと有り体にいえば，ただ乗りのビジネス展開を制限している。しかるに，それらと同等な技術レベルの道具を用いて，コピーされた情報を基に物（有体物）の複

製が容易にできてしまうのであれば，創業者利得を確保するためのモラルハザードをどのレベルに求めるのかは，松本（2005）が指摘するクリックオン契約（情報機器のクリックボタンを押したときに契約手続きが開始されるという意味の契約方法）や黙示的契約の方法を導入することにとどまらず，イノベーションの機会に参加することを望む者が多くなればなるほど，受益配分をどのように適正化すべきなのかに関わる制度設計上の問題とならざるを得ない。先ほどの3次元造形装置に高精度の人工知能が組み込まれグローバル情報ネットワークにつながるようになれば（例えば，インダストリアル4.0という構想が実現すれば），誰が著作者なのか，誰が財産権を行使できる者なのか，さらには，知的財産権の権利侵害は成立するのかなど，現行の知的財産制度スキームの弱さが露呈するであろう。

　権利処理を弾力的に扱う考案も知識社会に実装されている。例えば，著作物に関する「クリエイティブ・コモンズ（Creative Commons）という権利のライセンス方式」においては，すべての私的権利の主張からすべての私的権利の放棄まで，8段階の権利主張をルール化しようとしている。知財に関する権利主張に関し，他者から何らかの干渉を受けないという自由を保障するうえで，他者が関わることを禁止する（排他権を設定する）には，まずは，当該の知財（情報のかたまり）が社会にもたらす与益の内容を示す必要がある。同時に，権利主張に関し，自らが自律的に決定できるという自由を保障するうえでは，排他権を含む複数の権利を選択的に編成できる環境が必要になる。干渉を受けない自由と自律的に決定できる自由を保障するには，さらに，社会を構成する自者と他者とが信頼関係（Fiduciaryの関係）をつくり，自由を共生しなければならないという条件が加わる。これらの3段階の自由の原則を組み入れた共通基盤をつくらざるを得ない。思うに，複数の私的権利を調整するスキームを安定的に運用するには，これまでの常設公開に用いていた複製制限の論理は見直さざるを得ないだろう。

4.2 知覚認識の連鎖

　創成循環における「People-ship base」の健全性を考えるうえで，知覚の多様化について触れざるを得ない。そこで，学問の融合分野の視点からすると最先端的と評され，他方，生態学や歴史学の視点からすると，温故知新の知恵に属するといわれる，「バイオミミクリー（生態模倣科学）」を事例として扱いながら，メガ・システムにおける知覚認識のイノベーションとコモンズの関係を考えることにする。

　米国を起点とするバイオミミクリーとは，「生態システムから着想したイノベーション科学」のことである。日本では，ドイツのボン大学を拠点とするバイオミメティクス（生体模倣の工学）として発展しつつある。この二つは同じものではなく，基本設計上の差異がある。そのため，求めるコモンズも同じではない。工学系領域では，国際標準化機構（ISO）の委員会活動が2011年から開始されており，「生物学と工学，各々の分野の言葉や情報を相互に結びつけるデータベースの構築が重要である」とされているように，その発展方向性を左右するコモンズは，工学系の専門用語を越えた新しい情報検索技術（言語概念検索を越えた検索技術）であるとされる。

　数年前からバイオミメティクスに基づくと称される商品は多々市販されるようになっている。例えば，美術館などで使われている光の反射を無くしたロータス効果（蓮の葉の機能を模倣した機能性）フイルムがその典型事例である。しかし，これに関わる知的財産の権利設定について，国際的不均衡の状態が発生している。つまり，通称ロータス効果の発明とされる，特願平8-506157号（出願人・発明者：バルスロット・ヴィルヘルム氏，1996年出願）「物体の自己浄化性表面とその形成方法」であるが，日本では2006年に新規性，進歩性がないとして登録を拒絶されている。日本の審査官が先行技術として引用した文献は，特開平5-284884号（1993年）公報であり，先端的工学分野の研究が意図したものではなく，在来の技術分野でなされた発明に関する資料，つまり，釣竿の釣管の構造に関する文献であった。他方，欧州，米国ではこのロータス効果の特許が成立し，20年の特許権期間の満了を迎えようとしている。このような

特許発明の取り扱いに国際的な齟齬が生じるのは，単に，各国の審査官の資質が異なるのではなく，日本では特許法2条にいう「高度なもの」のレベルに達しているのかの判断基準（制度設計基準）に影響されているのではと疑問を挟まざるを得ない。さらに，バイオミメティクスに関する技術思想の学問的概念領域が未成熟であったことも否定できない。当時，一種の情報格差の罠にはまっており，科学的共通基盤（アカデミック・コモンズ）を形成するに至ってなかったことも一因であるといえる。

近年では，ハニカム構造，自己修復機能，トムズ効果，ナノスーツ効果など多彩な技術思想の展開が行われ，イノベーションを期待できるのではないかとの目論見がある。しかし，例えば，「ひまわりの太陽追尾」に着想を得たとして，本書の原稿を書いている時点で200件近い特許出願と実用新案出願がなされているが，バイオミメティクスの領域を明確にした，所定の高度なレベルを確保している案件は皆無なのではないかと懸念する。たとえ，これがイノベーションの萌芽期の現状なのだとしても，「高度なもの」のレベルを下げるような制度変更は正しい方向ではない。それゆえ，バイオミメティクスの分野はメガ・システムを構成する一員なのであるから，情報の国際間の同時性を確保できるように連携して，先端的情報に関するグローバル・コモンズを構築する必要があるだろう。

他方，もう一つの系統である，科学としてのバイオミミクリーの発展性をたどってみると，現行の制度設計上の不都合がいくつか露見する。例えば，商標法と意匠法の制度設計がその典型例である。これらは，人間の知覚の中で，「視覚から得られる法益のみ」を範疇としてきた。さらに，意匠法は，「デザイン（考案）と物の一体性が保たれ視認できる法益のみ」を規律してきた。生態模倣科学の守備は，視覚を超越するものであり，人間の知覚をも越える可能性がある。それゆえ，現行の商標法や意匠法は新たなイノベーションの足かせになるだろう。

2014年に遅ればせながら他国の動静を鑑みて商標法の改正を行い，視覚という文字を消して，「人の知覚」と書き直し，「音」（聴覚から得られるもの）を成文に列挙し，その他については，「政令で定める」ことができるとし制度設

計上の機動性を高めた。他方，意匠法の改正は，ハーグ条約ジュネーブアクトを締結した程度にとどまっている。バイオミミクリーの視座からすると，超微細構造に関わる科学的知見から得られるデザインを意匠法の保護範囲に入れるという提案をせざるを得ない。しかし，現行の意匠法2条は，「視覚を通じて美感を起こさせるもの」を知的財産権の範囲としているのであるから，視覚外の超微細構造の創作的考案は対象外となる可能性が高く，また，必ずしも美感を必要とするデザインではない場合がある。さらに，バイオミミクリーの分野では，人間の知覚認識の範囲を越えた生態システムの模倣デザインの創作行為が予定されている。とすれば，制度変更を待たずに，「人の知覚の範囲外」の情報のかたまりを組み入れた知財パッケージを編成し，それら有用な情報を管理するためのコモンズを構築せざるを得ないだろう。

　人の知覚認識には差異があり，それが人の個性をつくり出すが，同時に，他人との境界をつくり出す。他方，生態模倣科学は，昆虫や植物などが進化の過程においてつないできた機能の原理を解明することから始発し，人の知覚認識を越えた世界観を社会の中に実装しようとしている。しかし，思うに，人は，知覚認識を越えた領域に対しては保守的であり，ときには，拒絶を示すものである。されど，昆虫や植物の世界観を人の知覚認識レベルに変換できるのであれば，つまり，何らかの方法で認知できる道具があれば，あるいは，それらの技術思想を体現したものが特有の機能を実現することを実感できるのであれば，創成循環のイノベーションは新たなステージに入ることになる。

第5節　地域とコモンズの関わり

　本章を閉じる前に，これまでの展開を振り返ってみることにする。まず，知識社会（知識を本位とする社会）における知的財産は「情報のかたまり」であるとした。そのうえで，与益創成の情報概念として，「知財」，つまり，客体要素（知的財産の内容情報），主体要素（参画する主体に関わる情報），図式要素（客体が利用され，主体が活動する場の環境，ビジネスモデル等に関する情報）の三要素からなる可能性の集合体を認識する必要があるとした。その知財は，情報の連鎖か

らなるシステム（知財のサプライチェーン）をつくり出す。知財とコモンズの関係は社会システムにイノベーション（知財パッケージ型オープンイノベーション）をつくり出す。そして，人と人のつながりを基礎とする創成循環（クリエイティブ・エコロジー）をつくり出す。

　この考えを踏まえ，社会システム論（メガ・システム）の視座から，現行の社会システムを設計し直すべきであり，健全な知財を維持するべきであるとした。地域の原産に密接な情報の視点からして，コモンズは，「イノベーションへの期待に関する情報」，「利活用の図式の安定性に関する情報」，そして，「参画する者たちの信頼関係の維持に関する情報」から組成されるとした。また，個人情報を越えたビッグデータ情報の視点からして，コモンズは，「人権や生存権の主張をもってその重要性と有用性が明確にされる情報の領域」から組成されるとした。

　健全な知財を維持するためには，社会を構成する多数の人と人をつなぐ「People-ship base」を健全にすることが基本である。特に，情報複製の連鎖について，芸術の原作品に関わる事例を参照しつつ，創業者利得に関わるモラルハザードを無視することはできず，将来的には知財の与益スキームを再編成し，複数の私的権利を調整する必要があるとした。さらに，知覚認識の連鎖について，生態模倣科学の事例を参照しつつ，人間の知覚認識の範囲を越えた生態システムデザインの創作行為を想定した制度設計を開始する必要があるとした。

　これらの提案を受けて，改めて，地域とコモンズの関わりを論じることとにする。

　地域を想定する際に，物理的空間の制約に関わる知覚認識の個体差を無視することはできない。例えば，大きな山脈により情報の交流を分断された社会はその地域性を限られたものとして定義するであろう。他方，仮に行政上鎖国の状態にあったとしても，広い海原に孤立する島に生活する者は，地球の丸さを感じ取り，外洋から訪れる情報を吸収する機会は少なくはないであろうからして，その社会は地域性を開かれたものとして定義するであろう。同様に，情報社会が発展した知識社会は，メガ・システムの性質をもつがゆえに，開かれた

概念に立脚すると思われる。

 とすれば，地域は，物理的空間や行政区分の外形ではなく，知覚認識に依拠した空間や区分に左右されることになる。むろん，パスポートを携帯して地球上の各地を移動する際には，自らの原点となる地域性について，パスポートに記載された個人情報に頼らざるを得ないだろう。さらに，住民基本台帳が整備されている日本では，血族の居住地を地元とする種々の確認を求められることがある。これらのことを否定するのではないが，創成循環のシステムが健全に作動していない空間や区分を自らの拠点とし，そして，地元であると表明するには，やや，抵抗がある。むろん，人には，「People-ship base」の健全性が保たれていない地域から逃げることの選択の自由は与えられている。しかし，その地域に組み込まれているはずの創成循環のシステムを健全に作動させる努力に参画する者が，少なくとも，二人以上いるのであれば，その地域から逃げださずに，情報のかたまりを発信し，受信する拠点として，その地に定着することも選択肢の一つなのではないだろうか。

 日本の社会は，近年の60年間にわたり特定の世代が選択した結果として，少子高齢が進み人口が減少している。限界集落を維持し分散して生活するよりも，中核都市の周辺に集まって暮らした方が良いとする選択肢も否定はできない。かつて，歴史の中でヨーロッパではペスト病等により人口が短期に激減した。その回復には，移民という方法は別として，農業のみならず多くの人々が技術革新に頼らざるを得なかった。現在の時代において，地球サイズでは，人口が増えつつある。その中で，特定地域に築き上げられる創成循環のシステムに期待すべきことは，グローバルな視座からのイノベーションを持続することなのであろう。そのためのグローバル・コモンズは，地域コミュニティの発展に必要不可欠なのである。

おわりに

 1969年頃，米国のブランダイス大学にマズローという社会学と心理学をつなぐ学者がいた。彼の地域社会観は，ゴーブル（1972）が論じたように「The

Third Force」というものであった。生理的欲求，安全と安定と安心の欲求，集団帰属の欲求，他者からの尊敬の欲求，成長の欲求，自己実現の欲求へとピラミッド的な構成を考え，それらの欲求と社会システムとの関わりを構想した。

　本章で説明した創成循環のシステムからすれば，生理的欲求から自己実現の欲求に至って，再度，循環する360度1回転する図式を持続することを想念せざるを得ない。そのような想念が地域コミュニティには必要なのである。そして，マズローの欲求を自らが受益するものとしてではなく，360度の図式の中で，他者に与えるべきもの，つまり，与益の源泉として位置づける必要がある。それゆえ，与益創成の負担行為を担う「意」をもつ人々が地域コミュニティには不可欠なのである。

　成熟した知識社会における地域では，与益創成に関わる人々が求める人と人の「つながり」が実を結ぶはずである。「つながり」に関わる信頼関係は，知識の豊かさによって担保されるはずである。そして，知識の豊かさは，基盤となる情報を共有することによって維持される。したがって，多様な参画者同士がつくり出す信頼関係のかたまりがコモンズの本質であると考える。

参考および引用文献

小野厚夫「明治期における「情報」と「状報」」(神戸大学教養学部紀要『論集』47巻，1991年，81頁。
菊池純一『知財のビジネス法務リスク——理論と実践から学ぶ複合リスク・ソリューション——』白桃書房，2014年。
香坂玲「農産品のブランド化と知財の役割：地域団体商標と地理的表示の制度的設計に向けて」『パテント』Vol.67 No.8，2014年，13-24頁。
ゴーブル，フランク『マズローの心理学』(小口忠彦監訳) 産能大学出版部，1972年。
林雄二郎『情報化社会』講談社，1969年。
松本重敏『特許権の本質とその限界』有斐閣，2005年，90-95頁。

第3章

世界農業遺産や
ラムサール条約湿地という
コモンズを活用した地域価値の共創

——宮城県大崎市・蕪栗沼ふゆみずたんぼプロジェクト他——

大和田順子

はじめに

　これまで日本の農業は，規模の拡大と効率を優先し，低価格な農産物を大量に生産する方向で発展してきた。しかし，このような農業の近代化は，伝統的な農法や文化，生物多様性や景観を喪失してきた。また，農産物の流通がグローバル化する中で，効率化と低価格化の競争は一層，激しさを増し，効率化できない地域は後継者不足や人口減少により疲弊し，伝統的文化や生物多様性など，農村地域社会が保全してきた貴重な地域資源は「外部経済価値」と位置づけられ，経済的な価値を生むことはなかった。そのため，地域の価値として評価されながらも，経済的な価値が優先される中で，これらの価値は各地で消失しつつある。

　一方，近年，物の豊かさから心の豊かさへと人々の価値観が変化する中で，農山村のもつ伝統的な価値や景観，生物多様性などの自然的価値が見直されつつある。また「地域らしさ」や「地域の誇り」の源泉である地域価値は，単に継承すべきというものではなく，内発型の地域経済発展のための重要な鍵となり得るのではないだろうか。

　本章では，「ラムサール条約湿地」および「世界農業遺産」に認定されている地域から複数のケースを取り上げ，地域資源を活用した内発的な地域経済発展の手法について検討する。ラムサール条約湿地については宮城県大崎市の「蕪栗沼・周辺水田」を，世界農業遺産についてはすでに登録されている地域から「静岡の茶草場農法」ならびに，今年国内認定を受けた「高千穂郷・椎葉山の山間地農林業複合システム」を取り上げ，伝統的文化や生物多様性の価値化について検討する。

第1節　地域価値の継承

1.1　地域価値継承モデル

　伝統的文化や生物多様性の価値化は，これまでの農産物のブランド化とは異なるプロセスが求められるのではないだろうか．それぞれの農産物が高品質で味が良いということは前提として，まず，ラムサール条約や世界農業遺産の認定は外部からの評価であるが，それを地域に住む人々の内なる視点で再評価し，価値を自分たち自身の言葉とすることが必要であると考える．

　2番目のステップとしては，価値を伝え，共有するための，わかりやすい物語のコンセプトやストーリーが必要となる．

　そして3番目のステップは，テーマごとにコンセプトやストーリーに基づいたコンテンツの創造・実践と，それらの連結である．

　そして4番目のステップは，連結されたコンテンツを関係者が共有化し，内在化することで，推奨化したい気持ちが高まっていくのである．

　これら「①価値の内なる視点での再発見」，「②伝える内容（コンテクスト，物語）の検討」，「③地域価値の創造・実践」を行ったうえで，「④地域や農文化・生物多様性の推奨，内発化」の仕組みを構築することにより，内発型の地域経済発展につながっていくという仮説を立て，このプロセスを「地域価値継承モデル」と呼ぶこととする．

　このモデルは，組織的知識創造のプロセス（「The Knowledge Creating Company（『知識創造企業』梅本勝博訳，東洋経済新報社）」野中郁次郎，竹内弘高著（1996年）p.91-108）であるSECIモデルを援用したものである．組織的知識創造プロセスは，個人がもつ暗黙的な知識は，「共同化」（Socialization），「表出化」（Externalization），「連結化」（Combination），「内面化」（Internalization）という四つの変換プロセスを経ることで，集団や組織の共有の知識となるというものである．

　「共同化」とは，経験の共有によって，人から人へと暗黙知を移転すること．

SECIモデルの「地域価値継承モデル」への応用
―組織のナレッジマネジメント手法 SECI モデル

STEP1 価値の再発見 ―共同化― Socialization
1．経験の共有によって，人から人へと暗黙知を移転する
⇒地域の農林漁業（産物）・文化・生物多様性の価値について，多世代・多様な地域住民やステークホルダー（協働者）が，フィールドワークやワークショップ（「地域価値共有プログラム」）など通じ，その価値を相互に理解（共同化）する。

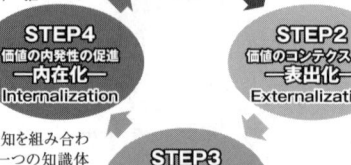

STEP2 価値のコンテクスト化 ―表出化― Externalization
2．暗黙知からコンセプトを創造し，言葉に表現し協働者間で共有
⇒1で共有された価値からコンセプトやストーリーを創造し，それらを伝える各種プログラムを企画する。

STEP3 価値の伝統・伝承 ―連結化― Combination
3．言葉に置き換えられた知を組み合わせたり再配置したりして，一つの知識体系を創造する
⇒地域内外の人に価値を伝えるプログラムを実施。言葉に置き換えられた知を組み合わせたり再配置したりして，新しい地域価値（地知知）を創造する。

STEP4 価値の内発性の促進 ―内在化― Internalization
4．表出化された知や連結化した知を，ノウハウあるいはスキルとして体得し，再び暗黙知化する
⇒地域内外の多様なステークホルダーとの交流により，フィードバックされ，"地域愛"を持った人が育ち（内発化），"推奨化"したい気持ちが生まれる。

図3-1：地域価値継承モデル

「表出化」は，暗黙知からコンセプトを創造し言葉に表現しメンバーで共有化すること。

「連結化」は，言葉に置き換えられた知を組み合わせたり再配置したりして，一つの知識体系を創造すること。

そして「内面化」は，表出化された知や連結化した知を，自らのノウハウあるいはスキルとして体得し，再び暗黙知化することである。

1.2　持続可能な地域（サステナブル・コミュニティ）とは

続いて地域価値の向上に欠かせない概念であると筆者が考えているサステナブルなコミュニティの概念について整理し，定義する。サステナブルやサステナビリティという言葉は，サステナブル・ディベロプメント（持続可能な開発）という概念から引用されることが多い。1984年国連に設置された「環境と開発に関する世界委員会」(WCED=World Commission on Environment and Development) は，1987年に公表した報告書 "Our Common Future"（邦題『地球の未来を守るために』）において，「将来世代のニーズを損なうことな

く現在の世代のニーズを満たす開発」という「持続可能な開発（sustainable development）」の概念を提唱した。

2002年に設立された非営利組織ジャパン・フォー・サステナビリティは「持続可能性とは，人類が他の生命をも含めた多様性を尊重しながら，地球環境の容量の中で，いのち，自然，くらし，文化を次の世代に受け渡し，より良い社会の建設に意志を持ってつながり，地域間・世代間をまたがる最大多数の最大幸福を希求すること。」と定義している。

また，1997年にイギリスのサスティナビリティ社のジョン・エルキントンが，企業は決算書で収益，損失の最終結果を述べるように，社会面では人権配慮や社会貢献，環境面では資源節約や汚染対策などについて評価し公表すべきと提唱した。企業活動を経済面のみならず社会面および環境面からも評価しようとするこの考えは，GRI（Global Reporting Initiative）の持続可能性報告ガイドラインの骨格となった。GRIとは事業者が，環境・社会・経済的な発展に向けた方針策定，計画立案，具体的取り組み等を促進するのための国際的なガイドラインである。

一方，コミュニティについては様々な定義があるが，広井2009によれば，「人がそれに対して何らかの帰属意識をもち，かつその構成メンバーの間に一定の連帯ないし相互扶助（支え合い）の意識が働いているような集団」であり，また，「現代社会における個人は，個人の根底にあるコミュニティや自然から切り離されがちであり，そうしたものとの「つながり」を何らかの形で回復していく必要がある。」と広井良典は指摘している（「コミュニティを問いなおす――つながり・都市・日本社会の未来――」ちくま新書，2009年）。

すなわち，サステナブル・コミュニティとは，その構成員が諸活動を通じ，地域の環境，社会，経済面を改善・維持することで豊かで幸せなコモンズを育み，それを次の世代に継承するコミュニティと定義したい。コミュニティの一員であることで，人は人と，大地と，地域と，祖先・将来世代とのつながりをもつことが可能となる。それにより，安心や幸せ感を取り戻すことができるのではないだろうか。

なお，本章では，湿地や特徴的な農法が行われている農山村をコモンズと捉

え，様々なステークホルダーが環境・社会・経済という3側面にいかに関わり，持続可能な地域づくりがなされているのかについても検討する。

第2節　ラムサール条約湿地というコモンズ

　ラムサール条約は1971年2月2日にイランのラムサールという都市で採択された，「特に水鳥の生息地として国際的に重要な湿地に関する条約」（The Convention on Wetlands of International Importance especially as Waterfowl Habitat）である。特に水鳥の生息地として国際的に重要な湿地およびそこに生息・生育する動植物の保全を促し，湿地の適正な利用（Wise Use，ワイズユース：一般に「賢明な利用」と呼ばれる）を進めることを目的としている。2014年9月現在，環境省のホームページによれば，締約国は168か国，条約湿地数は2,186。国内では1980年の釧路湿原を皮切りに，2012年8月現在で46箇所，面積は13万7,968haとなっている。

　国内の登録湿地の中で名称に水田が含まれているのは宮城県大崎市「蕪栗沼・周辺水田」（2005年登録，423ha）と，兵庫県豊岡市「円山川下流域・周辺水田」（2012年登録，560ha）の二つである。円山川下流域・周辺水田は兵庫県の北部に位置し，汽水域が河口から16km以上上流にまで広がる円山川と周辺水田やコウノトリが生息する人工湿地「市立ハチゴロウの戸島湿地」などから形成されている。

　"水田は生物多様性を育む湿地である"という定義は，第10回締約国会議（2008年）において，日本と韓国が共同提案した「湿地システムとしての水田における生物多様性の向上」に関する決議X.31（「水田決議」と呼ばれている）が採択されたことによるものであるが，これは水田が食糧を生産するだけでなく，多くの生きものを支える重要な場所である，と国際社会が認めたことを意味する。

　本節では，ラムサール条約湿地である「蕪栗沼・周辺水田」での取り組みを中心に，生きものと共生する農業や暮らしをテーマとした持続可能な地域づくりについてケースとして取り上げる。

第 3 章　世界農業遺産やラムサール条約湿地というコモンズを活用した地域価値の共創　　93

2.1　蕪栗沼ふゆみずたんぼの 10 年

　宮城県大崎市では，市内にあるラムサール条約湿地「蕪栗沼・周辺水田」(2005 年登録) を中心に，2002 年より約 20ha の「ふゆみずたんぼ」(冬期湛水田) による有機農業と，10 万羽を超える渡り鳥との共生を核に，地域の市民，農家，NPO，事業者，自治体など多様な主体の協働によるコミュニティづくりを進めてきた。

　この地域は，稲の収穫が終わった秋から春まで，普段は静かな田んぼが 1 年で一番賑やかな季節を迎える。稲刈りが始まると初雁が渡ってくる。日中は田んぼで落ち籾を食べて過ごし，夕暮れとともに蕪栗沼に戻る。四方八方から蕪栗沼を目指してマガンや白鳥が群れで V 字を描きながら帰ってくる。数万羽を超えるマガンのねぐら入りの光景は幻想的ですらある。そして朝は日の出の頃，その数万羽のマガンが一斉に沼を飛び立っていく。この光景や渡り鳥がこれだけの数生息する地域は国内にはほかにはない。

　大崎市は県北部に位置する人口約 13 万人の地方都市で，2006 年に 1 市 6 町が合併し誕生した。鳴子温泉周辺の豊かな森で磨かれた水が江合川や鳴瀬川を通って大崎耕土を潤している。古くから良質米の産地として知られ，市内の県農業試験場ではササニシキ，ひとめぼれなどのブランド米が生まれた地でもある。大崎市の東端の旧田尻町エリアに，北上川の支流である旧迫川の氾濫源に形成された自然遊水池の沼である「蕪栗沼」およびその周囲に水田地帯が広がっている。県北部に位置するラムサール条約湿地「伊豆沼・内沼」，「化女沼」とともに，多くの渡り鳥が飛来しており，特にマガンは日本に飛来する 8 割が越冬している。

　なぜこの蕪栗沼の周辺水田にふゆみずたんぼが導入されたのか，渡り鳥と共生する農業がどのように定着していったのか，何を継承していこうとしているのか，10 年の取り組みを振り返り，表 3-1 に示すように六つの期間に分け，成果と課題を検証する。この取りまとめについては産業政策課自然共生推進係に筆者が協力し行ったものである。

　なお，14 年 2 月，大崎市役所は計画行政学会「第 15 回計画賞」において

期　間	テーマ	政策・計画および取組
第1期	ふゆみずたんぼ導入以前	・自然・野鳥保護関係者と農家の対話の場の設定 ・沼隣接水田「白鳥地区」の湿地化，常時湛水 ・食害補償条例施行（1999）
第2期 2003～ 2005年	ラムサール条約登録湿地登録準備期	・蕪栗沼地区農業・農村研究会を組織（2003） ・土壌調査や水生動植物の生息調査を実施 ・有機栽培導入。ふゆみずたんぼ導入および技術確立 ・「蕪栗沼・周辺水田湿地保全活用計画」策定 ・ふゆみずたんぼ交付金制度を導入（2012年農水省が環境直接支払として全国化） ・ふゆみずたんぼ普及組織「NPO法人田んぼ」設立（2005）
第3期 2006～ 2008年	地域事業者との連携。地域におけるラムサール条約登録湿地拡大期	・市町村合併に伴い，田尻町の政策・制度を大崎市に移行。市「自然共生推進係」の新設（2006） ・一ノ蔵「ふゆみずたんぼの純米酒」発売（2006） ・市総合計画等の柱のひとつとして「自然と共生するまち大崎」を位置づける ・「化女沼」ラムサール条約登録（2008）
第4期 2009年～	地域外におけるふゆみずたんぼ普及啓発期	佐渡，豊岡との地域間連携による生きもの共生型農業の普及・啓発
第5期 2011～ 2012年	震災復興とワイズユース，生物多様性の普及啓発期	総務省・緑の分権改革調査事業の実施 ・仙台圏との交流の可能性検討，沿岸部と連携 ・コミュニケーション（生物多様性の価値理解促進）メディアの制作 ・津波被災水田の再生　・蕪栗沼葦ペレット
第6期 2013～	生物多様性向上・大崎モデルの確立	・「水田を核とした生物多様性向上・大崎モデル」構想の検討 ・次世代育成組織「おおさき生きものクラブ」設立（会員219人）

表3-1：渡り鳥と共生する水田を核とした地域づくり（大崎市の主な取り組み）

出所）大崎市等の資料をもとに筆者作成。

「生きもの共生型農業を核とした持続可能な地域づくり――蕪栗沼・ふゆみずたんぼプロジェクト――」で最優秀賞を受賞した。また，「ふゆみずたんぼ」を導入して10年の記録として『ふゆみずたんぼ10年とこれから』がNPO田んぼにより編集・公表されている。

2.2　第1期（1990年代）：ふゆみずたんぼ導入以前――渡り鳥飛来数増加対策

現在の蕪栗沼には10万羽を超えるマガンが飛来しているが，1990年代前半には約1万羽程度しか飛来しておらず，一部の愛鳥家以外，多くの住民がその存在すら知らない状況だった。蕪栗沼に飛来する渡り鳥の主食は米や麦などの穀類であるため，周辺の水田ではマガンやカモによる食害がたびたび発生して

おり，農業者にとって渡り鳥は食害を引き起こす害鳥であるという認識が根強くあった。また，蕪栗沼には遊水地というもう一つの顔があり，周辺の水田や下流域の洪水抑制の役割を担っており，1970年から宮城県による遊水地事業が継続的に行われてきたエリアでもあった。周辺の水田を耕作する農業者にとっては蕪栗沼の浚渫による遊水地機能の向上が最重要課題だったが，1996年に沼の自然環境保護を理由に浚渫計画の差し止めが行われるなど，野鳥や環境保護団体と地域住民や農業者の対立の構図が深くなっていた。

　このような状況下において旧田尻町では，農業者側の立場を尊重しつつも蕪栗沼の湿地生態系としての重要性と地域資源としての価値を認識していた。1997年に遊水地計画の一環として蕪栗沼に隣接する白鳥地区の水田約50 haの耕作権を返還し，水田に平均水深40 cmから80 cmの間で常時湛水し，湿地に復元する取り組み実施した。これにより飛来するマガンの個体数は大幅にその数を増やしていった。このことから沼に戻した水田に，マガンをはじめとする渡り鳥の越冬地として有効に機能することが判明した。さらに沼への一極集中の改善策として冬期間に周辺の水田を湛水して一時的に擬似湖沼化する「水田の冬期湛水」いわゆる「ふゆみずたんぼ」の取り組みを検討することになった。

　大きな問題であったガン・カモ類による食害について，旧田尻町では1999年に「食害補償条例」を制定し，被害補償によりマイナスを解消するとともに，水田に依存する渡り鳥との共生を図りながら実施できる農法「ふゆみずたんぼ農法」を習得し，付加価値の高い米の生産販売による農業経営の向上を図ることで合意形成を進めた。

2.3　第2期（2003-2005年）：ふゆみずたんぼ導入，技術確立
──「ラムサール条約」登録準備

　2003年，農林水産省事業の支援を受け旧田尻町が事業主体となり，水田冬期湛水による渡り鳥のねぐら環境の創出と，水田農業との共生に関する実証事業「ふゆみずたんぼプロジェクト」が開始された。農薬や化学肥料を使用しな

いふゆみずたんぼ農法とマガンを始めとする田んぼの生きもの生息に与える影響に関するモニタリング手法の確立に向け，岩渕成紀氏（当時田尻高校教員，現NPO法人田んぼ理事長）を総括とする組織「蕪栗沼地区農業・農村研究会」を発足するとともに，実証に取り組む農業者組織「伸萠ふゆみずたんぼ連絡会（現伸萠ふゆみずたんぼ生産組合）」が組織された。

収穫後の田んぼに排水式の循環水や雨水等を活用して送水し，さらに畔の補強やゲート補修など，他の乾田ほ場への漏水防止に最大限配慮しながらふゆみずたんぼを導入した。

この事業の結果，新たに創出された沼の周辺水田に点在する20haのふゆみずたんぼでは，日中はハクチョウ類，夜間はカモ類が頻繁に観察され，その後，警戒心の強いマガンも不定期ではあるが，観察されるようになった。このことから，ふゆみずたんぼがマガンをはじめとした水鳥に対して強い誘引力をもち，これらの生息地を拡大させる手法として効果的であることがわかった。

栽培技術の確立に当たっては，東北大学や宮城県古川農業試験場・農業改良普及センターなどの専門機関による土壌調査や水生動植物の生息調査を実施することによって自然環境の保全といった田んぼの多面的機能を確認しながら行った。

冬に水田に水を張ることで，生命の循環をうまく使って，肥沃な土をつくり，雑草を抑え，害虫被害を抑制する効果が見られた。

市による「ふゆみずたんぼ」の定義は，市の産地づくり交付金の対象となる水田をいい，①12月-3月期のうち2か月間水田に湛水する，②栽培期間中，化学肥料・農薬不使用，③有機JAS認証の取得，とい

写真3-1：ラムサール条約湿地「蕪栗沼・周辺水田」
出所）大崎市産業政策課自然共生係作成。

第3章　世界農業遺産やラムサール条約湿地というコモンズを活用した地域価値の共創　97

う3項目の基準を満たすものとされている。交付金は10a当たり8,000円が支払われた。これは，ふゆみずたんぼを導入することで発生する畦畔の補強作業や水のポンプアップの電気代など追加的に発生するコスト相当額として算定された。なお，2011年から国が導入した制度「水田環境直接支払い」（10a当たり8,000円）は，この制度を参考にしたといわれている。

そして，これらの沼や周辺水田での環境保全や渡り鳥との共生の取り組みが認められ，2005年に「蕪栗沼・周辺水田」がラムサール条約湿地として登録された。一定規模以上の水田が登録され，登録名称に「水田」を冠した登録湿地は世界でもここが最初である。

90年代の半ばに狩猟が自粛され，98年に蕪栗沼の白鳥地区が湿地に復元され，また沼の環境保全や地域全体に環境保全型農業が広がるにつれ，蕪栗沼でねぐらをとるマガンの数は図3-2のように増えていったのである。

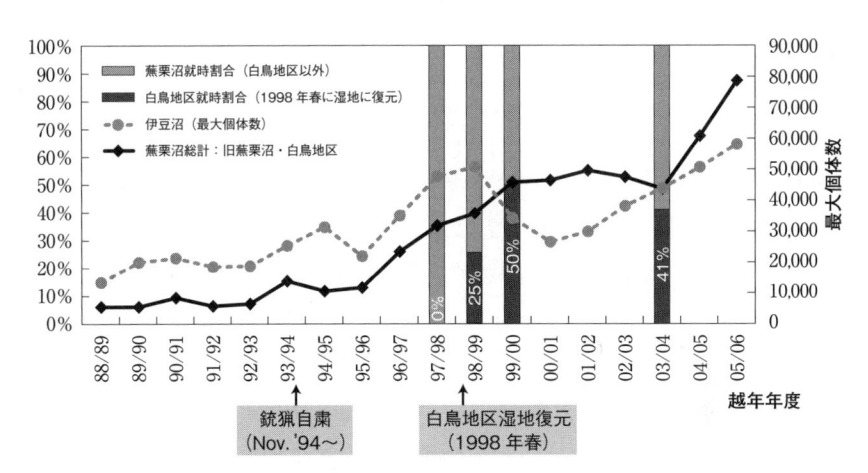

図3-2：湿地に復元した白鳥地区水田と蕪栗沼のマガン *Anser albifrons* の就塒個体数の変化

*= 以下のデータを用いた：88/89-99/00：日本雁を保護する会データ，00/01-02/03：宮城県一斉調査データ，03/04-05/06：マガン合同調査データ
出所）呉地正行「水田の特性を活かした湿地環境と地域循環型社会の回復――宮城県・蕪栗沼周辺での水鳥と水田農業の共生をめざす取組――」『地域環境』Vol.12 No.1，2007年。

2.4 第3期（2006-2008年）：地域における「ラムサール条約」湿地拡大——地域事業者との連携

　伸萠ふゆみずたんぼ生産組合のふゆみずたんぼにより生産されたお米（20 ha で86トン）の販売について，販路はJA，公社，NPO法人，直販となっている。JA経由では首都圏のパルシステム等に，穂波公社を通じて市内の直売所等に，NPO法人を通じて地元酒蔵メーカー「一ノ蔵」に，また，食の安全や自然保護に関心のある個人に，1 kg 500円以上で販売されるようになった。同取り組みに共感した地元の酒造「一ノ蔵」では，ふゆみずたんぼで栽培されたササニシキを原料とした「ふゆみずたんぼの純米酒」を開発し，2006年から製造販売を開始した。

　また，沼を核としてその周辺水田をラムサール条約として登録し，水田農業に環境付加価値をつけ，農業と環境が両立する取り組み事例は，旧田尻地域内で大きな話題となり冬期に湛水可能な水田でふゆみずたんぼの取り組みみが地域内に広がっていった。

　2006年に田尻町は，周辺の1市5町（古川市，鳴子町，岩出山町，鹿島台町，松山町，三本木町）と合併し，大崎市の一部となった。ふゆみずたんぼの取り組みは，市出先機関とNPO，農業者により継続的に行われていった。2007年，化女沼周辺の住民で組織する団体から，蕪栗沼・周辺水田での取り組みをモデルとした化女沼のラムサール条約湿地登録の要望を受けたことを契機に，市総合計画等の柱の一つとして「自然と共生するまち大崎」が位置づけられ，2008年に農林振興課内（現在は産業政策課）に自然共生推進係を新設し，ラムサール条約の理念である「保全」と「賢明な利用（ワイズユース）」を一元的に推進する体制を整え，同年11月に韓国で開催された第10回ラムサール条約締約国会議において「化女沼」も登録された。

　この会議では，水田は食糧を生産するだけでなく，多くの生きものの命を支える重要な場所であることを決議した，いわゆる「水田決議」が採択されたが，これは蕪栗沼・周辺水田でのふゆみずたんぼによる「渡り鳥と共生する農業」が契機になったといわれている。

第 3 章　世界農業遺産やラムサール条約湿地というコモンズを活用した地域価値の共創　99

その後，渡り鳥と農業の共生による地域活性化モデルとして，NPO 法人蕪栗ぬまっこくらぶおよび 2005 年に設立された NPO 法人田んぼにより市内での普及を進めるとともに，鳥類との共生を目指す各地の農山村地域への「ふゆみずたんぼ」の普及活動が進んでいった．

2.5　第 4 期（2009 年-）：地域外におけるふゆみずたんぼ普及啓発

その後，ふゆみずたんぼ農法は，コウノトリやトキの野生復帰計画に取り組む兵庫県豊岡市の「コウノトリ育む農法」，新潟県佐渡市の「トキと暮らす郷づくり——生きもの育む農法——」として浸透し，現在では農法のみならず環境教育，国内外での共同プロモーションなど，広域連携事業を展開している．

また，農業農村地域の身近な自然環境である「田んぼ」の生物多様性の普及啓発に関しては，2010 年から東京を会場に，環境学習シンポジウム「世界一田めになる学校」を，大崎市，兵庫県豊岡市，新潟県佐渡市，栃木県小山市（2013 年から参加）の 4 市主催で開催しており，各地域の環境の担い手育成モデルとして全国に発信していることも特徴的である．

2.6　第 5 期（2011-2013 年）：震災復興とワイズユース，生物多様性の普及啓発（CEPA）

多様な関係者の協働により，保全とワイズユース（賢明な利用）が安定し始めた 2011 年の 3 月 11 日，東日本大震災が発生した．沿岸部に比べて内陸部であった大崎市では人的被害こそ少なかったものの，公共施設や住家や店舗などに甚大な被害を受けた．また，隣県である福島県での原子力発電所事故の風評被害が発生し，環境保全や安全・安心に関心のある消費者によって支えられていたふゆみずたんぼ米への影響は大きく，蕪栗沼・周辺水田の保全を支える農業者が危機に直面した．そこで，豊かな自然環境，安全で豊富な食料，歴史文化資産の価値等を最大限活用し，自治体と市民，NPO，地元企業等のさらなる協働・連携により，地域の自給力と創富力（そうふりょく）を高める仕組みづくりを「蕪栗

沼ふゆみずたんぼプロジェクト」と命名し，総務省・緑の分権改革調査事業（2011年10月開始。2012年度は総務省・被災地復興モデル調査事業）を活用して下記の取り組みを行った。

- ふゆみずたんぼ農法による沿岸部の津波被災水田での抑塩技術実証
- 蕪栗沼に自生するヨシを原料としたペレット製造による地域エネルギー創出
- 地域と外の人をつなぐスタディツアー，ふるさと便「まー，あがいん便」，プロモーションイベント（都内・丸の内）の実施
- コミュニケーションツール（絵本『渡り鳥からのメッセージ』，映像，Webサイト）の企画・制作
- 生物多様性学習（CEPA）教材・プログラム・シラバス作成

なお，このプロジェクトは，大崎市産業政策課自然共生係が事務局となり，市内NPO，生産団体，女性による応援組織，事業者，大学，クリエイター等が連携して実施された。筆者は，2011-12年度に本プロジェクトのプロジェクトマネージャーを務めた。

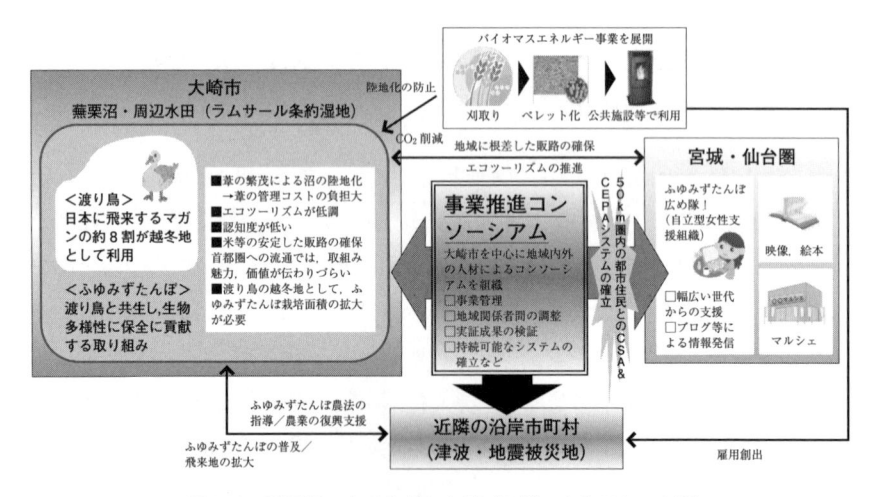

図3-3：蕪栗沼・ふゆみずたんぼプロジェクトスキーム図

出所）大崎市産業政策課自然共生係作成。

第3章　世界農業遺産やラムサール条約湿地というコモンズを活用した地域価値の共創　101

「蕪栗沼ふゆみずたんぼプロジェクト」は，2013年12月，復興庁助成「リバイブジャパンカップ」において「蕪栗沼ふゆみずたんぼプロジェクトでのコミュニケーション活動」としてカルチャー部門コミュニケーションのグランプリを受賞した。

2.7　第6期（2014年-）：水田を核とした生物多様性向上・大崎モデルの確立へ

2013年，ふゆみずたんぼを2003年に導入して10年の節目を迎えた。大崎市および周辺自治体では，この蕪栗沼・周辺水田の取り組みにより蓄積されたノウハウの活かし，最も身近な自然環境である「水田」を核とした生物多様性の向上と，地域経済の循環創出を目的として，「水田を核とした生物多様性向上・大崎モデル構想」をNPO，専門家や農業者，生産物の流通・加工・消費に携わる地域内外の多くの関係者の参画を得て，検討を開始した。大崎地域として，渡り鳥の餌場である水田全域で環境保全型農業を奨励するとともに，生態系を維持しながら，生きものの力を借りて害虫管理を目指す「総合的生物多様性管理（IBM）」（桐谷圭治・2004）の社会実装に取り組んでいるところである。

また，この構想の未来の担い手となる次世代の育成を図るため，市内小中学生を対象とした環境教育プログラム「おおさき生きものクラブ（会員219人）」事業を2013年春から開始している。このクラブでは年間9回の基礎講座，10回の応用講座の計19回の講座を開催した。

大崎市では2014年からは，校外学習を中心に，市内の自然環境保全に携わるNPO法人が提供可能な「学校向け環境学習プログラム集2013」を全市立小中学校に配付し，活用するなど次世代の育成に力を入れている。

2.8　これまでの取り組みの成果と課題

◆生物多様性に対する農業者の内発性

旧田尻地区においては有機農業の実践する農家が多く，その多くは生きもの

調査も行っている。伸萠地区にてふゆみずたんぼに取り組んできた10軒の農家(「伸萠ふゆみずたんぼ生産組合」のメンバー)もまた生きもの調査を積極的に行ってきた。その状況について報告書『ふゆみずたんぼの10年とこれから』の制作において，ヒヤリング調査を行った。

それにより例えば以下のような発言が収集された。

「ふゆみずたんぼを始めた途端，水鳥が飛来して感動した。生きものを見る目も変わった。稲穂にクモが巣を張り，朝露で美しい田んぼだ。クモやカエルがカメムシを食べると聞き，クモやカエルを助け，自然の循環の中で支えられ，良い米ができると実感している。」(伸萠ふゆみずたんぼ生産組合組合長，武田英一〔46歳〕)

「ふゆみずたんぼに取り組んだことで，田んぼや生きものを見る視点が変わった。1日を通したガンの生態調査をしたことで，ガンと自分の田んぼへの愛着がより強くなった。」(同副組合長，齋藤肇〔39歳〕)

「田んぼに行くたびに何かを探すようになった。カエルやトンボ，イナゴなどが以前より増えたような気がし，生きものが多い田んぼに驚いている。ふゆみずたんぼにするとすぐにハクチョウが来るし，ガンもたくさんやって来る。夏にはサギもふゆみずたんぼに多いと感じている。」(組合員，門間享昌〔74歳〕)

これらは，農業者自らが水稲の栽培期間中，生きものに関心を払うようになったことを示しており，また水田の生きもの調査や渡り鳥の調査に参加することで，生きものや渡り鳥との共生を自然と受け入れていくようになっていったことが読み取れる。そして，日頃から生物多様性を最大限活かすために生きものが「生息しやすい環境」を整えることを第1とし，イトミミズやクモ，カエルなど有益昆虫の生息数を栽培期間中，安定的に維持することで病害虫被害の低減に努めるといった農業技術を実践するようになった。

今では農業者自ら，自分の水田にどのような鳥が飛来するかを自慢し合うような意識が定着している。一方で，有機農業に伴う草取りの苦労を語る農家も多く，除草技術の効率化は課題である。

◆ふゆみずたんぼ，有機農業による付加価値化

　食の安全・安心の確保や，豊かな自然環境保全への社会的関心の高まりを背景として，多くの渡り鳥が飛来する田んぼで収穫した米の生産は，安全・安心に渡り鳥との共生という物語を付加することで，比較的高い価格を維持することができている。農業収入による生計の維持と，継続的な生きもの共生農業により，地域の次世代に健康で豊かな環境を残す仕組みが構築されている。

　さらに経済面を強化するために，地元酒造「一ノ蔵」により，JAS 有機認証のふゆみずたんぼササニシキを原料とした純米酒が製造・販売されてきたが，2014 年から製造量が倍増された。また，主食用米や酒の販売に加え，米を原料としたオーガニック加工食品（焙煎玄米粉を原料とした菓子など）の開発など，地元企業との農商工連携による商品開発を進めている。また，海外にも販路を開拓すべく，世界最大のオーガニック食品見本市「ビオファ・ニュールンベルク」に出展（2014 年 2 月）した。

◆蕪栗沼・周辺水田のワイズユース

　ラムサール条約では"ワイズユース"に力点が置かれているが，「蕪栗沼ふゆみずたんぼプロジェクト」(2011 年度) では，沼に生えている葦や柳をペレット化しバイオマスエネルギーとして活用する工程やビジネスモデルの確立を検討した。これまで葦は沼を陸地化し，生物多様性を阻害する要因となっていたところを，定期的に刈り取ってペレットにすることで，CO_2 の削減や，草地の生物多様性を促進させることを実証した。湿地と周辺水田において，農業以外にも経済価値を生む資源を見つけ，活用することが可能であるということである。小規模なペレタイザーを使用しペレット化を沼周辺で行うことにより低コストで高効率な製造法を採用している。また，ペレットは 2014 年度から年間 20 トン程度を大崎市民病院のボイラーの燃料として導入されることが決まっている。葦は乾燥させるエネルギーも必要ないし，小規模なペレタイザーを使用し，沼周辺でペレット製造を行う低コストで高効率な製造方法である。この方式は，全国の葦や湿地，河川敷の葦や支障木の利活用のモデルになるのではないだろうか。

また，蕪栗沼・周辺水田のワイズユースを担っている関係団体のうち，二つのNPO（NPO法人蕪栗ぬまっこくらぶ，NPO法人田んぼ）の存在がユニークである。「蕪栗ぬまっこくらぶ」は副理事長の戸島潤氏を中心に，蕪栗沼で野鳥や自然をテーマとした環境教育や，葦のペレット化による環境保全・生物多様性促進・バイオマスエネルギー活用などを行っている。「田んぼ」は理事長の岩渕成紀氏を中心に，ふゆみずたんぼを国内外に広めるとともに，津波被災水田の復興やササニシキの復活など活動をされている。二人とも市外から移住し，大崎市田尻地区に居住し活動を行っている。このように，地域資源の最も重要な資源の一つは"人財"である。工場や施設の誘致も重要だが，どのような人を地域に誘致するかということも同様に重要だと考える。

2.9 「地域価値継承モデル」の実際

「蕪栗沼ふゆみずたんぼプロジェクト」（2011年10月-2014年度，以下本プロジェクトと記載）で実践された各種取り組みを，1節（1）で述べた「地域価値継承モデル」に当てはめてみると次の図3-4のようになる。プロジェクト開

<地域価値化継承モデル>
蕪栗沼ふゆみずたんぼプロジェクト
（2011年10月-2014年度）

1．地域の農業・文化・生物多様性の価値について多世代・多様な地元住民による地域価値共有プログラムを実施。
⇒ 2011年10月「蕪栗沼ふゆみずたんぼプロジェクトキックオフフォーラム」の実施。関係者の経験・知識を共有。ねぐら入り見学会。交流会を実施。

4．地域内外の多様なステークホルダーとの交流により，フィードバックされ，"地域愛"を持った人が育ち（内発化），"推奨化"したい気持ちが生まれる。
⇒「おおさき生きものクラブ」／ふゆみずたんぼササニシキ商品開発／「ふつふつ食堂」

STEP1 価値の再発見 —共同化— Socialization
STEP2 価値のコンテクスト化 —表出化— Externalization
STEP3 価値の伝統・伝承 —連結化— Combination
STEP4 価値の内発性の促進 —内在化— Internalization

2．1で共有された価値からコンセプトやストーリーを創造し，協働者間で共有する。
⇒・物語づくり（コンセプトの明確化）
・クリエイターとの協議：映像，絵本の制作
・アグリコミュニティビジネス研修会の実施によるコンテンツ（ツアー，マルシェ，プロモーション）企画
・生物多様性学習プログラム企画

3．地域内外の人に価値を伝えるプログラムを実施。言葉に置き換えられた知を組み合わせたり再配置したりして，新しい地域価値（地域知）を創造する。
⇒ 絵本，映像，WEBサイトが完成。ツアー，マルシェ，生物多様性学習，プロモーションイベント実施。

図3-4：地域価値継承モデル（蕪栗沼ふゆみずたんぼプロジェクト）

始当初にこのモデルがあったわけではないが，このモデルに当てはめることでその成果と課題を把握することができることがわかった。また，それぞれの過程での参加者の意識や行動の変容についての効果測定は今後本モデルを試行する際に行いたいと考えている。

ステップ1. 価値の再発見（共同化）：地域の農業・文化・生物多様性の価値について多世代・多様な地元住民よる地域価値理解プログラムを実施するステップであるが，本プロジェクトでは，2011年10月蕪栗沼ふゆみずたんぼプロジェクト・キックオフフォーラムを実施した。そこでは関係者のこれまでの経験・知識をフォーラム形式で共有し，その後蕪栗沼へのマガンのねぐら入りを見学し，その美しさを五感で体験し，晩には交流会を実施し，ふゆみずたんぼのササニシキのおにぎりや，日本酒，地域食材によるお料理を堪能した。

ステップ2. 価値のコンテクスト化（表出化）：アイディアの実践を通じ，経験を共有し，暗黙知を言葉や映像などに表現して参加メンバーで共有化するステップであるが，本プロジェクトでは物語づくり（コンセプトの明確化）を行い，クリエイターとの協働により映像，絵本，Webサイトの制作を行った。また大崎市内および仙台の女性からなる「ふゆみずたんぼ広め隊」という応援組織を組成し，「アグリ・コミュニティビジネス研修会」を通じてコンテンツ（ツアー，マルシェ）企画を行った。

ステップ3. 価値の伝播・伝承（連結化）：地域内外の人に価値を伝えるプログラムを実施し，言葉に置き換えられた知を組み合わせたり再配置したりして，新しい地域価値（地域知）を創造するステップであるが，本プロジェクトでは，絵本，映像，Webサイトが完成し，お披露目イベントを市内で行った。また，蕪栗沼やふゆみずたんぼの取り組みを体感するツアー（2012年2月），仙台市内でのマルシェ出展（2012年2月），生物多様性学習のプログラム試行（2011-2012年度），プロモーションイベント（2012年10月，丸の内「新丸ビル」内にて）等を実施した。

ステップ4. 価値の地域内発性の促進（内在化）：地域内外の多様なステークホルダーとの交流により，フィードバックされ，地域の主体者において価値に関する内発性が促進され，内在化が進むステップであるが，本プロジェクト終

了後に，ステップ1からステップ3までの取り組みは，それぞれの主体により個別に継続していった。例えば，生物多様性学習については市がNPOの協力を得ながら「おおさき生きものクラブ」を発足，生産者の団体はふゆみずたんぼササニシキの商品開発を，また別な主体により地域内にふゆみずたんぼ米や市内の食材を提供する飲食店の業態開発（(5)節「ふつふつ食堂」）などが行われていった。

2.10　蕪栗沼ふゆみずたんぼのこれから

◆ふつふつ食堂

　大崎市内では，経済的側面の新たな取り組みが始まっている。それは，「ふつふつ食堂」と称する，渡り鳥と共生する農業のシンボルとしての"ふゆみずたんぼのササニシキ"のご飯や，大崎地域の食材を素材とした発酵料理を提供する飲食店の開設である。

　大崎市産業経済部産業政策課ではシティプロモーションの一環として，2012年度末に「ふつふつ共和国」というコンセプトとシンボルマーク，および同市のシンボル的生きものマガンのキャラクター「パタ崎さん」を公表した。ふつふつ共和国のコンセプトは次のようなものである。

　奥羽山脈からふつふつと湧き出る水が大崎耕土を潤し，そこで育まれたご飯がふつふつと炊きあがる。米，大豆，小麦，牛乳などの農産物がふつふつと発酵し，日本酒，味噌，醤油，納豆，チーズになる。多様な生きものに生活の場を提供する大崎地域には，遠くロシアから，ふつふつと羽音を立てながら渡り鳥が飛んでくる（「ふつふつ」は，日本の古語では鳥の羽ばたく音を表す言葉）。農作業に疲れた農家が心身を癒す鳴子温泉がふつふつと湧く。農作業に忙しいお父さんお母さんが，子どものままごと遊びをさせるために考え出された鳴子のこけし。このこけしは，大崎の一番の宝である市民を表現しているという。大崎地域が未来を築くためには，市民一人ひとり，そして関わる人すべてが，断固たる決意と，ふつふつと湧き起こる情熱をもって，力を合わせて地域づくりに取り組むのだという。

第 3 章　世界農業遺産やラムサール条約湿地というコモンズを活用した地域価値の共創　　107

　「ふつふつ食堂」は，この「ふつふつ共和国」のコンセプトを体現する飲食店として2014年10月26日にオープンした。目的は，"ふゆみずたんぼのササニシキ"のご飯や，大崎地域の食材を素材とした発酵料理を提供し，店内に蕪栗沼・周辺水田や渡り鳥や生きものの写真展示を通じ，

写真 3-2：発酵料理

撮影）筆者。

生物多様性についての価値理解の促進を目指すとともに，地域循環経済を創出することにある。店舗の建物は，古川の中心市街地にある「醸室（かむろ）」という，かつての橋平酒造の蔵を活用した商業施設で，かつて麹室だった場所であるが，震災後3年半は空き店舗になっていたものを改装した。

　本事業は，復興庁「新しい東北・先導モデル事業」を活用し，「おおさきコミュニティ経済推進協議会」が事業主体となり進められている。協議会の構成は，NPO法人未来産業創造おおさき，一般社団法人東北ソーシャルデザイン研究所および宮城大学（事業構想学部・風見研究室）の産官学連携である。中心市街地活性化・復興のまちづくり計画の一端も担っている。店内では料理の提供はもとより，地域づくりや生物多様性をテーマとしたワークショップも行っていくという。

◆伸萠の生きものを育む，新しい考え方の水田

　ふゆみずたんぼは，年々増え続ける渡り鳥のねぐらや餌場の分散・拡大化，水質の改善などが必要となったことから始まり，その後生きものの力を活かした農法に進化してきた。そのため，秋から春まで周辺の田んぼに水を入れて沼の機能を補ってきたが，それぞれの水田が小規模で分散しているため，広くて安全な水面を好むマガンがねぐらとして使うようになるまでに時間を要した。

そのため，ラムサール条約湿地内にある田尻伸萠地区での圃場整備事業では，沼との一体化を図るため，沼に面した一区画に，環境配慮エリア（35haのふゆみずたんぼ水田）を設ける計画が進んでいる（2016年着工予定）。パイプラインやコンクリート製品を使わずに排水路を浅くし，その法面の勾配の緩い土水路を採用する計画だという。この工法により，除草等の手間は変わらないが，排水路と水田の一体化を図ることができ，魚道やビオトープがなくても水路の魚類やカエルなどが水田と行き来でき，多様な生きものの保全と生態系への配慮が可能になるという。

◆サステナブル・コミュニティづくり

第1節1.2で述べたように，持続可能（サステナブル）なコミュニティや社会とは，直面している地域の課題に対し，地域の資源を活用し，環境・社会・経済的側面から取り組み，新たな価値を創出することで豊かさや幸せな暮らしを育み，それを次の世代に継承することであると考える。

蕪栗沼および周辺水田での渡り鳥と共生する農業・暮らしは，蕪栗沼・周辺水田をコモンズ（共有地）と捉え，多様な人々の連携により，環境・社会・経済という三つの側面からの図3-5のようなアプローチを通し，ソーシャル・キャピタル（信頼関係）が育まれてきたと見ることができる。信頼関係やこのコミュニティの一員であることで，人と人，人と大地，人と生きものや自然とのつながりを取り戻すことが可能となり，それがひいては安心や幸せ感につながるのではないかと考える。

環境面	ラムサール条約湿地・蕪栗沼の自然保護とワイズユース／沼および水田の豊かな生物多様性／NPO法人による環境教育・葦場の管理／NPOによるふゆみずたんぼの普及啓発活動／水田を核とした生きものと共生する農業モデル
社会・文化面	多様な主体（ステークホルダー）の連携／渡り鳥の保護活動／ボランティア等による沼の葦場の保全／農家の協力によるふゆみずたんぼの導入・維持／学校や家庭での環境教育を通じた普及啓発／美しい農村景観の維持・継承／映像・絵本／発酵食文化
経済面	有機農法による米の品質の向上，高い販売価格の維持／マガンツーリズム／都市部でのプロモーション／地元酒造との連携による商品開発（農商工連携）／「ふつふつ食堂」（地域循環経済）

表3-2：持続可能な地域を形成する3側面からのアプローチ

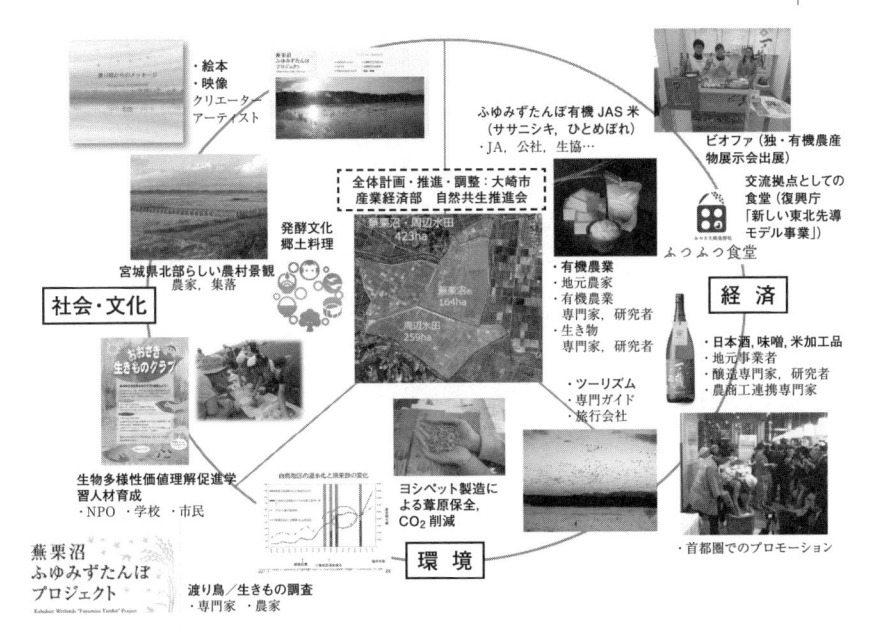

第3章 世界農業遺産やラムサール条約湿地というコモンズを活用した地域価値の共創 | 109

図3-5：コモンズとしての蕪栗沼・周辺水田　資源の多面的利用

第3節　「世界農業遺産」というコモンズ

3.1　世界農業遺産とは

　世界農業遺産（Globally Important Agricultural Heritage Systems（GIAHS）：ジアス）は，2002年，「国際連合食糧農業機関」（FAO）によって創設されたプロジェクトである。農水省のホームページによれば「社会や環境に適応しながら何世代にもわたり発達し，形づくられてきた農業上の土地利用，伝統的な農業とそれに関わって育まれた文化，景観，生物多様性に富んだ，世界的に重要な地域を次世代へ継承することを目的」としている。

　単に伝統的な農法だけではなく，それによって保たれている豊かな生物多様性，農村の文化や景観等がシステムとして保全され，維持に努めている地域を選定するところに特徴がある。審査のプロセスとしては，2014年度より国内

専門家会議が設置され，2年に1回の国内審査により選定された地域がFAOに申請し認定されることとなった。

◆国内5箇所の世界農業遺産

現在国内では8地域が世界農業遺産に認定されている。2011年6月，日本で最初に認定された2地域は，新潟県の「トキと共生する佐渡の里山」と，石川県の「能登の里山里海」である。続いて2013年5月には新たに3箇所が加わった。静岡県の「静岡の茶草場農法」，熊本県の「阿蘇の草原の維持と持続的農業」，大分県の「クヌギ林とため池がつなぐ 国東半島・宇佐の農林水産循環」の取り組みである（表3-3）。そして，2015年12月，新たに日本3地域を含む4地域が認定され，世界では現在，13か国35地域が認定を受けている。

日本では，2014年は7地域から申請があり，書類およびプレゼンテーションによる1次審査および現地調査を経て「里川における人とアユのつながり」（岐阜県），「みなべ・田辺の梅システム」（和歌山県），「高千穂郷・椎葉山の山間地農林業複合システム」（宮崎県）の3地域が農水省・世界農業遺産専門家会議の審査により選定された。

岐阜県長良川上中流域は，「里川における人とアユのつながり」として，鮎を中心とした内水面漁業が盛んであり，流域の人々の日々の暮らしや水質保全活動により清らかな流れが保たれ，その清流により鮎が育ち，地域の人々が鮎

地域	農林漁法	生物多様性	文化・祭り	景観	主な農産物
佐渡	生きものを育む農法	トキ，棚田の生きもの	能，鬼太鼓	棚田	米
能登	はざ干し，海士漁	棚田の生きもの	農耕儀礼「あえのこと」	千枚田，農山漁村の原風景	米，海産物
静岡	茶草場農法	草地の動植物秋の七草，カケガワフキバッタ	お茶文化	茶畑	茶
阿蘇	草原を活用した農法	草原性動植物	おんだ祭り，火振り神事	広大な草原	あか牛，野菜，米，花き
国東半島	ため池，クヌギ林	カブトガニ，オオイタサンショウウオ	六郷満山文化，修正鬼会，どぶろく祭り	田染荘小崎の農村景観	原木しいたけ，米

表3-3：世界農業遺産　認定5地域の特徴

からの恩恵を享受。人の生活・水環境・漁業資源が相互に連関する長良川の里川システムが認定された。

　和歌山県みなべ・田辺地域は「みなべ田辺の梅システム」が，養分に乏しい礫質の斜面を利用し，梅林としての利用と周辺には薪炭林を残すことで水源涵養や崩落防止等の機能をもたせ，薪炭林に生息するニホンミツバチと梅との共生等，地域資源を有効活用して高品質な梅を持続的に生産する農業システムが認定された。

　そして，宮崎県高千穂郷・椎葉山地域は，「高千穂郷・椎葉山の森林保全管理が生み出す持続的な農林業と伝統文化」が，険しく平地が少ない山間地において，針葉樹と広葉樹で構成されるモザイク林等による森林保全管理，伝統的な焼畑農業，急斜面に築かれた500km超の水路網を有する棚田の米づくりなどの複合的農林業システムと神楽など特色ある伝統文化を継承していることから認定された。

◆世界農業遺産の評価項目

　申請に当たっては，FAOが定めるGIAHSの認定基準に沿って，以下の項目で評価される。それぞれの要点をまとめた。

(1) **申請地域のGIAHSの特徴**：世界に類を見ない，日本を代表する伝統的・特徴的な農業・農法を有し，それを核とした持続可能なシステムが構築されているか。
　① **食料および生計の保障**：伝統的・特徴的な農業・農法およびこれから派生した関連産業は，地域住民の重要な生計の手段となっており，地域における主要な産業の一つとして，地域の経済・雇用に貢献しているか。
　② **生物多様性および生態系機能**：多様な動・植物が生息するなど，生物多様性の保全が図られているか。営農を通じた遺伝資源の保全が図られているか。
　③ **知識システムおよび適応技術**：土地・水資源の活用等に関して，地域の環境に適応し，制約要件を克服するための優れた知識や技術があるか。

④ **文化，価値観および社会組織（農文化）**：地域において伝統的，文化的，精神的，宗教的，社会的な取り組みが行われているか。農業システムに関連した農耕祭事・神事等の文化が継承されているか。

⑤ **優れた景観および土地と水資源管理の特徴**：農業システムと周辺環境が一体となった美しい優れた景観があるか。優れた景観や生物多様性は，営農を通じて動的に保全されているか。

(2) **農業システムの管理に関連したその他の社会的・文化的特徴（任意）**：地域に特有の食文化や建築様式など，農業システムに関連した社会的・文化的な特徴があるか。

(3) **歴史的な重要性**：日本の農業史・社会史に照らして，地域の農業システムは特徴的な内容を有しているか。

(4) **現代的な重要性**：農業システムが，生物多様性の保全，気候変動への対応など地域または国家における現代的な課題に貢献しているか。

(5) **脅威と課題**：社会・経済的，環境的な脅威とその影響が適切に示されているか。脅威を克服するための具体的な対応策が提案されているか。

(6) **実際的な考慮**：農業システムを保全するための持続的な活動が行われているか。地域内外のステークホルダーの役割が明確化され，連携して実践されているか。

(7) **GIAHS認定サイトの 活用・保全計画（アクションプラン）**：活用・保全計画（アクションプラン）の柱立ては適切で，かつ具体的内容が明示されているか。

さらに，「日本の農業の視点から考慮すべき項目」として以下の三つが加えられている。

① **生態的レジリエンス（環境的側面）**：地域の伝統的・独創的な農業システムは，自然災害や生態系の変化に対し早期に回復する能力を有してきたか。

② **多様な主体の参加（社会的側面）**：女性や若者を含め，地域の多様な主体が参加し，主体間の連携が図られているか。

③ **6次産業化の推進（経済的側面）**：農業システムを活かした6次産業化の

推進が図られ，農産物のブランド化や観光振興による地域活性化が図られているか。

3.2 静岡県の茶草場農法

既存認定地域の農法，生物多様性，文化・祭り，景観，主な農産物は表3のとおりである。このうち，静岡の茶草場と熊本の阿蘇はススキなど草を活用した農法である。また，2013年に認定された静岡県の茶草場農法については，主力農産物（主にお茶とその加工品が対象農作物）が明確であり，またFAO認定後に茶畑と茶草場の面積割合に基づいた認定制度などを設けており，対象エリアに市街地，平野部，中山間地などを含む複合型立地という特徴を有することからケース・スタディとして取り上げる。

静岡県の茶産地のうち，大井川流域の5市町（掛川市，菊川市，島田市，牧之原市および川根本町）は，里山草地の生物多様性を保全する「茶草場農法」という伝統的な農法システムが評価され，世界農業遺産に登録された。対象地域には茶園約1万ヘクタール，8,300戸の茶農家がある。この地域では伝統的にススキやササを茶園に敷く農法が行われてきた。茶園に敷くススキ等の採草地を「茶草場」と呼び，約440ヘクタールが茶畑の周辺に点在している。茶草場農法は，①茶園土壌の保湿・保温に役立つ，②土中の微生物の繁殖を助ける，③やがて分解されて堆肥になる，④土壌の流出を防止する，⑤雑草の繁茂を抑制する，といった効果がある。茶草を定期的に刈り取ることにより，キキョウや，カ

写真3-3：東山地区の粟ヶ岳の中腹にある"茶"という文字

写真提供）掛川市。

写真3-4：茶草場
撮影）稲垣栄洋氏。

ワラナデシコ，ササユリなど300を超える草地生植物や，固有種，絶滅危惧種が存在していることが調査により明らかになった。昆虫ではカケガワフキバッタという固有種がおり，ススキの新芽を食べるという。かつては日本全国で行われていた農法であるが，当該地域の茶農家は手間はかかるが，お茶の味を良くするには欠かせないとして続けてきたことが，結果として豊かな生物多様性を保全することにつながった。

　草といえば，同じく世界農業遺産の阿蘇も草地である。放牧，採草，野焼きなどにより草原を集落単位で共同管理し，畜産だけでなく稲作や畑作と緊密に結びついた形で草原を活用するなど，長年にわたり"草資源"を活用するシステムが維持されている。それに伴い，希少な動植物が集中的に生息している。生物多様性が豊かな場所というと，有機農法の水田や広葉樹林などをイメージするが，茶草場や草原，茅場，葦原など"草地"の価値に改めて注目したい。

◆認定制度や専門組織を設置

　認定後に「静岡の茶草場農法推進協議会」が最初に取り組んだのは「静岡の茶草場農法実践者認定制度」である。経営している茶園の面積に対する茶草場の面積に応じ，50％以上が「三葉」（葉のマークが三つ），25-50％未満が「二葉」，5-25％未満が「一葉」の3段階に分けて生産者を認定する。また，認定者の商品には，葉のマーク入り表示シールを貼付け，消費者が見分けられるようになっている。制度を開始して9か月。2014年6月末時点で認定数は82件，実践者数は571戸，対象の茶畑1,134ヘクタール，茶草場437ヘクタールにのぼる。対象の茶草場はGPSで測定するなど厳格な審査を行っている。また，

制度ができたことで茶草場農法を復活させようという地域も出現しているという。

同地域の世界農業遺産の取りまとめに当たっている掛川市では2014年4月に「お茶振興課」を設けた。認定を茶生産や茶業の振興に活かそうという目的である。

茶草場農法に熱心に取り組む東山地区のリーダーで茶農家の杉浦敏治さん（富士東製茶農業協同組合）は，これまでも地元に直売所「いっぷく処」の運営に関わるなと地域づくりに力を入れてきた。ジアスに認定されたことで，地元の女性や若者が元気になってきたという。その一例を，お母さんたちが制作した茶草場のポスターに見ることができる。皆で写真を撮り，コピーやシンボルマークも考えたという。地域への愛に満ちており，気持ちが伝わる温かい作品に仕上がっている。

写真3-5：茶草場ポスター
資料提供）東山地域塾。

同協議会は，2014年度は「応援制度検討委員会」を設け，寄付や，企業による応援の仕組み，茶草場ツーリズムの手法について検討している。

3.3 宮崎県，高千穂郷・椎葉山の山間地農林業複合システム
——森林と伝統文化を育む日本神話の里

2015年12月15日にローマにてFAOによる最終審査会が開かれ日本からは和歌山県みなべ・田辺市，岐阜県長良川流域，宮崎県高千穂郷・椎葉山地域が臨み，同日22時過ぎに，新たに3地域が認定された。

国内で選定された3地域のうち，中山間地で複合型の農林業に取り組む「高千穂郷・椎葉山世界農業遺産推進協議会」（高千穂町・日之影町・五ヶ瀬町・諸塚村・椎葉村）の申請概要をケースとして取り上げる。

同地域は，九州山地を構成する標高1,000-1,700m級の山々に囲まれた険しい山間地であり，古くから高千穂郷および椎葉山と称されている。森林に囲ま

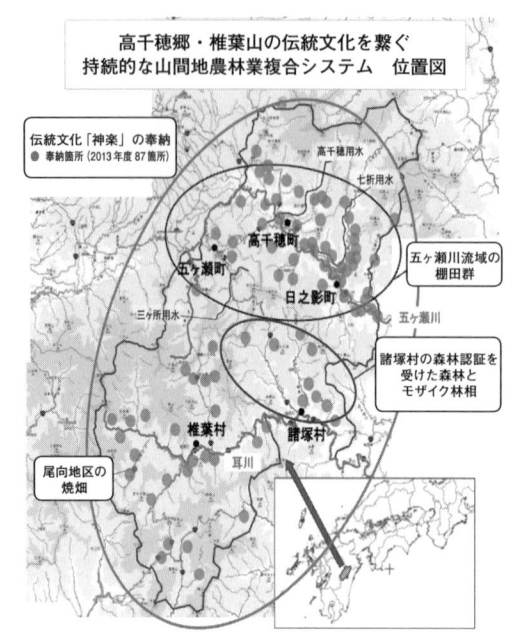

図3-6：高千穂郷・椎葉山の山間地農林業複合システム
出所）宮崎県農林課作成。

れ平地が極めて少ない厳しい環境下で，人々が努力と工夫を重ね，特徴的かつ持続的な「山間地農林業複合システム」を構築してきた人口2万7,000人の地域である。

長期的経営である杉の人工林における木材生産と，毎年の収入源である多様な農業（シイタケ栽培，棚田における稲作，肉用生産，チャ栽培等）を組み合わせる農林業複合システムを構築することで，農林家の生計手段が木材採取や過度な森林利用に陥ることなく，森林と農林業との調和が図られ，森林資源が良好に保たれている。

世界では森林資源が減少しているが，その要因として，主に熱帯林において森林が農地に転用されていることや，非伝統的かつ非循環的な焼畑農業，過剰な木材採取が挙げられている。高千穂郷・椎葉山の山間地農林業複合システムは，その課題解決法を示唆する世界的に重要なモデルであるといえるだろう。

◆針葉樹と広葉樹のモザイク林相

例えば諸塚村は，用材生産とシイタケ栽培の複合経営によって形成された，スギ・ヒノキの針葉樹林，クヌギ等の落葉広葉樹林，常緑の照葉樹林がパッチワーク状に広がる「モザイク林相」と呼ばれる森林景観が特徴的である。このモザイク林相を形成した要因は，同村の森林の大部分が50ha未満のいわゆる中規模な自伐林家で占められており，森林が細分化されていることと，各林

第3章　世界農業遺産やラムサール条約湿地というコモンズを活用した地域価値の共創　117

家が所有する民有林において，生産周期の長い用材生産のためのスギやヒノキの針葉樹林，シイタケ栽培用のクヌギ等の落葉広葉樹，天然林として残す照葉樹林を適地適木でバランス良く森林を管理しているためである。

写真3-6：諸塚村のモザイク林
写真提供）宮崎県。

ちなみに同村はシイタケ栽培が伝統的に盛んであり，1614-1692年の間に，有馬藩に高千穂地域から栽培されたシイタケが上納されたという，シイタケ栽培の最も古い記録があり，諸塚村はシイタケ栽培発祥の地といわれている。

また，全村域を対象としては日本初となる，FSC（R）（Forest Stewardship Council（R）〔森林管理協議会〕本部ドイツ）による森林認証FSC-C012945を取得し，環境保全の点から見て適切で，経済的にも継続可能な森林管理を実践している。村内には森林管理だけでなく，生活に密着した道路が整備され，その密度は約62m/haと日本一の密度に達する。また，その管理された森林から出材された，クヌギやナラの木などの原木によるシイタケの生産について，世界で初めてFSCのCoC認証FSC-C001800（CoC: Chain of Custody：加工・流通過程の管理に関する認証）を取得するなど，世界でも先駆的な取り組みを行っている。

そして，針葉樹の販路であるが，諸塚村は耳川広域森林組合等と協同で，1997年から，直接販売を採用し，生産者と消費者間と顔の見える「諸塚村方式産直住宅」の取り組みを行っている。販売先は九州内に限定し，2013年末までに供給棟数は315棟を数えるとともに，都会の消費者（住宅のための用材希望者）との交流活動を積極的に行っている。

◆ 30年1サイクルの焼畑農業

また，椎葉村では，森林を循環的に利用し，環境と調和した伝統的な日本の

焼畑農業も保全されている。椎葉村尾向地区においては，1軒の農家を中核とв
したグループ「焼畑蕎麦倶楽部」により，その農家が所有する約50haの森林
において伝統的な焼畑農業が継続されており，日本で唯一継続している貴重な
事例といわれている。この伝統的な焼畑は，50aから1ha程度の小規模な範
囲で森林を伐採し，下草を焼き払って（火入れを行って）耕地を形成し，ソバ，
ヒエ，アズキ，ダイズ等を4年程度栽培した後，20-30年程度の長い休閑期間
を必ず設けて森林に戻し，地力が回復した後，再び焼畑のサイクルを行う循環
的な農業となっている。これは，東南アジアの山間地等で行われている焼畑農
業と比較して，4年間の輪作体系を設けること，比較的小規模に限った火入れ
の後，長い休閑期間を必ず置く持続的で環境と調和した農法になっていること
が特徴的である。

◆スギの人工林にも豊かな生物多様性

　この地域の人工林は，スギ・ヒノキ等の針葉樹が大部分を占め，その多く
が，適期の下刈や除間伐等の実施により適切に管理されていることから，生物
多様性が保たれている。特に高千穂町にある鳥屋岳の森林は，スギの人工林で
あるにもかかわらず，クマガイソウ，キエビネをはじめとする宮崎県版レッド
データブック掲載種10種が生息することから宮崎県の重要生息地に指定され
ている。また，スギ・ヒノキ等の針葉樹林だけでなく，シイタケ栽培のためク
ヌギ等の落葉広葉樹も併せて栽培されることで，生物多様性が良好に保たれて
いる。

◆地域内87集落で神楽が継承

　さらに，この地域は古事記，日本書紀に記され，今でも様々な神話や伝承が
息づいている。
　高千穂は，古事記，日本書紀に記された日本神話において，日本民族の総氏
神であるアマテラスオオミカミ（天照大神）の孫，ニニギノミコト（邇邇藝命）
が日本を治めるため天上界より降り立った「天孫降臨の地」といわれ，天岩戸
神社が日本神話の重要な挿話である「岩戸隠れ」の舞台であると伝えられてい

る。そしてこの地域の大きな共通文化として，日本神話と結びついた，五穀豊穣などを願う神事の舞踊である「神楽」がある。

神楽は五穀豊穣などをかなえる神仏の降臨を願って，舞を奉納するものであり，日本各地の神社等で行われている。この地域の神楽の特徴は，日本神話や山間地の狩猟生活・農林業生活と深く結びついた儀式や演目を有し，集落の最も大がかりな集団的祭祀行事として，高千穂の夜神楽（国の重要無形民俗文化財），諸塚神楽（宮崎県無形民俗文化財），椎葉神楽（国の重要無形民俗文化財）など，長い伝統をもつ多種多様な神楽が維持されている点である。全国に国の重要無形民俗文化財は20ほどあるが，夜神楽として登録されているのは高千穂のみである。毎年11月から翌年2月までが夜神楽のシーズンで，夜7時から始まり翌朝9時まで33番の舞が奉納される。

写真3-7：神楽
写真提供）宮崎県。

◆フォレストピア構想

地域の住民は，森林資源の維持と地域の発展にさらなる情熱をもち，今から四半世紀ほど前の1988年より，豊かな森林資源とそれによって育まれた伝統的な生活や文化を有効に活用し，心豊かな生活を創出する「フォレストピア構想（Forest-Utopia：森林理想郷構想）」という理念を導入した。これにより，伝統的な山間地の農林業複合システムの維持だけでなく，都市農村交流や，体験活動に力を入れてきた。

また，特筆すべきはこのシステムを後世に継承する人材を育成する森林文化教育の現場があるということだ。1994年に全国初の公立中高一貫教育校となる宮崎県立五ヶ瀬中学校および宮崎県立五ヶ瀬高等学校（現：フォレストピア学びの森 宮崎県立五ヶ瀬中等教育学校）を設立した。同校は，月2回3時間連続の

総合的な学習授業「フォレストピア学習」により，田植えなどの自然体験，地域学，森林文化，数理工学，環境科学などを学び，最終の6年次には「フォレストピア研究」という自由研究論文の発表，提出を行っている。

おわりに

　世界農業遺産の申請準備には時間がかかる。しかし，その準備を通じて農家，自治体の担当者，専門家・研究者，NPO，関連事業者など地域のステークホルダーがまさに一丸となって，地域固有の農法やその歴史，伝統野菜など農作物の品種，郷土料理，祭礼，そして希少な動植物などを深堀りし，それを保全する取り組みを可視化・価値化することができる。さらにそれを継続する仕組みを検討し実践する。このプロセスは日本の農業や農村にとって，地域ならではのユニークさを磨くものであり，大変価値のある取り組みだといえるだろう。

　最後に，第1節で述べた仮説「地域価値継承モデル」を世界農業遺産に当てはめてみたい。

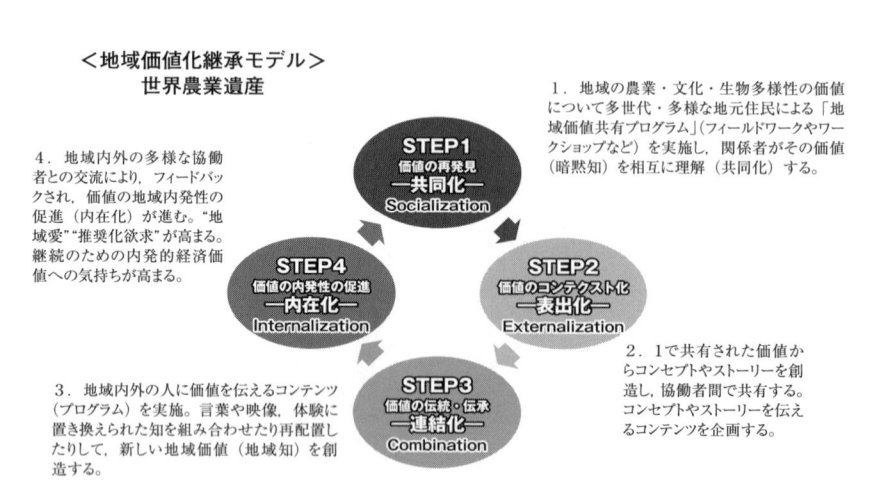

<地域価値化継承モデル>
世界農業遺産

1．地域の農業・文化・生物多様性の価値について多世代・多様な地元住民による「地域価値共有プログラム」(フィールドワークやワークショップなど)を実施し，関係者がその価値(暗黙知)を相互に理解(共同化)する。

STEP1
価値の再発見
―共同化―
Socialization

4．地域内外の多様な協働者との交流により，フィードバックされ，価値の地域内発性の促進（内在化）が進む。"地域愛""推奨化欲求"が高まる。継続のための内発的経済価値への気持ちが高まる。

STEP4
価値の内発性の促進
―内在化―
Internalization

STEP2
価値のコンテクスト化
―表出化―
Externalization

2．1で共有された価値からコンセプトやストーリーを創造し，協働者間で共有する。コンセプトやストーリーを伝えるコンテンツを企画する。

STEP3
価値の伝統・伝承
―連結化―
Combination

3．地域内外の人に価値を伝えるコンテンツ（プログラム）を実施。言葉や映像，体験に置き換えられた知を組み合わせたり再配置したりして，新しい地域価値（地域知）を創造する。

図3-7：地域価値継承モデル（世界農業遺産）

今後機会があれば，各産地で「地域価値継承モデル仮説」の実践と，効果測定による検証を行っていきたい。それにより，世界農業遺産に認定された地域の特定農産物の価値をプレミアムと感じ，他の地域の同様の農産物より優先的に購入する，あるいは交流先，旅行先として優先的に選択する層がどれくらい存在するか，またその層にいかに情報を的確に届けることができるか。生物多様性や農村文化，美しい農村景観の価値に対する理解・共感・支援をいかに促進するか，購入やボランティア参加など実際の行動に移す層をいかに育成・獲得するか，手法の開発に努めたい。

参考文献

荒尾稔（日本雁を保護する会・里山シンポジウム実行委員会）「冬期湛水（ふゆみずたんぼ）による人と水鳥との共生　蕪栗沼の奇跡」『印旛沼流域水循環健全化調査研究報告書』2012年10月，113-120頁。

岩渕成紀（NPO田んぼ）「ふゆみずたんぼを利用する環境と暮らしの再生プロジェクト」日本河川協会『日本水大賞報告書』2007年，41-48頁。

大和田順子「生物多様性を活用したサステナブル・コミュニティの形成——宮城県大崎市「蕪栗沼ふゆみずたんぼプロジェクト」を事例として——」『第35回計画行政学会大会予稿集』2012年9月。

呉地正行（日本雁を保護する会）「水田の特性を活かした湿地環境と地域循環型社会の回復：宮城県・蕪栗沼周辺での水鳥と水田農業の共生をめざす取り組み」（社）国際環境研究協会『地球環境』12（1），2007年，49-64頁。

馬奈木俊介・地球環境戦略研究機関編『生物多様性の経済学』昭和堂，2011年，第3章，第13章。

報告書「おおさき緑の分権改革調査等業務　蕪栗沼ふゆみずたんぼプロジェクト」大崎市，2012年2月。

報告書「ふゆみずたんぼの10年とこれから」NPO田んぼ，2014年7月。

第4章

アートとコモンズ
――アメリカ社会における現代アートによる
コミュニティ・エンゲージメント――

菊池宏子

はじめに

　アメリカ社会の中では，現代アートの捉え方や役割が，ここ30年間ほどの間に急速に変容している。芸術・文化政策事業の壁を超え，現代アーティストによるコミュニティ再生や地域創造プロジェクトの領域が著しく成長した。

　アートの視点を取り入れ，人々の生活アイディアや，人々の感情などの言葉で表現しきれない「はかないもの」の本質を浮き彫りにする。心の内側を人々が知り，そして，心に響かせ刻み込む。これらのプロセスを繰り返し，繰り返し，そして，さらに繰り返すことで表現が重畳的に積み重なっていく。それは，関係者すべてに共益をもたらすエンゲージメントという考え方により維持され，コミュニティそのものへの関わり方が多様化する。その結果，その土地に豊かな「まち」，「環境」，「社会」そして，「ひと」が生まれる。従来の芸術家による「作品」というコモディティの創作・創出ではなく，むしろ，アーティストが都市のシステムを変え，さらには市民の参加とともに地域コミュニティを育む場，つまり，「共育の場」をつくり出す。

　この「共育の現場」がコモンズの本質であると考える。共育の現場では，コミュニティ・エンゲージメント（具体的な関わり方の戦略・手段）によって様々な創成活動が常に循環し，その躍動力が維持される。つまり，アートがコミュニティの形成あるいは再生のツールとして機能することになる。さらに，その場限りの創作・創出のイベントに頼ることなく，意欲ある人々の協働によって個性豊かな地域コミュニティが組成されることになる。

　このような変容の契機となったのは，1960年代の市民運動の流れの中で，1980年代の欧米において「インナーシティ問題」が台頭したためである。都市中心部の地域経済の基盤が低下し，貧困層が取り残されたように密集するようになり，かつ，建造物の老朽化が進み，廃墟状態が放置されるに至る。特定の富裕層は都市部の外へと移住し，都市中心部の空洞化が進んだ。先駆的アーティストたちはインナーシティ問題が先鋭になったゴーストタウンに，自らの創作の場を見出し，地域の声，地域に既存する歴史的背景を汲みした新たなカ

タチ（共育の場の原型）の作品制作，領域の拡張へとつなげた。この環境の中でコミュニティ・エンゲージメントが成熟することになる。

　後述するアフリカ系アメリカ人であるリック・ロウ（Rick Lowe）もコミュニティ・エンゲージメントの要素を取り入れた現代アーティストの一人である。彼は，1993年に創立したアートをツールとしたコミュニティ再生プロジェクト「プロジェクト・ロウ・ハウス」の活動が認められ，2014年9月，アメリカ個人慈善基金団体・マッカーサー財団より，「天才賞」という愛称のマッカーサー・フェローを受賞した。地域社会が抱える問題を直視し，自らの創作活動のフィルターを通して，「ひと」，「場（相乗りする舟）」，そして，コミュニティの再生を構想する。そのような試みがアメリカ社会において，一つの潮流となっている。

　本章では，アメリカ社会において，現代アーティスト，アートによるコミュニティ再生，そして「コミュニティ・エンゲージメント」の考え方が，どのように構想され，実践されてきたかについて説明する。現代アートの成り立ちがどのようにコミュニティ再生と交わるか。そのうえで，コミュニティ再生という社会的課題に関わり，社会実装された現代アートの事例をもとに，現代アート・アーティストの役割を分析し，コモンズとの関係を論じることにする。

第1節　アメリカ社会における歴史的展開

　現代アートとコミュニティ再生の関係性の理解を深めるために，まず，アメリカの公民権運動（Civil Rights Movement）の歴史を知る必要がある。そのうえで，多民族・多文化の特質をもつアメリカ社会において，公民権運動がきっかけとなり，新たなアーティストの層が活動基盤を開拓し，地域コミュニティの問題解決に向けた共育の場をどのようにつくり出したのかを説明する。

1.1　アメリカ社会における多文化共生の基盤

　アメリカにおける公民権運動と現代アートとの接点を求めるのであれば，

1955年アラバマ州モントゴメリーで起きたバスボイコット事件を知る必要がある。バスボイコット事件は，社会的公正をアート作品の主たるテーマに据える契機となった。

当時，南部人種隔離政策は，バス等の公共機関の利用にも及んでいた。その政策に対して，一個人の反発がきっかけとなり，次々とアフリカ系アメリカ人たちが同調し，ついには，全米に及ぶ市民運動に発展した。いわゆる，公民権改革では，生活の現場で起きている制度的差別を排除するための手段として，非暴力的な活動を展開することが選択されたのである。

1964年にはジョン F. ケネディ元大統領を引き継いだリンドン B. ジョンソン大統領政権では，公民権保証法案の採決，自身の社会経済プログラムを通じて福祉国家構想，そして公民権運動に触発された女性解放運動や移民法改正など，公民権を法的に守り，社会を支える多文化共生の基盤の構築がなされた。

多文化共生の基盤は，皮肉にも都市部の荒廃との因果関係もある。そもそもその原因は，1949年から連邦政府プロジェクトとして実地された都市再開発計画にある（ジェイコブズ 1961）。この計画の設計思想は，局所的かつ短期的な利益追求の合理性に基づく古典的理論であった。したがって，俯瞰的かつ長期的な豊かさを追求することの合理性が後退していた。そのため，10年も経ないうちに，アメリカ社会は地域市民の合意形成を主軸にしたまちづくりの重要性に気づくことになる。これを機に，第2次世界大戦後，国連によって活用されていた「生活向上を目的とした住民参加と住民組織化を基軸とするコミュニティ・デベロップメント」が見直され，「日常生活をとりまく環境を創り出す」ことを重視するコミュニティ・デザインの構想が生まれる（ヘスター，土肥，1997/06）。そしてさらに，人のつながりを再生する手法が必要となり，市民参加による都市計画の理念を実行に移す「まちづくりプロセス」の方法論が次々と生まれたのである。後述するコミュニティ・エンゲージメントもその一つである。例えば都市計画の領域では，「地域（locality）の意思を広く集約する仕組み」として知られるプランニング理論家・ダヴィドフ（Paul Davidoff）(1930-1984年)が活躍する（前山，2007）。彼は，社会的弱者（マイノリティ・グループや低所得者層）を巻き込む手法として「アドボカシー・プランニング」を導入し，

市民参加型の共同作業によってそれまでの都市計画の弱点を補った。1964年に，連邦政府は政策理念を変更し，「最大限の市民参加」を掲げるコミュニティ・アクション・プログラムなど，政策や制度決定のプロセスに市民が参加する仕組みを立案するに至っている。

　現代アートの領域においても，多様な人種，思考，文化から成り立つ民主的なアートの表現が世の中に出るようになり，世論や特定の行動・思想に対して街頭宣伝をするプロパガンダ・アートやポスターなどが出現した。また，平和運動の一貫として創作された作品は，次第に，コミュニティという場を舞台にした，場（空間・環境）に対する問題定義，住民によるエンパワメント活動，そしてコミュニティ再生・再定義を目的としたアート制作へと変容した。特に1960年代以降，一部のアーティストたちは，地域社会の一員としての役割を表明するようになり，アート自体が生活に密着した課題を解決するための道具であると考える文化が醸成されたといえる。

1.2　情報発信の場から意見交換，そして学びの場としてのコミュニティ形成

　公民権運動は，アメリカ社会の基底に置かれてきた，人種的，社会階級的，民族的，性差的な多面に及ぶマイノリティ問題を表面化する原動力となった。それによって開拓された新たな環境が，その運動を支える基盤となる。例えば，「非欧米アーティスト」，「女性アーティスト」と呼ばれる者たちが，権利力構造に対する批判者となり，かつ，自らの人権や権限を保全するための活動家として，ときには，政治的活動のメッセージを含んだ，各種のアート作品を「公共の場」にて展開するようになった。アーティストによる「問いかけをする場」「表現の場」は，誰もがアクセスできる「自由な学びの場」へと変質したのである。

　1970年後半，80年代には，「アイデンティティ・ポリティックス（Identity Politics）」という民族的文化を反映した独自性を主張する概念思想を強くもったアーティストの活動基盤も増え，その中には，アジア系，ラテン系などの

アーティストによる「消されざる文化」の可視化活動も少しずつ登場し始めた。例えば，70年代にエイドリアン・パイパー（Adrian Piper）(1948-)が行った「カタリスト」というストリートパフォーマンスは，口にタオルを加えながら街を歩いたり，「Wet Paint（ペンキ塗りたて）」と書かれた服をまとい，街を歩いたりする作品である。その狙いは，パブリックとプライバシーの関係を洗い出す要素を探ることにあり，黒人と白人のハーフであったパイパーは，その関係の多義性を吟味することであった。また，1986年にはジェイムス・ルナ（James Luna）(1950-)が，サンディエゴ人類博物館で，ネイティブアメリカンの歴史を無視した植民地化に対する反発から，展示ケースの中に入り（自分を展示し），美術館の中で注視されるパフォーマンス作品を発表している。謝德慶（Tehching Hsieh）(1950-)とリンダ・モンタナ（Linda Montana）(1942-)は，1983年から1年間かける持続型の作品を発表する。それは，お互いの手首に巻かれた1本の紐で365日拘束され，日常生活を共有し，そして心理的な環境まで共有することを目的とした極めて過激な作品であった。

彼らのようなアーティストたちの多くは，アメリカ社会における生活者・市民としての主導権をもたない社会の「外側のひと」として，社会変革を目的にしたアートを媒体に活動を行った。それは，新たな問いかけをする学びの場となり，民主的に意見交換ができる公共の場を活用するフレームを築き上げた。その後，彼らから多大な影響を受けたアーティストたちは，社会問題を表面化しながらも，自己完結する学びの場でなく，その問題解決に向けて，自ら地域コミュニティに介入し，「内側のひと」としてアーティストならではのコミュニティ形成・再生活動を行うようになった。第3節では，具体的な事例を紹介する。

「外側のひと」から「内側のひと」への変質は，抽象的な表現を行う「情報発信の場」の枠組みから表現と表現の連鎖を伴った「意見交換の場」の枠組みへとつながり，さらに，周囲の人々を巻き込んだ「学びの場」，「解決の場」へと様々なコミュニティ形成の「カタチ」（共育の場の原型）を生み出した。

そして，この複雑化した環境を円滑にかつ効果的に動かす実践的な考え方が求められるようになった。

第2節　コミュニティ・エンゲージメントとは

多文化・相利共生を理想とし，横断的に社会，地域コミュニティ，生活環境を整備・調整することが，「コミュニティ・エンゲージメント」の基本である。個人の意見の相違を尊重するのみならず，コミュニティに参画する様々な組織の態様の相違点を理解し，そこから共通意識を見出す作業である。多くの違いから成り立つのがコミュニティであり，そのコミュニティの特徴を理解し，戦略の理念を共有することによって，地域を繁栄させることが重要なのである。

コミュニティ・エンゲージメントは，「ひとを中心」にすべてを考える。地域コミュニティの市民・住民，地域に関与する各々がシビック・プライド（地域コミュニティに対して愛着や誇りをもって接する情熱）をもって参加する。そして各々の行動の結果が「教育の場」に還元される。「ひと」は，秘めた能力，見えない才能，隠された工夫の技をもっている。しかし，「ひとり」ではそれらを見つけ出すことができない。「ひと」と「ひと」が触れあうことで，問題の所在が可視化され，それによって，生命力をもった表現がなされ，活発に意見が交換されるコミュニティへの道が開かれるのである。

本節では，コミュニティ・エンゲージメントの言語的解釈，そして地域コミュニティとの関与を円滑に漸進・維持させる概念，手法などの詳細を解説する。

2.1　エンゲージメントの前提

エンゲージメントの原語は，「Engagement」であり，広い意味での「関与」「関わり合い」を意味する。そして，フランスの実在主義を提唱したサルトルの定義「Engagement＝アンガージュマン」＝「社会参加，政治参加，現実参加，自己束縛，責任敢取，関わり」のニュアンスが強い。フランス語のアンガージュマンは英語に訳される場合，「Commitment（掛かり合う・傾倒）」となる。後述する「コミュニティ・エンゲージメント」の概念においては，サ

ルトルが定義する意味合いが近いといえる。エンゲージメントという言葉は，Participation（参加），Involvement（親密な関係）など，関与の構築を意味する形容詞と自在に置き換えられる場合もある。

「エンゲージメント」という理念と機能は，「ものごとの嚙み合い」とか「つなげるための手足的要素」と考えるとわかりやすいかもしれない。非常に柔軟性高い言葉でもあり，エンゲージメントという言葉に様々な形容詞（シビック，ソーシャル，オーディエンスなど）がつくことで，概念が固有化する。例えば，シビック・エンゲージメントは，市民性をもつ各々が連帯的に地域の問題解決に向けて関わることを意味する。

そしてそこで重要なのは，その専門性をもってエンゲージメントの仕事・プロセスに関わる人である。例えば，コミュニケーション・マネージャー，コミュニティ・オルガナイザー，エデュケーター，コーディネーター，そしてアーティストであり，地域を豊かにするために必要不可欠なパイプラインをつくり，そこをマネジメントする人々だ。コミュニティにおける思想や心情の立ち位置を熟知し，相手目線で多様な発想を展開し，地域のニーズを鮮明にしていく。集められた「ひと資産」を戦略としてまとめ，プログラム化し，そして具体的な「モノ」に可視化する。これがエンゲージメントであり，こうした仕事形態が成長したのだと考える。本章では，「現代アーティスト」がこの仲介者的役割をなす者と想定して論を展開している。しかし，誰がこの「仲介者」の役割を担うかによって，エンゲージメントの工程もその様相が異なることを付記しておく。

2.2 コミュニティ・エンゲージメントの背景

コミュニティ・エンゲージメントは，地域住民，媒介者すべてに利益をもたらすことを前提としている。特に，「コミュニティ・ベネフィット」という用語が併用されるときには，例えば，不動産開発に見られるように，地域住民にとって社会的・経済的有益・メリット（ベネフィット）をもたらすことを最大の目的とした行動指針・思想が強く影響する。このような思考が，現在の非営

利コミュニティ組織に組み入れられ，住民の権利，公正性を守ることを主体としたコミュニティ・オーガニゼーションという組織形態へと発展している。

ロバート D. パットナムによる「ソーシャル・キャピタル（社会関係資本）」の定義においては，持続的なコミュニティをつくるための二つのあり方「結合型（Bonding）と橋渡し型（Bridging）」が類型されている。コミュニティ・エンゲージメントはその橋渡し型に近い考えである。広井良典（2010）がまとめた「コミュニティの形成原理の二つのタイプ」によると，その橋渡し型の機能には「独立した個人としてつながる」こと，そして「異なる集団間の異質なひとの結びつきが芽生える」ことが挙げられ，コミュニティの共同体形成が意図されている。

コミュニティ・エンゲージメントを定義するうえにおいて，もう一つの背景は，シビック・プライド（地域コミュニティに対して愛着や誇りをもって接する情熱）を育てる教育システムとの関係である。例えば，アメリカの文部科学省は，コミュニティサービスという小中高の教育機関を対象にした社会奉仕活動の実践を通じ，「すべてのアメリカ人に，国家あるいはコミュニティへの奉仕の実践を通じてアメリカ社会に貢献する機会」を提供している。特に，次世代を担う青少年に対しては，「健全で活力ある未来の社会を担う市民を育成するために，生きる力，社会的責任の理解，人間的成長，職業的な経験を得ること」などの機会を法制度的に保証している。アメリカの非営利慈善団体のユナイテッド・ウェイ・オブ・アメリカなど，このコミュニティサービスという主体は大学，企業などでも応用され，様々な「カタチ」（共育の場の原型）で地域コミュニティと関わるプログラムへと展開している。このように政府による制度基盤の整備も充実するようになり，何かを貢献する，世の中を考える行為の実践を「教育」とつなげることで，地域コミュニティとの関係性がより身近なものになり，エンゲージメントの概念を根本から理解し，行動できる人材が必然的に増える。しかしながら，日本社会においては，未だに，この分野は未熟だと考える。

2.3 コミュニティ・エンゲージメントの様態と原則

コミュニティ・エンゲージメントは，継続的・進展的なアクション，人々が関わりやすい活動そして学びの機会によって肉付けされる。そして，最終目的は，地域社会・コミュニティの発育である。仮に，旧態的なヒエラルキーが発育の足かせになっているのであれば，その上下関係の双方を結びつける新たな関係性を創成し，持続させることによって，コミュニティの発育を促すのである。

アメリカ公衆衛生局によって出版された「コミュニティ・エンゲージメントの仕組み・原則」によると，コミュニティ・エンゲージメントの様態は，大きく四つに分けられるといわれる。それは，

① コミュニティ・デベロップメント（多様な関係づくり）やコミュニティ・ビルディング（コモンズを基盤とする組織づくり）に焦点を置く
② 問題解決に向けた話し合いの場と地域コミュニティの参加を促す
③ 地域に付随した機関，企業，団体などのサービス向上と運営に補助的に関与する
④ 非営利団体・ボランティア団体によるソーシャルチェンジ（社会変革）支援の一環

である。

IAPP (International Association of Public Participation) は，「エンゲージメントのレベル」をまとめている。関わりの濃度が低い順から，「伝える (Inform)，対話する (Consult)，巻き込む (Involve)，協働する (Collaborate)，処理能力を与え任せ合う (Empower)」と層化し，度合いに合ったプログラムや戦略の展開が必要になるとしている。親密な関係性を築くためには，参加のレベルによって，コミュニティ・エンゲージメントのプログラムを変えるのである。

下記に述べる原則は，コミュニティ・エンゲージメントを主軸にアートを活用したコミュニティ再生の分野で活動するアメリカ国内のアーティスト，美術館スタッフ含む15箇所に対する聞き取りをまとめたものである。この分野の研究成果として，実践的な報告文献は英文で多数出版されているが，体系的理

論化はなされていない。よって，現場の声をまとめることによる原則を記すにとどめる。
① コミュニティの背景を最大限に尊重し，展望（vision），意図（intent），目的（purpose）を明快にしたコミュニケーションと協働の仕組みがある
② 誰もが関われるきっかけ，入り口となる，直接的・能動的な参加の仕組みが必ずある
③ 問題解決と意思決定の過程が透明性あるものである
④ 互いの立場・能力などを共有し，任せ合う関係性を築く。権力を集中させない（Delegated power）
⑤ 知的能力と実践的能力を平等に扱う
⑥ 複数の価値観から新たな「価値観」を見出す。世代間を超え，各々の違い・能力・性格を最大限に見出すことで，より深い関わり合いの仕組みと戦略をつくる
⑦ 新たな価値に対する評価基準・アプローチなしでは進まない
⑧ ダイバーシティ（同心的な画一性社会でなく，個人の「人権概念」に基づく存在価値を認識する多様な社会構造であること）を尊重する
⑨ 必ずしもプログラムやプロジェクトが目的でない。共有関係を生むツールである
⑩ 一方的な広報や情報収集（ひとの声）が目的でない。人が関わる機会・プロセスである

 以上，アーティストを含む現場の実践者が考えるコミュニティ・エンゲージメントの原則は非常に幅広いものである。原則の中で共通項は，双方との関わり合いに重点を置くことである。このため，効率性に欠ける仕組みである，あるいは，時間がかかる（手間がかかる）ことが欠点として指摘されている。一方で，一度関わり合いをもった人々は，継続的に関わるという傾向もあり，コミュニティ・エンゲージメントの手法を用いることによって，地域の中で確実に活動できる人材へと成長し，その地域に定着することが報告されている。
 上記の原則から推察されることであるが，「一人ひとり様々な価値観」が

あって当たり前なのがコミュニティであり，だからこそコミュニティは蓑食う虫も好き好きなのであり，それゆえ，面白く，それが地域性の原点となる。同質性や同一性を追求するのではなく，複数の価値観の差異をありのままに表明し，その差異を共有する必要がある。全員一致の価値観などはあり得ない。お互い妥協しつつも，主張すべきことは許容することなく表明し，現実的な価値観の様態を共有する。それなくしては，コミュニティ形成は前進しない。

コミュニティ・エンゲージメントにおいて，定点評価は重要なことであり，定期的に評価する基準を定めておく必要がある。その評価において，価値観の差異と照らし合わせながら選択肢を吟味し，行く先の方向性を調整する姿勢が必要である。

コミュニティ・エンゲージメントは「終わりなき旅」とも称される活動である。継続させるためには，必ず「オーナーシップの移行」（後継者への引き継ぎ）を意識した人材育成の計画を立てる必要がある。物理的な成果があまり見えないプロセス・イノベーションではある。そのため補助金や助成金の枠組みの中で「オーナーシップの移行」を成立させるのは容易なことではない。時間制限のあるプロジェクト型の場合，現実的かつ具体性がある目標を立て，所与の時間内での計画実施を企画しつつ，終了後の予後管理についても企画することによって，コミュニティのステークスホルダーとのパートナーシップ体制を早い段階で構築することが，その目的の達成につながる。

コミュニティ・エンゲージメントを実現するためには，洞察力と想像力ある人材が必要不可欠である。プロセスをデザインすること，そして参画する人々の知的財産や個々人の能力を有効に活用する場を提供し，知と知の相乗効果を強化する作業の繰り返しを持続的に運営するためには，コミュニティの中で発生する処々の関係のつなぎ目を円滑にする仲介役のような人材が重要である。

カリフォルニア州オークランド市には，美術大学カリフルニア・カレッジ・オブ・アーツが運営する「センターフォーアート＆パブリックライフ」がある。ここでは，大学教育機関と体験型実験センターを連携させることによって，コミュニティ・エンゲージメントを専門にし，地域コミュニティの中で働けるアーティストたちを育成している。そこで教えるアーティスのクリス・ト

レジアーリ（Chris Treggiari）は「コミュニティ・エンゲージメント・アーティスト」と名乗って活動し，心理学や対話術などを盛り込んだカリキュラムの開発や実践的な授業をしている。ほかにも，オティスカレッジ・アート＆デザインなど，アーティストたちがコミュニティ・エンゲージメント，地域コミュニティでの立ち振る舞いの実践と概念を考える美術系大学が増えている。

第3節　現代アートの社会的機能

　社会の固定概念を崩す現代アート思想は，社会にイノベーションをもたらし，そして，新たな文化を育てることがある。本節では，まず，現代アートの底流にあるコンセプチュアル・アート（概念芸術）について言及する。さらに，コミュニティ再生に強く関係し，芸術の公共性について問うパブリックアートの変遷を踏まえ，社会彫刻の理念・概念の応用による社会的機能について説明する。

3.1　概念芸術，新しいジャンルのパブリックアート

　概念芸術（コンセプチュアル・アート）のルーツは，チェスの名手としても知られている20世紀芸術界に絶対的な影響を残したフランスのアーティスト，マルセイユ・デュション（Marcel Duchamp）(1887-1968) にさかのぼる。当時役員を努めていた独立美術家協会主催の展覧会に，量生産された男子用便器に偽名「R.MUTT」でサインをし，「泉（1917）」という作品を出展する。これを皮切りに，「概念性への著しい傾斜，（中略）日常と芸術の境の撤廃，［中略］見る者，（中略）鑑賞者を作品の意味の生成にかかわらせる」ことを目指した創作活動が展開されるようになる（菅原，1998）。1960年代には，確実に「便器＋署名＝アート」という思想が定着する。デュシャンの作品が火付け役となり，前衛的な芸術運動が盛んになり，アートがアイディアやコンセプトのみで成立することが肯定され，「オリジナリティ」（独創性）の解釈も変わり出したのである。

このような背景の中，アメリカにおける公共の空間で展開されるアートの表現であるパブリックアートは，1950年・60年の都市開発政策の一環として誕生したといわれている。当時，芸術への支援は海外に向けた国家レベルの政策であった。しかし，アメリカ都市部の問題が深刻になるとともに，政策の転換が求められ，アート・文化政策へも影響した。1963年に新規公共建築事業総工費の1％を芸術・文化に当てはめる「1％法案（Percent for Art）」政策の構想が制度化し，60年代後半には，連邦政府による全米芸術基金（National Endowment for the Arts, 以下NEA）が成立し，パブリックアーティストへの支援活動が積極的になされるようになった。芸術・文化の振興に向けて1％法案は，アメリカの多くの都市で展開されるようになった。

リチャード・セラ（Richard Serra）(1939-)の「傾いた弓弧（Tilted Arc）」(1981)は有名な事例である。1979年にNEAからの推薦を受け，そして，全米総務局の「Arts in Architecture Program」からコミッション（作品制作の委嘱）を受け，1981年にニューヨーク市連邦ビルの向かいにあったフォーレイ・フェデラルプラザのために，セラの作品は設置された。それは，全長37m，高さ3.7mもある弓弧形状の彫刻という名の巨大な鉄の壁であった。完成に至るまで，連邦政府職員・関係者からの反対署名運動が展開され，さびた表面の巨大なミニマル彫刻に対する美的感覚の妥当性に至るまで多くの議論がされた。この事案は，訴訟事件に発展し，裁判の結果，取り壊しへと至った。しかし，この一連の流れがきっかけとなり，アート業界内では，欲する表現の自由に対する法的システムのあり方，そして特に，公共空間の仕様についての評価基準や総体的判断の方法などが議論された。その結果1990年にはVisual Artists Rights Actの条例，つまり，すでに契約したアート制作においては，土地所有者の道徳的観念よりも，アーティストの意向・意図を優先するとしたアーティスト保護法が施行された。

一つ珍しい例を挙げると，著者が勤めていたマサチューセッツ工科大学にあるリストビジュアルアーツセンターでは，1985年から大学がこの法案を導入し，大学内の新規建築の総工費の1％をアートに投資することによって，多くの支援が得られた結果，現在では，膨大なパブリックアート・コレクションが

大学キャンパスに存在している。

　1977年に非営利法人パブリックアート・ファンド（PAF）が設立されることで，公共の場・空間を活用するパブリックアートの方法論，アートの表現の多様化が進んだ。大きな作品の置き場を求めていたら野外という設営場所にたどりついた制作者もいれば，その土地や地域コミュニティの特性を考慮するサイト・スペシフィックなアプローチの成果を残すアーティストも登場した。そして，実際に地域コミュニティ住民なども巻き込みながら制作をする者も現れ，パブリックアートの多様化が深化した。1980年頃には，パブリックアートは成長性が高い新しいジャンルのアートとして評価されるに至っている。

　例えば，1989年にPAFの支援を得たマーサ・ロスラー（Martha Rosler）(1943-)は「住宅供給は人権である（Housing is a Human Right）」と掲げたネオンサインでできたパブリックアートを制作した。これは，80年代ニューヨークの住宅危機，高級化による立ち退きなどに対した社会的な思想をもった作品として話題となった。ナルシスティックな自己表現の延長線上に公共の場を用いる手段を求めたため，コミュニティ・エンゲージメントという概念は反映されることはなかった。そのため，聴衆に対する配慮の必要性が問題化する事案も発生した。

　パブリックアートは進化し，特にNPO法人スカルプチャー・シカゴのディレクターを務めていたメリー・ジェーン・ジェイコブによって1995年に実行された「カルチャー・イン・アクション（Culture in Action）」というプロジェクトは美術史と都市文化論が融合された非常に重要な位置をしめる。ここでは，「人々の生き様を表現する社会的な活動であり，美学的標準がなく，コミュニティに既存する内容や文化の表現である」と説明されるコミュニティにおけるアートの重要性を定義し，アーティストがコミュニティと連携し，地域に既存する文化と地域問題の創出をアーティストに委ねるという画期的な企画が実践された。そして1994年に，スザンヌ・レイシー（Suzanne Lacy）(1945-)が編集に関わった「Mapping the Terrain: New Genre Public Art」の出版を機に，同時代的な社会的問題解決を意図する分野として「ニュージャンル・パブリック・アート」が確立されるに至っている。公共の場の活用という物理的

な理由が主体にあったパブリックアートから，ニュージャンル・パブリック・アートは，「エンゲージメントを基盤とし，多様化された聴衆に関与する日常生活にある争点（issue）を，伝統的かつ非伝統的なメディアによって，情報伝達し（communicate），お互いに影響し合う（interact）視覚芸術」と定義されている（Lacy, 1994）。「表現方法（form）と意図（intention）」が抜本的に変化し，アーティスト保護法による権利主張のみならず，コミュニティ形成におけるコミュニティ・エンゲージメント・デザインに立脚した社会的相互調整の役割が増していると考える。

しかし，一方で，皮肉めいた形容ではあるが，「プロップ・アート（Plop Art）」（景観や日常生活を考慮しない「公の場に，ポトンと落としたアート」）と称されるような作品も多くなり，公共の空間の使用について様々な物議を醸し出した。

3.2　教育の現場

1990年代頃になると，情報社会の発展とともに，公共の場を教育現場とし，社会的問題に対する認識の高いアーティストたちは，学校での教場の学びに対抗し，現代アート思考による独創的な教育現場を形成した。

アーティストでありながらエデュケーターとして社会に対する教育的思考を反映する作品制作を試みたレイシーは，地域社会の向上のために動きだし，多くの作品・コミュニティ再生プロジェクトを発表している。1970年代からニュース・メディアによる「都合のいい報道」に対して問題意識があり，メディア報道を別の解釈から検証する作品を多く残している。「ルーフ・イズ・オン・ファイア（The Roof is on Fire）」（1994年）では，常日頃から否定的な報道しか流れないカリフォルニア州オークランドの住む青少年（Teens）の問題に対して，ティーン，エデュケーター，アーティスト，そしてメディアワーカーから成り立つ TEAM（Teens, Educators, Artists, Media workers）を結成した。

プロジェクト自体の遂行は，オークランドに住む高校生200人とともに，屋

上駐車場を舞台に,「暴力,セックス,ジェンダー,家族,人種」について語り,その場にメディアを招待し,直接対話ができる場を形成した。十代の彼らは一市民として,そしてチームの一員としてこのプロジェクトに参画し,1000以上のメディアと直接コミュニケーションを図る大がかりなメディアに向けてイベントを行った。レイシーは事前に5か月間,毎週教師と高校生たちと会い,話されるべき内容を構想することで,信頼関係を強化し,当事者意識をもった活動へと発展させた。

　コミュニティ・エンゲージメントの観点からすると,まず,レイシーのプロジェクトは,受け身の消極的参加ではなく,自主的な参加意欲につなげ,アクティブな参加の仕組みがデザインされている。直接参加の仕組みが繰り返しデザインされているため,参加者同士の人間関係の構築が実現しており,表面的な形式的な郷土愛のレベルにとどまらず,身の回りの環境,地域に対する誇りと愛情をもつレベル,つまり,シビック・プライドをもつ人々が育成されるに至った。

　アメリカでは,美術館,そしてアート・文化を啓蒙する団体機関,コミュニティセンターや文化機関が中心となって,コミュニティ・エンゲージメントという概念を再度考察し,人々,そして地域コミュニティにも恩恵がある活動を心がけた様々なプログラムを展開している。したがって,それらのプログラムには,教育的思考からリーダーシップ育成まで広範囲な「ひとを育む」ための仕掛けがデザインされている。日本の教育の普及的な現場で散見される教養ベースとは全く異なっており,

① 地域の力(「ひと」と「場(相乗りする舟)」)の強化のためにアートを位置づける活動であること
② 長期的な活動によって,地域住民にアートのリテラシー向上を試みること
③ アート機関や地域で活動するアーティストが,市民から学ぶことを直接的に取り入れながら,運営やプロジェクトに反映すること

などが組み入れられている。むろん,アートを地域に押しつける企画は立案しない。時間をかけて,アートの力と必要性を認識してもらい,地域に根付く

アートの躍動力を創成することがこの考え方の大きな特徴であるといえる。

3.3 文化の共鳴

コミュニティには，当然のことながら，物理的に手にとることができない「アイディア・発想・思想」が存在しているはずであり，そして，そこから切っても切り離せない文化の発祥には，可視化されずに存在する「知」（信頼に係る知恵）と「ひと」の財産が溢れている。例えば，伝統的な祭りから鳴り響く祭り囃子からは，音以外に何かが聞こえてくるはずであり，人間の知感によって感得できる何かがある。そして，地域社会を形成するうえで必要不可欠な要素が秘められているはずである。

現代音楽家・アーティストのジョン・ケージ（John Cage）(1912-1992) は，「4分33秒」(1952) という作品を作曲している。ケージは，日本の禅を海外に伝承した鈴木大拙（1870-1966）から学び，東洋の思想に関心があったこともあり，4分33秒の沈黙を「音」と説き，その静寂から聞こえてくる日常の「サウンド」にあえて注目した。日常の音は，場所それぞれに異なるものである。心のあり様によっても周りの環境から聞こえてくるものは違うものである。このような文化の共鳴をエンゲージメントの視点から考えることは，地域社会の騒音管理などに関する新たな対策方法を洗い出そうとする者たちに役立つだろう。

ビト・アコンチ（Vito Acconci）(1940-) というランドスケープ建築出身のアーティストがいる。彼の作品の一つ「フォローイング・ピース」(1969) は，人を後ろから追跡していき，街を理解することが目的にある。自分自身を他人の行動に共鳴させることで，ニューヨークの街のあり様を知る。アートという名のストーカーの様な行動だが，彼は「つけていた人が屋内に入り次第，次の人をつけること」と記録の取り方の基礎的スキームを確立したうえで，路上観察をしながら，知らせざる街を知る作品を生んだ。

1960年代を代表するアメリカ出身のアーティスト，アラン・カプロー（Allan Kaprow）(1927-2006) は，「アートとは何か？」という本質的な問いに対して，

「生活と美術の境界を曖昧にする」という言葉を残している。つまり，それは，生活の中にアートを見出すことによって，アート機能の再構想がなされ，アートによる社会のイノベーションが実現することを意味していた。例えば，1967年にカプローは「流体（Fluids）」作品を発表している。数日間かけて約80×25×20cm四方の氷のブロックで，長さ9m，幅3m，高さ2m氷の囲いをつくるという参加型の作品である。溶けることが前提にある一見無意味な行動でもあるが，協働作業により巨大建造物を創成する試みは，構築の過程にあるひととひとのつながりや，ナンセンスという固定された観念とどう向き合うか，そしてその氷に映る自分，社会を見つめる機会を提供した。

　上記の両例とも，もともとは，地域コミュニティ形成のための方法論を提案したわけではない。しかし，少し着眼点を変えて俯瞰してみれば，地域社会を理解するための応用スキームとして利用できる。地域社会の可視化されないままにある文化の「知」（信頼に係る知恵）が見えるのではないだろうか。関所巡りのようにもともと拠点がありながら，街を歩き回るのではなく，人の行動に自分を委ねることで，違った景色が見え出す。その偶発的発見から見える街の姿は，例えば，地域社会の史跡や名所などを地図に表記するような手法，つまり，アセット・マッピングの「アセット」（宝もの）を見出すことに狙いを定め，地域の強みや利点だけを測定する方法に頼っただけでは発見できないその地域に固有の隠された特性は見出せない。その秘められた部分にのみ存在する地域文化を基盤にコミュニティを形成する必要があるだろう。

　地域社会と関わる際に，感覚を研ぎすまし，日常にある声を聞き取り，秘められたメッセージを探求することは，有形なことに頼ることない，無形の新たな共生関係を地域社会に築き，文化の発育を生み出す活力（底力）となる。

3.4　社会彫刻思想の応用

　「すべての人間は芸術家である」という言葉を残したのが，ドイツ出身のアーティスト，ヨーゼフ・ボイス（Joseph Beuys）(1921-1986)である。彼は，「社会彫刻」という概念を提唱した。「誰もが自分自身の考えによって，本当の

意味で，自らの想像力や共同体に提供する」ことができ，すべてのひとが，社会のために役割をもち，行動することで社会が形成されるという考え方である。

　ボイスは，ドイツ東西が分裂した状況下で，制度体制や金銭ではなく，人々の創造性こそが社会を形づけることの本質であることを実感した（ボイス，1993）。したがって，芸術的観点から理想像を見出すのか，あるいは，彼の理念をコミュニティ形成の理念とするか，模範的な人材育成のスキームと考えるのかで，社会の形が異なってくる。この社会彫刻的概念の構造を応用することで，地域の中に埋もれる市民の潜在的な力を，あたかも彫刻のように可視化することができると考える。

　特別な人のみがアートを営むのではなく，一人ひとりが役割をもち，責任をもちながら生きることで，より良い社会を創成することが社会彫刻にほかならない。彫刻するということは，何かを形成するという意味があるように，社会の中で人間同士の関係性を可視化することである。むろん，社会形成の一角を担うことが，当分野で働くアーティストたちの作業でもある。すべての市民が役割をもって地域コミュニティに携わることを構想することで，豊かな社会構造の形成へとつながるものと期待する。

　ボイスの理念は，コミュニティ・エンゲージメントの原則・特徴にも見られるダイバーシティ重要性に基づくものでもある。個人の意見や価値観の相違を尊重すること，そこから共通意識を見出す作業を怠らず，より良い社会形成に向けて各々が行動する。違いがあるからコミュニティであることを忘れずに，地域コミュニティの特徴を理解し，戦略に繁栄させる思考へと結びつけることが大切なのである。

　ボイスは，政治家（ドイツにおける緑の党発足に関与）として，国際的アーティストして，そして教育者として広範囲に及ぶ活動をしてきた。現代アーティストにとって，地域や社会に関わる理想や模範的な思想となった。そして，公共の場を舞台にした様々な社会彫刻型の試みが探求されるようになる。そして，社会に関与する形を具現化するためのコミュニティ・エンゲージメントの役割が重要になっている。

第4節　アーティストによるコミュニティ再生とコミュニティ・エンゲージメント

　本節では，様々なタイプのアーティストによるコミュニティ再生とコミュニティ・エンゲージメントを紹介する。

　プロジェクト型から，長期的な大規模なコミュニティ開発事業に至るまで，コミュニティ・エンゲージメントというフォールン・フルーツ (Fallen Fruit) というアメリカ・ロサンゼルスを拠点としている3人組のアーティストチームは，地域に育っている果樹に注目した。私有地の壁面を乗り越え，公共部分に「触れている」果物は公共資産だと定義づけ，その果物がなる木の所在を地図化し，パブリック・フルーツマップを制作した。それは，貧困層や安全で新鮮な青果物が買えない住民（高齢者など）のために，所在を明らかにすることで，公共物の共有ができるという仕組みとして機能した。また，カナダトロントを拠点としたダレン・オドーナル (Darren O'Donnell) (1965-) による「ヘアーカットバイチルドレン (Haircuts by Children)」は，地域の理容室を活用し，地域の主に小・中学生の世代の子どもたちに美容師として立ち振る舞ってもらい，実際に予約をしたお客様の髪を切るという作品である。一見職業体験のようだが，理容室，美容室はもともと地域の入り会い的な役割を担っていた。ところが現在では，美容院・理髪店が地域のコミュニティセンターという役割をなさなくなったことに対して問題意識をもち，立場の入れ替えることで改めて地域に根付いた場の重要性を提案した。

　彼らの活動は，コミュニティ・エンゲージメントの思想を強くもつ地域コミュニティ団体，美術館などと協働することでコミュニティ再生に向け，あくまでも社会課題解決へのプロセスの一貫である。プログラムの成功が人を引きつけるが，その後，参加者が継続的に関わり続けるという保証はない。だからこそプロジェクトの成功を短期的に考えるのではなく，あくまでもコミュニティ・エンゲージメントという大きな枠組みを構成する部分と捉えるべきであろう。

リリー・ヤー（Lily Yeh）(1941-) が設立した非営利団体（NPO）The Village of Arts and Humanities はアートの領域にエンゲージメントの概念を早い段階で取り入れたコミュニティ再生事業としては，代表的な例である。その発端は，1986年，ドラッグ問題，貧困，バイオレンスなど，地域に社会問題を抱える「インナーシティ」と呼ばれる典型的な都心近接の低所得者地域または都市内集落として知られていたペンシルベニア州のノース・フィラデルフィア地区で，アフリカ系アメリカ人のダンサー，アーサー・ホール（Arthur Hall）(1934-2000) から，地域にある空地を公園にしてほしいとの依頼を受けた。治安の悪化とともに孤立し，地区の機能低下の中に息を潜めて生活をする人々は，彼女が一人で（アフリカ系アメリカ人の地域にアジア人女性が一人で）公園づくりの作業をしている場所に集まるようになる。はじめの3年間は，子どもたちとともにモザイクの手法，壁画を使った公園づくりを地道に行い，行き場のない子どもたちが自然と手伝いに来るようになる。そこから子どもとの信頼関係ができ，子どもを通じて大人の住民たちとの信頼関係が築かれた。

コミュニティ・エンゲージメントの活動は，長期的になる傾向があり，長い道のりの中で，寄り道したりすることがある。ビジョンをもちつつ，様々な場面の過程で，制限なく方向転換できる環境をつくることも必要である。それによって，人のつながりの信頼関係が強化されるであろう。

シカゴ出身のアーティストである，ティアスター・ゲイツ（Theaster Gates）(1973-) は，低所得者地域の活性化を図るためにアーバンプラニングとアートの実践を融合させ，老朽化した建造物を文化施設としてリノベーションをしたコミュニティ・デベロップメントプロジェクトでもあり，アートプロジェクトでもある「ドーチェスター・プロジェクツ（Dorchester Projects）」を2009年に完成させた。ゲイツは「不動産アーティスト（Real-Estate Artist）」といったニックネームもついており，アーバニズムの領域と跨いだ活動をしている。2005年より地域コミュニティを巻き込む活動を継続的に行い，2010年に「アーティスティックな実践と，個々のエンパワメント，そしてコミュニティ・エンゲージメントを通じて，地域再生を促進すること」を指針にNPO法人リビルトファンデーションを設立した。また，デトロイト市にあるパワーハウス・プ

ロダクションズ（Power House Productions）も 2009 年に法人化したアーティストが運営母体となる地域に根付いた非営利組織で，クリエイティブな地域を創成することで，地域の安定性を保つための戦略や地域を強くするための活動をしている。

「Food Desert（食の砂漠）」と呼ばれる地域再生活動をするアーティスト組織パブリック・マターズ（Public Matters）では，パートナーシップありきの有限責任会社（Limited Liability Company）をアメリカ各州法に基づいて設立して，コーポレーションとパートナーシップの中間的な性質をもつ企業組織を運営している。特に，マルチメディア・エデュケーションや，市民参加型（シビック・エンゲージメント）の戦略を立案することで，食と地域の問題に係る様々な解決策を編み出している。サウス・ロサンゼルス地域で，2007 年からカリフォルニア基金の援助で活動する支援活動団体と協力し「マーケット・メイクオーバー」プロジェクトを試行的に立ち上げ，地元高校生とのコラボレーションにより短編ビデオを制作する活動，市民による食育にまつわるアドボカシー活動，安全で健康を促す食料提供をする店舗外観の建設，そして，営業形態のリフォーム活動を行っている。経済的弱者が住む地域にとって，食と健康の問題は深刻であり，まず，物理的な場所を再生することによって，食習慣を根底から変革するためのコミュニティ・エンゲージメントを実施している。

具体的な問題解決と結論に結びつくプロセスには透明度が必要であり，人目につきやすい物理的な店舗改築は地域市民による参加型で行う。食習慣という個人の問題になりがちなことは，当事者が問題の重さを自覚しなければ，自発的には事が進まず，地域社会の再生は発芽しない。そのような教訓も踏まえ，地域住民を巻き込んだうえで徹底したオーナーシップ志向の戦略が計画されるようになっている。正しい情報を適切に提供し，食習慣に関する知識を積み重ね，そして当事者としての自覚を醸成する。コミュニティ・エンゲージメントの過程すべてを公表（disclosure）し，開いた環境で取り組むことを積極的に行っている。このようなオーナーシップ志向の戦略をつくることによって，生活習慣の公正が実現すると考える。

1980 年代半ばに創設したアジア系移民のシニア層や低所得者家族に向け

たアフォーダブル・ハウジング（Affordable Housing）開発を目的とした草の根のコミュニティ組織・NPO邦人アジア・アメリカン・コミュニティ・デベロップメント・コーポレーション（Asian American Community Development Corporation，以下ACDC）がある。2005年から2009年までエグゼクティブ・ディレクターを勤めていたジェレミー・リュー（Jeremy Liu）(1972-)により，アジア系アメリカ人のステレオタイプを崩すようなアイディアが多く組み込まれたコミュニティエンゲージメント・プログラムが強化されたことで有名な事例である。年に一度，中華街にある空地を使い，1週間毎晩行われるアウトドア映画祭「フィルムス・アット・ザ・ゲイト（Films at the Gate）」が開催される。1980年代後半まで，3箇所の小劇場があったが，レンタルビデオ産業が発達し，1986年までにはすべての小劇場が閉館を余儀なくされた。そこで，ボストンの地域住民，マサチューセッツ湾交通局，ボストン地域のコミュニティ・デザイナー，アーティスト，ミュージシャン，そしてカンフー映画が多く上映されていたこともありカンフー映画のコレクターが結束し，2006年に1回目の映画祭が開催された。どこからともなく現れる地域の人々のほとんどが古くからその土地に住むシニア層であった自分たちの居間にある椅子をもち出し，孫や家族とともに空地に集まった。毎晩200-300人の，世代を超えた地域住民，そしてコアな映画ファンが押し寄せ，中華街のテイクアウトを片手に，様々なジャンルの人が参加する毎年のイベントとなった。ここでもコミュニティ・エンゲージメントの手法が活用された。

　地域が集まる機会では，「地域の声を反映させるために」といったキャッチコピーを用い，何でもアンケート調査と結びつけてしまう傾向がある。過去の調査情報をきちんとアーカイブする必要がある一方で，コミュニティ・エンゲージメントの手法を用いて，想定外の結果を恐れずその公共の場を生かし，新たな人間関係を築く必要がある。例えば，現場では対話を大切にし，意見交換の場を活性化させ，行動に移すことができるプランを話し合い，共有することで，人が動き出すものである。「コミュニティ・エンパワーメント」（集団の中における相乗効果）を利用し，地域コミュニティを豊かにするべきであろう。個々の意見が地域の振興策に関わる可能性を知る場として，公共の場をつくり

第4章　アートとコモンズ　147

上げる必要がある。その担い手こそが，コミュニティ・エンゲージメントによる社会イノベーションを実現することができるといえる。

　本章の最初に紹介したマッカーサー賞受賞者のロウが拠点とするアメリカテキサス州の南東部にあるヒューストン市は総人口が216万に及ぶ大都市である。六つの歴史的地区の一つ Third Ward 地区は，アフリカ系アメリカ人が多く住む地域として知られている。1993年，リック・ロウは，大学卒業後この地域に拠点を移し，1990年代に補修されたショットガンハウスと呼ばれる集合住宅型のテラスハウスを使い，「貧しい者は，美を追求してはいけない」という風潮の反発もあり，アートを核にしたコミュニティ活性型の非営利団体である NPO 法人プロジェクト・ロウ・ハウス（Project Row Houses, 以下 PRH）を創立する。ミッションとして，アフリカ系アメリカ人の歴史と文化の賛美を掲げ，過去の歴史をポジティブに表現することを念頭に活動を行っている。彼はパブリックアーティストという肩書きの職種と職能を生かしながら，当プロジェクトを創設した。

　当時大学生だったロウは，ヨーゼフ・ボイスの「社会彫刻」思想である生き方自体がアートだという理念に多大な影響を受ける。そして彼の恩師，現在のテキサス・サザン大学に芸術学部を創設した著名アーティスト，ジョン・ビガー教授（1924-2001）が提唱した「アートとクリエイティビティは生きるための一部であるべき」という考えに基づき，アフリカ系アメリカのルーツとアートと文化そして伝統を尊重した，地域再生，低所得者住居，エデュケーション，歴史的環境保全，地域社会奉仕活動などを視野に活動を続けている。

　PRH は，「自分たちは社会から見放されている」という地域感情を，具体的に「エンゲージメント」のスキームとし，地域住民がオーナーシップ感情を養うためのプログラムづくりを常に目指している。まず，当時衰退しきっていた住民自身がこの場をホームグラウンドだという意識をもつことで，地域再生・活性可能な環境づくりの徹底化が図れるための活動から始めた。当時のオフィスとして活用する予定だったショットガンハウスの修復を自ら行い，その「制作活動」を見に来た地域住民と話をする。行き場のない子どもたちが，「安全な場」として，彼らの周りに定期的に通うようになり，自然と地域の子どもか

らの信頼を得て，その親たち，保護者，家族へのエンゲージメントが起きた。

　また，地域の問題でもある低所得者層の若年出産で経済的自立が図れない若者の増加の大きな原因が，低教育と指摘されている中，彼らが教育を受けやすくするための環境整備にも力を入れ，育児教育も一角とし，そのための実践的プログラムも提供している。例えばヤングマザープログラムである。「子育ては村中でするもの（it takes a village to raise a child）」というアフリカの格言があるように，若くして母親になったシングルマザーへのサポートを行っている。プログラムの一つであるレジデンスプロジェクトではきちんとした応募制度，審査過程を経て始まる共同生活を通じ，カウンセリングの提供とお互いの成長をサポートし，親としてのスキルアップを理想とする。社会に必要な想像力を培うために，クリエイティブな活動も組み込まれ，ある意味彼らがいた現実から隔離された，安心できる子育ての環境を提供する。

　現在PRHでは，32団体との長期的パートナーシップを組み，地域レベルでの団結をインフラへと移行できるように，「長期的な」パートナーシップによる活動強化を図っている。パートナー先は，地域の教育機関・市民団体，文化施設，アート団体など様々である。例えば，「Elders Institute of Wisdom」という地域の高齢者支援を団体との連携をすることで，高齢者層の知恵（Wisdom）を地域に還元する試みをしている。ここでもコミュニティ・エンゲージメントの原則を保っている。それは「パートナーシップとコラボレーションによる賛同の連鎖」であり，様々な規模で，連携体制を整え，協働的な問題解決をすることにより，「共育の場」をもつ共同体が構築され，より強化された地域づくりのメンバーができあがる。「協治の過程」を生かしたコミュニティをデザインするうえで，コミュニティ形成に関わる政策決定過程に「地域の諸利害関係者」（ステークホルダー）が「対等な関係」（パートナーシップ）を取り結びながら計画策定，事業化，モニタリングを進め，実施している。例えば，ヒューストン美術館とのパートナーシップ事業としてアーティスト・イン・レジデントのプログラムは由緒あるヒューストン美術館付属のグラッセル美術学校のコア・レジデンシー・プログラムを履修する学生フェローの中から選抜し，PRHでの生活を通じて，地域のメリットとなる制作活動をする。そしてその生きた知

識を，学生，地域の外の人間に伝達することで，地域への認識，愛着が生まれ，外部から肯定されることが，地域への自信になり，地域に還元される。住民へのオーナーシップの移行がなされ，ひとが住み続ける限りこの作業は継続することになる。世代交代ということではなく世代を交代するための準備と育成，そしてケアーの体制を構築することが必要である。

　プロジェクト・ロウ・ハウスの成功によって，地域の団結や活性，安全面の向上も図られているが，皮肉にも，地域の土地の値段も上がり，高級化の兆しが見え出している。そこで，2003年には，姉妹団体としてコミュニティ・デベロップメント法人 Row House Community Development Corporation（RHCDC）を新設し，反映されたビジョンをもとに，低所得者層向けの住宅開発や確保と具体的な都市計画に携わり始めている。

　アートで「ひとを育む」ことから立ち上がった団体は，必要に応じた対応策として場をつくる作業に介入する。コミュニティ・デベロップメントの機能は，地域住民の居住空間の確保，そしてアフォーダブル住宅制度を導入し，コミュニティ開発を担うのである。ライス大学の建築学生など巻き込み，デザイン性を妥協することなく，地域性や歴史，景観などなど反映される地元エッセンスたっぷりの住宅施設を計画・建設している。現在，約39世帯を管理し，そこには，展示スペース，アーティスト・イン・レジデントのスペース，先ほど紹介したプログラムに参加する若い母親たちの住居，低所得者向け住宅や商業空間も含む，複合的コミュニティが着実に形成されている。

　ロウは「コミュニティそのものがアートフォームであり，我々の変化・移り変わりを描き出すカンバスでもある……プロジェクト・ロウ・ハウスは，アートに対する熱い思い（Passion）と，人々が受ける苦しみへの深い理解（Compassion）がぶつかり合った世界に迷い込んだようなところだ（要訳）」とPRHについて語っている。PRHがつくる環境には，アートが空気のように存在し，多様性ある生活環境だからこそ育まれる活動があり，問題解決に真正面から立ち向かう姿勢が感じられる。そして，継続的なコミュニティ形成のために，多様な具体的なニーズを理解し，地域住民とともに物理的な場所を構築する活動を続けている。

最後になるが，アメリカでは，ACDCやPRHを含め，コミュニティ・エンゲージメントのスキームを生かし，シニア世代が住みやすい環境・地域基盤の支援機関も多く見られる。1999年に創設したカリフォルニア州バーバンクにあるNPO法人「EngAGE」では，シニア層を援助することがすべての世代を援助することにつながるとの方針の下，持続的なコミュニティ・エンゲージメントのモデルを実践しており，アートの技術指導（絵画，文学，音楽など）を取り入れた多角的なプログラム支援をしている。

おわりに

　多文化共生を育むアメリカ社会の中で，長い年月を経て，現代アートは変容した。多様な価値をどのように共有すべきなのか。この問いは，コモンズとは何かの問いでもある。アーティストの哲学的な知的好奇心の精通を目的とする表現の場から，人と人との関係を可視化した「人的資産」という「はかない（ephemeral）資源」を題材にして，コミュニティ再生をゴールとする活動基盤，つまり，「共育の場」へと進化している。
　仮に，この進化がアメリカ社会の出来事にとどまらず，グローバルな浸透力をもっているとすれば，多様な要素が関わり合うことで新たな創造が繰り返され，創成活動が循環している環境（創成循環のシステム）がコモンズの本質であると考える。コミュニティ形成においては，その環境「共育の場」を整備する仕組みとして，現場視点から生まれたコミュニティ・エンゲージメントという具体的な戦略・手段があるからこそ，そのコモンズを維持できるのである。現代アーティストたちの創成活動は，プログラムや「モノ」（アート作品も含む表現物）へと体現化させながら，「ひとを育む」総合的な目標に向けてのプロセス（仕掛け）があるから，地域コミュニティを思う「心」が，「モノ」や「コト」として繰り返し表現されることで，すべての当事者（関係者）にとって実態をもった一体性のあるコミュニティが形成される。その意味において，アメリカの現代アートは，コモンズを維持する主たる仲介役を担っているといえる。

本章で扱ったことは，アメリカ社会において生じたコミュニティ再生の一部分に過ぎない。アメリカ社会における現代アートの社会的役割から学ぶことは何か，そして，日本の社会の中でどのように応用できるか。今の日本の社会課題として，少子化問題，高齢化，過疎による集落の再形成があげられる。シャッター通り商店街は，まさに，インナーシティ問題の典型例である。

　1990年以降，行政が主体となり日本型アートプロジェクトが全国各地で繰り広げられ，アートのよる地域活性など，日本の社会課題の解決に向けた活動が広がっている。特に，阪神・淡路大震災（1995）が契機となり，2000年代からは，「社会システムとしてのアートプロジェクト」の動きが見られる（熊倉, 2012）。横浜や愛知では3年に一度行われる都市型の国際芸術祭，地方の地域活性化，観光資源を意識した大地の芸術祭・越後妻有アートトリエンナーレ，瀬戸内国際芸術祭や別府現代芸術フェスティバル「混浴温泉世界」，そして，アーティスト・イン・レジデンスのフレームを活用し，「住み着く芸術」「土着する文化」をテーマにした鳥取藝住祭がある。同時に，現代の社会から消えつつあるコモンズの原型ともなる「入り会いの場」（床屋だったり，銭湯だったり，地元の住民によって運営されるカフェなど）などの再来の必要性を追求する「サード・プレイス」という考え方を応用したプロジェクトも多数増えている。アメリカの社会学者レイ・オルデンバルグによるこの考え方には，八つの特徴があり，地域コミュニティ形成において，家と仕事という場所以外に，インフォーマルな出会いや精神的なつながりが得られる空間が必要であることを述べている（オルデンバルグ, 2001）。民間企業が発信するフューチャーセンターもその潮流の一角である。そしてソーシャルイノベーションとして，カフェと本屋が融合した施設なども増えている。

　しかし，多くの試みは，場の活性化，都市の空洞化という現実の解決に向けた具体策に向かいあってはいるが，コミュニティ・エンゲージメントのような長期的計画や戦略に基づく「ひとづくり」をその視野には入れていない。

　また，日本の地方都市を中心にシャッター通り商店街が広がっている内実は，アメリカの都市部のインナーシティの内実と同質な社会問題であるといえ，アメリカ流のコミュニティ・エンゲージメントを援用すると良いと考え

る。しかし，その原型をそのままコピーするのではなく，日本の文化の個性，そして地域の個性を理解し，日本型のコミュニティ・エンゲージメントの構想を積極的に構築し，創成循環のシステムを作動させるべきであろう。

参考引用文献

秋葉美知子，工藤安代，清水裕子編「リビング・アズ・フォーム（ノマディック・バージョン）ソーシャリー・エンゲイジド・アートという潮流」アート＆リサーチ研究所，2014年。

熊倉純子監修「日本型アートプロジェクトの歴史と現在 1990年→2012年」公益財団法人東京都歴史文化財団 東京文化発信プロジェクト室，2012年。

菅原教夫『レディメイド・デュシャン覚書』五柳書院，1998年，104-105頁。

広井良典・小林正弥編『コミュニティ：公共性・コモンズ・コミュニタリアニズム』勁草書房，2010年，18-19頁。

前山総一郎「アドボカシープランニングと住民の意思――いかにして複数の価値を健全なかたちで地域コミュニティの公共の姿に導けるのか――」『八戸大学紀要』第35号，2007年，1頁。

ランドルフ T. ヘスター，土肥真人『まちづくりの方法と技術』現代企画室，1997年，7頁。

Beuys, Joseph "A public Dialogue, New York City, 1974," in Kuoni, Carin (eds.) *Energy Plan for the Western man - Joseph Beuys in America*, Four Walls Eight Windows, New York, 1993, p.25-27.

Brenson, Michael, Olson, Eva M., Jacob, Mary Jane, Sculpture Chicago (Organization), *Culture in Action: A Public Art Program of Sculpture Chicago*, Bay Press, 1995.

Jacobs, Jane, *The Death and Life of Great American Cities*, Random House 1961.

Kaprow, Allan "Essays on the blurring of art and life" edited by Kelly, Jeff, University of California Press, 1993/2003.

Lacy, Suzanne, "Cultural Pilgrimages and Metaphoric Journeys," *Mapping the Terrain: New Genre Public Art*, 1994, p.19.

Lippard, Lucy and Piper, Adrian "Catalysis: An Interview with Adrian Piper." *The Drama Review: TDR* Vol. 16, No. 1 (Mar., 1972), MIT Press, p.76-78.

Oldenburg, Ray, *The Great Good Place*, Da Capo Press 1999; *Celebrating the Third Place: Inspiring Stories about the "Great Good Places" at the Heart of Our Communities*, New York: Marlowe & Company 2001.

Pablo Helguera, *Education for Socially Engaged Art*, Jorge Pinto Books New York, 2011.

第5章

都市とコモンズ
―― 政府と市場をつなぐエリアセクターの構想 ――

保井美樹

はじめに

　近年，民間の資金やノウハウを活用して公共的な目的を果たそうとする政策が多く見られるようになった。特に地域振興の分野では，それがすっかり定着した感がある。1980年代には，リゾート法などを通じて，自治体が民間事業者と第三セクターを設立し，官民がともに観光開発等を進めた。その多くは失敗に終わったが，それを第1期とすると，その失敗を活かし，官民のリスクと役割を明確に分担してともに事業を進める官民連携の仕組みが整ってきた1990年代終わりからの時期は，第2期といえる。1999年に導入されたPFI法は，イギリスをモデルに，民間資金等を活用して公共施設の整備や運営を可能にしたもので，図書館，美術館など，地域振興に関わる多くの施設整備に適用された。2001年には，「緊急経済対策」の一つとして「都市再生」が位置づけられ，競争力ある都市を形成するための環境，防災，国際化等のプロジェクト，土地の有効利用等を通じて都市経済の活性化を図る施策が推進されるようになった。2014年末までに，重点的に市街地の整備を推進する地区として，全国に62の都市再生緊急整備地域が指定され，その牽引役としての民間事業者には，事業手続き期間の短縮や税制の特例などのインセンティブが付与された。さらに，2003年の地方自治法の改正では，指定管理者制度が導入され，「公の施設」の管理運営を民間事業者に委託できるようになった。指定管理者制度が導入されている施設は，2012年4月現在で7万3,476にのぼり，そのうち，約3割は民間企業に委託されている。このほか，民間委託を積極的に進めるための公共サービス改革（市場化テスト）も進み，今日では，不特定多数の市民が利用する公共施設や市街地であっても，その整備や運営においては民間の役割を欠かすことができない状況にある。別の見方をすれば，特定の**民間企業や団体の事業によって都市の質が左右されるといっても過言ではない状況に**なっている。そうした中で，都市施設や空間の利用者である市民は，どのような役割を担い，責任を負うのだろうか。

　本章では，コモンズという言葉を媒介として，都市における施設や空間の整

備・運営に関する政府セクター（行政），市場セクター（企業・団体），そして空間の利用者である市民の関係を問い，最後に述べる「エリアセクター」という言葉で，新しい共同管理のあり方を検討する。最初に，コモンズに関連する主要な理論とその都市への適用につき検討を行い，都市におけるコモンズの可能性と課題を提示する。そのうえで，世界を代表する大都市でありながら，地域自治の方策につき様々な取り組みを進めてきた米国ニューヨーク市のコミュニティ会議および BID を事例として取り上げ，そこから得られる示唆を整理するとともに，日本における都市の新たなコモンズの萌芽となる動きに触れてから，最後に，今後に向けての展望を描き出していく。

第1節　都市におけるコモンズの議論

1.1　コモンズ論は都市に適用できるか

　コモンズ論は，不特定多数の利用者に開かれた資源の運営にはらむ問題を提起し，それを持続可能にするという視点で様々な議論が展開されていることで知られている。具体的なコモンズ論の中で最も有名なのは，別章にも取り上げられているハーディンの「共有地（コモンズ）の悲劇」と，エレノア・オストロムの資源の自主管理理論であろう。ハーディンは，牧牛の所有者が共同利用できる土地で放牧し，それぞれが，牛を増やしてそれを売るという自己の利益の最大化だけに関心をもっているとき，牧草は食い尽くされ，仕舞には，土地の生産性が失われてしまうという比喩をもとに，枯渇可能性のある資源管理のフリーライダー問題を提起した。そして，こうした問題を引き起こさないためには，国家または市場による統制を徹底するしかないと考えた。それは「ハーディン・モデル」として知られるようになり，途上国の中には，それを実践している国もある（間宮・廣川, 2013）。

　これに対抗する新しい理論を提示したのが，オストロムであった。国家統制に関わる行政コストと有効性に疑問を投げかけ，代わりに，フリーライダーを未然に防ぐ自主管理方法を提案した。オストロムは，ハーディンの「共有地の

悲劇」に対し，国家は，共同利用の牧草地の利用者や時間を明確に決めることができるのか，放牧する牛の頭数を明確に割り当てることができるのか，牧牛所有者の行動をすべて監視することができるのか，過放牧が発生したとき，それに対して確実に制裁することができるのか，と指摘する（Ostrom, 1990）。少なくとも，これらのことを行うには，多大な行政コストが必要となるが，それまでの議論には，こうした事業運営の側面に検討が加えられたことはなかったのである（田口，2014）。

ハーディンとオストロムのコモンズ論は，牧草地や漁場など，フリーライダーの発生による枯渇危険性が誰にも想像できる自然資源を対象に展開されてきたが，実は，こうしたフリーライダーに関わる問題は，都市の公共施設や空間においても様々な形で発生している。

都市の公共施設や空間は，誰が何人使おうと，自然資源のように簡単に枯渇するものではない。しかし，都市においても，例えば住宅地の防犯灯のように，すべての住民に恩恵をもたらすものでありながら，その維持管理を担う自治会・町内会には全住民の一部しか加入していないという現状が，日本全国で見られる。これは，必要な費用を負担したり，労働を分担したりすることなく，サービスを享受する人が存在する，れっきとしたフリーライダー問題である。**都市におけるコモンズの問題は，このように資源を利用することができるのに，その管理のシステムに参加せず，結果として責任を負わない人の存在による。**

1.2　都市コモンズの衰退と総サービス化

環境を機能的な面で捉え，一定の社会的な基準に基づいて運営・管理されるべき財を「社会的共通資本」と捉えたことで知られる宇沢は，日本のコモンズについて，その管理が非常に厳しいのが特徴であり，それは，「日本の里山は，村が共同で「所有」ではなく「管理」をしている。」からであるとする。そして，コモンズの「管理」において重要なのが「労働の管理であり，当番になっている誰かが病気になれば，誰かが代わってやるといったように，もともと

社会的に公正なルールを重視している」のが，日本の特徴だと述べる（宇沢，2002）。**このきめ細かい「管理」とは，フリーライダーが生まれない工夫である**。里山のような，匿名性の低い地域においては，こうした管理が今でも存在している可能性が高い。

　他方，都市とは，匿名性と多様性が高いことを特徴とする地域である。かつて，都市は城壁で囲まれた村落だと定義された時代があった。そこでは，かつてV.マウラーが述べたように壁の内部を統治する団体の自律性や市場権が都市の特徴であり，城壁内に住む人は，全員でその壁をはじめとした地域資源を守り，城壁内に発展した市場での取引で生活をともに営んでいたであろう。地理的に限定していることで，住民の間の匿名性は低く，ともにコモンズを守る共同体として一定程度機能していたと想像できる。

　しかし，都市は拡大し続け，そこに蓄積された財は外部への投資へと向けられた。資産家は貿易で都市に財をもたらしたが，他方で，資産家と労働者という階級分化も進んだ。労働者は農山村から都市に流入し，その結果，都市の多様性や流動性が増した。そうして，都市とは，その住民の圧倒的多数が農業的ではなく，工業的または商業的な営利からの収入で生活する定住地となる。生産と消費をともにする里山と異なり，生産されたものを外部からもち込んで，それに価値をつけて取引する場所として成長した。そこでは里山のように，地域の構成員が，生産資源を対等な立場で共有する必要性は低い。生産資源は資本家が用意するものであり，労働者はそこで働かされる人的資本と位置づけられる。また，農山村から流入した住民たちのつながりは薄く，匿名性が高いのも，都市の特徴であった（宮下，1953）。そうなると，道路や公園などの生活資源も，労働を惜しまず，ともに管理する仕組みを構築するのは，難しいといわざるを得ない。

　そんな中，都市でコモンズを運営・管理している仕組みに近いものといえば，地縁団体がイメージされるだろう。日本では町内会や自治会であり，住民が互いに顔を合わせ，ともに祭礼を執り行ったり，集会や運動施設などを共同で管理・利用したりする。

　歴史を振り返ると，確かに，町内会・自治会あるいはその前身となる町組・

村組・近隣組，講中といった地縁団体が，生産や生活に関わる共有物を所有・管理し，住民が共同してそれらを活用していた時代があった。生産に関わる共有物は山林などを指すことが多く，里山地域で行われていたケースが多いが，都市部においても，祭礼や冠婚葬祭などで用いる道具をともに所有・管理し，葬儀や結婚式といった人生で重要な行事を地域で行う仕組みは各地に見られた。寺子屋に見られるように，教育もまた，地域で必要な資源を出し合って運営されるものだった。しかし，今日，それらの多くは，市場か行政サービスへと移行し，住民はお金の対価として，そうしたサービスを享受するようになった（保井，2013）。今日でも地縁団体の活動として一部地域で残っているリサイクルや草取りといった行事でさえも，参加の代わりにお金を寄付する話も聞くことからすると，地縁団体の活動さえ，お金の対価としてのサービスに変化しているのかもしれない。今日の都市は，生業と生活の場所が離れており，地域の労働に時間を割くことができない人が多い。そもそも，農山村のように，人々が互いに知り合い，自然資源を共同管理することの煩わしさから逃れられる場所だと捉えている人も多く，価値観の違いも大きい。

　このように，都市にも，コモンズに近い共有物の所有・管理を担ってきた地縁団体が見られるものの，その共同性は薄れてきており，共同管理してきたものの多くが，市場や行政によって提供されるサービスへと移行している。**都市の市民は，生活に必要なほとんどすべてのものを，市場で支払う費用や税金の対価として受ける「サービス」として受け取るようになっている。**いわば，総サービス化時代である。コモンズとして提供されていたものがサービス化したとき，コモンズ管理の構成員のつながりはいよいよ薄くなって，後戻りはできない。

1.3　コモンズのない総サービス化都市空間

　市民がサービスの受け手となってしまった都市において，地域の課題に対応する役割は，往々にして行政が担うものと考えられてきた。そして，国や自治体といった行政，つまり政府セクターの各部局が，税金の対価として，例えば

道路，公園，公営住宅，保育園，学校，福祉施設，図書館，運動施設，商業施設といった，その時々で必要なものを市民に提供してきたのである。こうして生まれた公共施設の中には，今日，財政難によって維持管理が困難になったり，採算性が確保できなくなって閉鎖に追い込まれたりするものも出てきている。しかし，道路や公園をはじめとして，都市で不特定多数の利用者に開かれた資源の運営における政府セクターの役割は，依然として大きい。

　近年では，市場セクターも，不特定多数の利用者に開かれた資源を市民に提供する役割を担うようになっている。例えば，都市には相対的に緑や防災のための空地が少なく，公有地だけでは十分な規模で提供することが難しいと考えられてきた。そこで民間開発の中で空地を生み出すため，1970年に総合設計制度が導入され，一定規模以上の開発において，不特定多数の歩行者が自由に通行または利用できる空地を設ければ，容積率等が緩和されることとなった。今日，この制度を活用した公開空地が都市のあちこちで提供されており，その中には，公園に近いものもあれば，自転車置き場，拡幅された歩道空間など，政府セクターが提供している公共空間と一体化されているものも多い。

　こうした民間事業者が容積率等との引き換えで提供した都市の空地は，税金や利用料という対価を払うわけでも，管理のための労働力を提供するわけでもなく利用できる市民が存在し，フリーライダーが存在するように見える。しかし，ハーディンの視点からすれば，これは市場による統制が効いた空間である。空地の管理は，それが付属する建物の所有者が行っており，空地の空き時間を制限したり，望ましくない行為は禁止したりすることができる。ということは，ここでも，公開空地を利用する市民は，建物所有者に

写真5-1：民間開発で提供された公開空地（千代田区）
撮影）筆者。

よって提供されたサービスを利用しているに過ぎない。建物所有者の視点からすれば，周囲の規制より高さのある建物などを許してくれた周辺住民への「お礼」として，公開空地というサービスを提供しているだけなのである。その整備に利用者のニーズが反映されていることは少なく，公開された後も，いざというときの防災空地程度の機能しか期待されていない公開空地も存在する。

このように都市では，**不特定多数の利用者に開かれた空間が，政府・市場セクターの両方によって提供されているが，利用者がその空間の管理に関わることはほとんどない**。利用に関する基準は，提供者によって一方的に決められているのが現状であり，それが市民ニーズと合致せず，結果として使いにくい施設や空間が増えているのは，都市再生を考えるうえで，極めて大きな課題だと筆者は考えている。そうした空間を誰が，どのような基準で活用するのか。**そのデザインを社会制度として獲得することは，これから近い未来において最も大事なこと**の一つである。

第2節　都市コモンズは復活するか
——ニューヨーク市のケース・スタディ——

2.1　新たなコモンズの仮説

このように，今日の都市では，不特定多数に開かれた空間を利用者が共同管理することはほとんどなく，提供者によるサービスを，市民が享受しているに過ぎない。そのことが，そうした空間での主体的な活動を減退させており，結果として，都市の魅力も失われている可能性がある。

筆者は，**限られた提供者と大勢の利用者に二分化された今日の状況を，市民，企業，行政などがセクターを超えて共同体を形成し，ともに都市の意思決定を行ったり，ときには事業の主体となったりする仕組みに変化させる可能性に関心を寄せている**。これは，単なる昔ながらの地縁組織の復活という仮説ではなく，市民～行政，行政～企業，企業～市民といった多様な協働の構築を目指すものである。具体的には，これまでのように自治体の政策形成に参考意見

を出す程度の市民参加ではなく，小地域の単位で，市民自身が地域の課題やニーズを調査・集約し，空間整備の方向性やその運営方法に関して一定の結論を導き出すこと（集合的意思決定），あるいは，敷地単位で開発を進める企業，行政サービスとして都市空間の管理を行う自治体，そして地域住民らが互いに協力しながら，ある程度の広さのあるエリアで統合的に都市空間を管理し，それを活用すること（集合的資源活用事業）を想定している。

　宇沢（2009）は，社会的共通資本の考え方を提示するなかで，所有が政府セクターであるか市場セクターであるかにかかわらず，社会的基準によって管理運営される必要のある財として，三つの分野を提唱する。第1に自然環境，第2に道路や鉄道といった社会インフラ，第3が，それらを支える制度資本である（宇沢，2000）。先に述べた共同意思決定と共同活用事業は，こうした社会的基準を策定し，運用していくプロセスとも言えるだろう。

　こうした仮説と期待をもちながら，次節では，世界を代表する都市の一つであるニューヨークを取り上げる。世界の金融の中心都市としてグローバル経済を牽引する一方，地域内の経済・社会もグローバル経済から大きな影響を受けるニューヨークは，一見，地縁や市民活動などの非営利的活動から最も遠い場所のように考えられるが，深刻な都市内の格差を背景に，ネイバーフッド（近隣）のレベルでの意思決定や事業の仕組みが進展している。

　ニューヨークのネイバーフッドには，住民主導によるコミュニティ会議（Community Board），資産所有者主導によるBID（Business Improvement District：業務改善地区）の二つの地域自治組織に関する制度があり，これらは，次の二つの側面で現代的な都市コモンズの創出を目指すものと考えられる。第1に，ニューヨーク市の予算案の形成，土地利用等に関する審議・決定プロセスに，コミュニティ会議が位置づけられていることは，地域住民の集合的な意思を市政に確実に反映させる仕組みとして機能していると期待できる。これは，近代的都市ガバナンスの中心である自治体行政機構から見れば，参加の仕組みということになるだろう。税金や土地利用といった都市空間の形成において重要な課題に，個別事業を推進する企業や個人の視点だけではなく，節度ある利益が広く行き渡る仕組みを検討することは，社会インフラや都市経営の制度をコモ

ンズとして運営するために，非常に重要である。

　第2に，都市の公共施設や空間を質の高い形で維持管理，活用するために，資産所有者が資金を拠出して BID 組織を形成し，様々な事業を展開していることは，地域に新しい共同体を形成し，地域資源を管理・活用する仕組みとして機能することが期待される。これは，自治体行政機構から見れば，協働の仕組みということになろう。行政サービスとして市域全体で公平・平等に管理されてきた都市の公共施設や空間を，個別の近隣・地区の資産所有者との連携により，一定の管理水準を保ちつつも個性的な活用を可能とする。こうしたことも，新たな都市コモンズの創出方法として検討してもよい。

　以下，これらの期待に対して実態がどうであるかを検討するために，コミュニティ会議と BID の制度，組織，財源，運用実態を整理する。なお，都市におけるコモンズの定義として，ここでは，高村（2012）を参考にする。高村は，都市コモンズを「利益享受者の全てがルールを守った節度ある利用と必要な維持管理を行うならば持続的に資源から各人が大きな利益を得ることができるが，少数の利用者が近視眼的な自己利益追求を行うならば容易に破壊される性質を有する財」と定義している。

総人口	8,747,900 人
総戸数	55,125 戸
1戸辺り平均人数	2.71 人
15 歳以下の人口割合	7.8%
65 歳以上の人口割合	11.7%
人種構成	
白人（除：ヒスパニック）	60.3%
ヒスパニック	20.8%
アジア太平洋系	8.3%
黒人（除：ヒスパニック）	7.3%
複合人種（除：ヒスパニック）	2.6%

表5-1：ニューヨーク市の人口構造
出所）ニューヨーク市役所ホームページ（2014 年11 月入手）をもとに筆者作成。

2.2　世界都市ニューヨークの諸相

　ニューヨークは，紛れもなく，世界を代表する大都市の一つである。その人口は，1970 年代の財政危機の前後に減少したものの，その後は一貫して増加

し、2010年には870万人を記録した。中でも、外国人（米国以外で生まれた人）の割合が上がっており、世界から人材が集まる都市として発展し続けている。他方で、住民の所得格差は激しく、また、それがネイバーフッドの間で分断されている。マンハッタン中心では平均所得が2,000万円を超える地区もある一方で、ブロンクスには200万円を切る地区もあるといった具合である。こうした都市における公共サービスのあり方は、どのように考えるべきか。多くの富を生み出しつつ、それが行き渡ら

年	人口	うち海外出生者数
1790	33,131	–
1800	60,515	–
1810	96,373	–
1820	123,706	5,390
1830	202,589	17,773
1840	312,710	–
1850	515,547	235,733
1860	813,669	383,717
1870	942,292	419,094
1880	1,206,299	478,670
1890	1,515,301	639,943
1900	3,437,202	1,270,080
1910	4,766,883	1,944,357
1920	5,620,048	2,028,160
1930	6,930,446	2,358,686
1940	7,454,995	2,138,657
1950	7,891,957	1,784,206
1960	7,783,314	1,558,690
1970	7,894,798	1,437,058
1980	7,071,639	1,670,199
1990	7,322,564	2,082,931
2000	8,008,278	2,871,032
2011	8,244,910	3,066,599

単位：人

表5-2：ニューヨーク市の人口と海外出生者数の推移
出所）ニューヨーク市役所計画局 "The Newest New Yorkers" Characteristics of the City's Foreign-Born Population, 2013 edition.

ない構造を抱えるニューヨーク市が長く悩んできた大きな課題である。

第3節　コミュニティ会議（Community Board）に見る集合的意志決定

3.1　コミュニティ会議の経緯

　このように多様で根深い格差問題を抱えるニューヨーク市では、早い段階から、地区によって異なる課題にきめ細かく対応できるガバナンスの検討が行われてきた。具体的な取り組みは、のちにニューヨーク市長となったロバート・

ワグナーが，マンハッタン区長の時代に，区内に12の「コミュニティ計画協議会（Community Planning Council：以下，計画協議会）」を設置したことに始まる。この計画協議会は，各地区とも15名から20名の委員によって構成され，区長から諮問を受けた都市計画と予算編成に関する事項について一定の提言を行うことを任務としていた。ワグナーは1954年から1965年にかけて市長を3期務めたが，その間の1963年，ニューヨーク市自治憲章の改正に伴い，この計画協議会を全市に導入し，マンハッタン区以外の各区にも設置を義務付けたのである。以来，ニューヨーク市には，全域に，合計62の計画協議会が置かれることとなった。

次のジョン・リンゼイ市長は，上記の計画協議会とは別に，各地区に「ミニ市役所（Little City Hall）」を置く試みを進めた。市長は市の各地域を管轄する地区マネジャー（District Manager）を任命し，当該地域における市の行政サービスを監視する任務を与えた。こうした複数の動きを束ね，1975年の自治憲章改正の際に誕生したのが，今日まで続くコミュニティ会議であり，それまでの地区マネジャーは，コミュニティ会議の事務局責任者になった。地区の再編も行われ，全市域に合計59のコミュニティ会議が設置された。その後，1989年の自治憲章改正時に，コミュニティ会議に新たな機能が付加されるなど，自治憲章の改正のたびに，コミュニティ会議に関する議論がなされていることを考えると，ニューヨーク市のガバナンスにとって，この会議が非常に重要な位置づけをもっていることがわかる。

3.2　コミュニティ会議の組織と機能

コミュニティ会議の使命は，地区住民から日々寄せられる意見の窓口になるとともに，それを市政に伝え，反映させる努力を行うことである。具体的な機能として，予算や都市計画を中心に，次のようなことを行っている。第1に，コミュニティ会議は，市の予算策定プロセスの中で，地域ニーズの集約と優先順位づけを行い，区長へ提案することができる。通常，コミュニティ会議は，地域が出された様々なニーズを一覧表にしており，理事会メンバーを中心とし

た議論を踏まえて要望の優先順位をつけて，区長および市長部局に送付する。また，その結果，実現したものとしなかったものを記録し，翌年度の参考資料としている。

7月	予算審議開始
9月初旬	コミュニティ会議が予算要求を区長・市長に報告
9月15日	市長が社会投資計画を発表
11月1日	前年度支出に関する財政監督官報告の発表
11月中	都市計画審議会による社会資本整備計画案（10年間）の発表（隔年）
1月16日	暫定版の翌年度予算が市長より発表
−1月中	コミュニティ会議のレビュー
2月25日まで	区議会が市長と議会に予算要望を提出
3月10日	1）市議会が議会運営予算を提出， 2）区長が暫定版の予算計画に意見提出
25日まで	市議会による審議
4月	市長が予算計画を発表 区別の配分額が計算され，社会資本整備計画（10年間）が公表
5月6-25日	市議会による審議
6月5日	確定（6月末が予算年度）

表5-3：ニューヨーク市の予算審議プロセス

出所）NY市ホームページより抜粋・翻訳。

　第2に，コミュニティ会議は，主要な都市計画事業の審査について定めた「ニューヨーク市統一的土地利用審査プロセス（略称：ULURP）」に従い，地区の意見を集約して，承認・不承認のほか，修正提案を区長に行うことができる。通常，コミュニティ会議では，土地利用を専門とする委員会を設置して月に1，2度開催する。ここで，提案された都市計画事業の詳細説明を求め，住民の視点から審議・検討を行うほか，必要に応じて公聴会を開催して住民の意見を聴取する。

　上記のほか，歴史的建造物保全に関する審査（certificate of appropriateness），酒類販売許可の事前審査，後述するBIDの設立審査，道路占用許可の事前審査など，コミュニティ会議は，地域生活に身近な事業の審査過程にしばしば組み込まれている。最終的な意思決定は都市全体を管轄する市政府（種類販売業許可は，州政府）が行うものの，その検討過程の中に，事業によって直接的な影響が見込まれる周辺地区の住民による審議が組み込まれており，その結論が尊重されるようになっている。

適用される申請	都市計画局 (DCP) 申請と事前認可	コミュニティ会議 (CB)	区長 (BP) 及び区理事会 (BB)	都市計画審議会 (CPC)
①都市計画地図の変更 ②区画変更図面 ③ゾーニングマップの変更 ④都市計画上の特別許可 ⑤コンセッション提案に関わる同意 ⑥市によらない都市再開発計画 ⑦住宅及び都市再開発計画 ⑧埋め立て ⑨不動産の処分 ⑩敷地の選定	・申請及び関連する書類の受理。 ・申請書及び書類を5日以内にCB, BP, CPC, BB（申請が複数のCBに及ぶ場合）へ回す。 ・申請完了を証明する。	・住民に知らせる。 ・公聴会を開催する。 ・CPC, BP（及びBB）へ勧告を提出する。 ・コンセッション及びリースについては権利を放棄できる。	・BPはCPCに勧告を提出又はその権利を放棄する。 ・BBは（プロジェクトが複数のCBに影響する場合），公聴会を開催し，CPCに勧告を提出又はその権利を放棄する。	・公聴会を開催する。 ・申請を認可，修正または不許可とする。 ・市議会に許可又は修正つき許可を提出する。 ・不許可の場合は最終決定となる。但し，ゾーニングマップの変更，特別許可，都市再開発計画を除く。
最大審議期間	設定なし*	60日間	30日間	60日間

表5-4：ニューヨーク市の統一的土地利用審査プロセス

*ケースによっては，申請者またはBPは認可を求めてCPCにアピールできる。
出所）NY市ホームページより一部抜粋し，筆者翻訳。

　コミュニティ会議が，ニューヨークという大都市のガバナンスに，本当に生活者の視点を組み込む役割を果たし得るものになっているかは，その組織によるところも大きい。コミュニティ会議は，それぞれ行政区長（Borough President）に任命された50名以下の市民が議決権を有する委員に就任することとなっている。特別任用公務員として任命されるが，交通費が実費で支給される場合があるほかは，すべて無給のボランティアである。そのほか，当該コミュニティ会議の管轄エリアを選挙区にもつ市議会議員も，議決権をもたない委員として参加できるが，そうした委員は全体の委員数の4分の1以上を占めてはならない。

　投票権を有する委員になれるのは，当該コミュニティ会議の管轄エリアに居住または就業する者，あるいはその他の重大な利害関係を有する者である。そのうち半数は，当該エリアを選挙区とする市議会議員から指名を受けた者である。当該エリア内の住民組織や市民活動グループは，行政区長および市議会議員に対し，委員の推薦者リストを提出することもできる。

このようにして選出された最大50名の委員の中から理事と各種委員が選任され，毎月1回程度，理事会と各専門委員会が開催される。会議はすべて公開であり，議事録はもちろん，コミュニティ会議が提出した公的文書はすべて市民に向けて開示される。各コミュニティ会議の運営財源として市から年間200,000ドルが配分され，事務所の賃料や職員の人件費として使われている。これらの財源を用いて，通常，各コミュニティに地区マネジャー（District Manager）が任命される。地区マネジャーは，他の職員とともに，日々寄せられる住民の意見や苦情に対応するほか，道路占用許可に関わる事務，市に提出する資料作成を行って，委員会の事務局を務める。

3.3 コミュニティ会議の運営

ここで，マンハッタンのコミュニティ会議第4（以下，CB4）を事例として，実際のコミュニティ会議がどのように運営されているのかを説明しよう。CB4の範囲は，マンハッタンの14丁目から59丁目にかけての西側エリアである。いわゆるチェルシー，クリントン，ヘルズキッチンと呼ばれる地区である。CB4の人口は103,245人（2010）で，かつては低所得者向けの住宅も多く見られたが，1990年代後半から進んだ倉庫の住居転用に伴い，比較的裕福な若年層の人口が急増している地域である。2010年現在，65歳以上の人口比率は9.3％と低く，15歳以下人口比率が21.4％とかなり高いことからも，独身だけでなく，ファミリー層の流入が進む地域であることがわかる。

CB4は，2014年11月現在，44名のボランティア委員で構成されており，その組織は図5-1のように，会長を代表とする理事会と七つの専門委員会で構成される。それぞれの委員が二つ以上の委員会に参加するため，委員会の構成員は11-18名程度を確保している。委員の年齢構成は，現役を引退後にコミュニティ会議に参加する人も多いため，地区の年齢別人口構造からすれば高齢化が進んでいるようであるが，それでも，仕事後に参加する若年・中年層も一定程度は含まれ，筆者が2014年11月に傍聴した委員会を見る限り，男女比もバランスがよい。

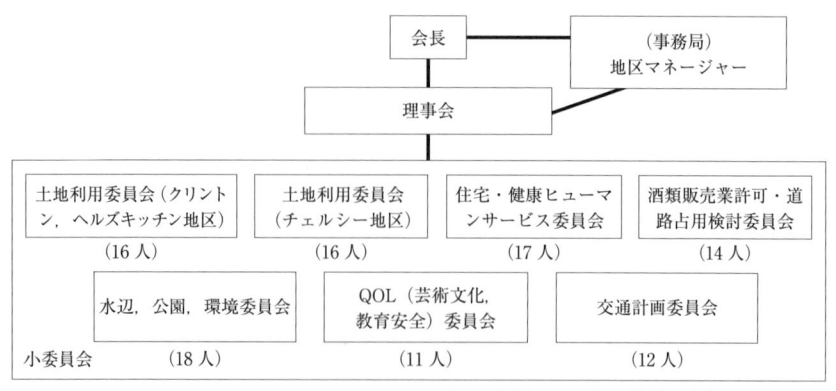

```
                        会長
                         │          （事務局）
                         │         地区マネージャー
                        理事会ーーーーー┘
```

土地利用委員会（クリントン，ヘルズキッチン地区）	土地利用委員会（チェルシー地区）	住宅・健康ヒューマンサービス委員会	酒類販売業許可・道路占用検討委員会
（16人）	（16人）	（17人）	（14人）

水辺，公園，環境委員会	QOL（芸術文化，教育安全）委員会	交通計画委員会
小委員会　（18人）	（11人）	（12人）

＊全ての委員が2つ以上の委員会に参加する。

図 5-1：マンハッタンコミュニティ会議第 4 の組織図

出所）マンハッタン CB4 のウェブサイトから抜粋し，筆者翻訳。

　通常，理事会は毎月1回開催され，すべての委員会の結果が共有され，最終的な CB4 の結論が導き出される。各専門委員会も毎月1回，概ね決まった曜日に開催されており，議題となる案件につき，市役所や事業者からの説明ののち，質疑応答を行い，CB4 としての意見をどのようにするか話し合う。例えば，土地利用に関する専門委員会であれば，ULURP に定められた再開発や用途地域の変更のほか，歴史的建物の改修等，CB4 が意見を出すことができる事業につき，それを担当する事業者が計画内容について詳細な説明を行い，その後，担当委員たちが，主に地元住民の視点から，空間の開放性，景観，サービス内容等について意見を交わす。

　話し合いの結果は，意見書としてまとめられ，市役所の担当部署のほか，市議会議員など，関連する組織や個人に送付される。2014年は，CB4 から，合計で 278 件の意見書が各方面に発信されている。土地利用分野では，CB4 から提出した意見の概ね 80 〜 90％が採択されているとされ，予算要望に関しては，30 〜 50％程度の採択率になっている。

　このほか，地区内で懸案とされる事項について，CB4 が独自の意見を出すことも多い。例えば，ハイラインという，かつての引き込み線を用いた公園は，長年の市民の要望がかなえられて公園化されたものであるが，その過程にも

CB4 は登場する。動きをつくったのは，フレンズ・オブ・ハイラインという非営利団体を設立した個人やその支援者であったが，こうした民間の個人や団体の意見が市役所や州政府へと伝えられ，政策が形成されていく過程に CB4 も参加する。こうした事例は，ニューヨーク市では枚挙にいとまがない。一人の住民が何かしたい，何かを問題視するとき，それを地区という小さな共同性の中で取り上げ，一つの意見にまとめて，市役所や州政府といった政府組織に伝えていく。こうしたことも，コミュニティ会議の大きな役割の一つである。

3.4 コミュニティ会議に見る集合的意志決定は，コモンズ管理への参加といえるのか

　コミュニティ会議が扱うテーマは，都市住民にとってのコモンズ，あるいは社会的共通資本のうち制度資本と言って差し支えないだろう。例えば，市の予算は，市民に広く利益をもたらすべきものであり，特定の住民，事業者または部局が利益追求のために使えば，無駄遣いになり，結果として財政悪化をもたらす可能性がある。土地利用や歴史的資源の保全に関しても同様に，特定の者が近視眼的な利益を追求することなく，利益を受けるべき者が全員でルールを共有し，その合意のもとに運用されるべきである。もちろん，予算も土地利用も，決して個別の地区だけに適用されるものではない。しかし，それぞれの地区において住民自身が審議・判断した結果を積み重ねたのち，必要に応じて広域で調整する仕組みを取り入れることで，運営面で非効率が生じやすいトップダウンのアプローチとは異なる，住民の生活現場の実情に合わせた（オストロムの言う組織化アプローチによる）コモンズ運営が実現することとなる。

　当然，現実には，政治的な駆け引きがある。裕福な地区の方が市予算を獲得する確率が高いという調査結果もあり，その成果は慎重に見なければならない。全市的な視点からすれば，コミュニティ会議のほかに，財政を全市的な視点から監視するウォッチドッグ（行政監視を行う第三者機関や非営利団体）や，格差に対応して貧困地区に個別の支援を行う仕組みや団体も必要となるだろう。また，予算，土地利用，歴史的資源，福祉等，いずれの分野でも，かなり専門

的な知識が必要とされるため，特に専門家の乏しいコミュニティ会議においては（おそらく，それが貧困地区で多いと予測される），コミュニティ会議委員に対して，個別のアドバイスを行う仕組みも求められる。

　上記のような課題はあるものの，日本においては，こうした集合的な意志決定を行う地域自治の仕組みが未熟である。平成の市町村合併を経て，自治体の中には，より小規模な地区を対象とした地域自治組織の仕組みを導入するところも多いが，そのほとんどは諮問的な位置づけである（自治研修協会，2013）。また，近年では，民間の非営利団体や社会的起業家と呼ばれる人たちが，個別に地域の課題に取り組む事例が各地に見られるが，こうした取り組みが市民とつながるきっかけ，公的な意思決定のプロセスに入る仕組みは，アドホックである。そうした意味で，都市の制度資本を支える小さな共同体が都市に張り巡らされている形として，ニューヨーク市のコミュニティ会議は多くの示唆を与えてくれる。

第4節　BIDに見る集合的資源活用事業

4.1　BID導入・発展の経緯

　ニューヨーク市には，もう一つ，法律に基づいて設立され，民間ベースで運営されるBID（Business Improvement District）と呼ばれる地域自治組織がある。これは資産所有者の一定数または割合の合意を基礎に，特定の地区に導入されるもので，資産所有者に課される負担金を主財源に，あらかじめ定めた事業計画に基づき，地区活性化のための様々な事業を行う仕組みである。地区内の清掃・警備のほか，案内板の設置，イベントやプロモーション活動などを行うことが一般的で，こうした事業を行うために法人格を有する団体を設立し，その責任者として，地区マネジャー（District Manager）をはじめとしたスタッフを雇用する。コミュニティ会議が地区内の住民の気持ちをまとめて権限をもつ者に伝えていく「声」の役割を果たしているとすれば，BIDは，地区内の資産所有者の気持ちに沿って実際に行動を起こしていく，いわば「手足」のような

存在である。

　アメリカでは，1930年代頃から都市のビジネスリーダーたちが都心部の競争力を強化するために必要な事業を進める組織づくりが始まっていた。自家用車の普及で，住宅や商業は郊外移転が続き，都心部を抱える自治体の力は弱まっており，1975年には，人口や投資の流出の煽りを受け，ニューヨーク市は財政危機を迎えた。公務員の人員削減や公共サービスのレベルを切り下げることで，まちなかの治安は悪化し，さらに人口流出が加速するという悪循環が起きていた。

　そんな中，すでにトランジットモール化が決まっていたブルックリンの代表的商業地区であるフルトン通りで，その維持管理のために，周辺の資産所有者から負担金を徴収することが決まった。そのための立法が行われ，ニューヨーク市で初めての特別負担金地区（Special Assessment District）が導入された。維持管理事業のための組織が設立され，負担金を財源に，独立した地区組織がモールの清掃，警備，案内板の設置などを行うようになった。これをきっかけに，また，カナダで始まっていた同様の取り組みをモデルとして，ニューヨーク州と市が共同で立法化の作業を進め，1981年に一般地方公共団体法（General Municipal Act）にBIDの条項が加えられた。1984年にユニオンスクエアおよび14丁目周辺地区に最初のBIDが設立されて以降，コンスタントに設立が続き，2014年11月現在，市内全域に70箇所のBIDが設立されている。CB

分野	具体的事業
1. 維持管理	道路・歩道の清掃，落書き除去　等
2. 安全／ホスピタリティ	警備員・ビジター対応　等
3. 事業開発	業務系空室対策，産業ミックスの推進　等
4. マーケティング	イベント，情報発信，プロモーション素材の作成，季節のデコレーション　等
5. 基盤整備	街灯，ゴミ箱，道案内板，新聞・雑誌ボックス，花壇等の設置　等
6. 街並み改良	植樹，花植え，街路樹の維持管理　等
7. コミュニティ・サービス	資金調達，チャリティイベントの実施，ホームレスや若者支援事業　等

表5-5：ニューヨーク市のBIDの主な活動内容

出所）ニューヨーク市"Starting a Business Improvement District: step by step guide を元に筆者作成。

がすべての市域をカバーしながら59地区にとどまっていることを考えると，BIDは，より小さな範囲を単位として設立されている[1]。そして，その財政規模が，数百万単位から10億円を超えるところまで多様なのも特徴である。

4.2 ニューヨーク市におけるBIDの組織と機能

BIDが行う事業は，基本的には，行政サービスへの「上乗せ」と位置づけられている。財政危機の時期に制度が導入されたことから，当初のBIDの基本的ミッションは行政サービスと親和性の高い「清潔と安全・安心：Clean and Safe」を実現することであったが，徐々にプロモーションやチャリティなど幅広い活動を行うようになった。

中でも，コモンズの管理者としてのBIDを検討するにあたって興味深いのは，公園や橋梁や線路の高架下空間など，低未利用の公共空間をBIDが管理するケースが各地で見られることである。代表的事例として知られるマンハッタンのブライアント・パークは，公園を取り巻く建物の資産所有者によって設立されたBIDによって管理されているが，そうなる前の1980年代は，治安の悪さで知られていた。木が鬱蒼と生い茂り，視界が悪く，公園内では麻薬の売買などが行われていたという。ブライアント・パークBIDは，この公園の木を切り，芝生空間に椅子を置いて，市民が自然に集まってくる雰囲気づくりを行った。併せて，公園内にカフェやレストランを誘致して，人が集まるだけでなく，負担金以外の収入を増やすことにも成功した。今日では，ファッションショーや冬期のスケートリンクなど，様々なイベントがこの公園で行われるようになっており，ブライアント・パークBIDの収入は，負担金をそれ以外の収入の方が上回るようになっている（図5-2）。同じように，ユニオンスクエア・パークでも，BIDが公園内でマルシェを運営し，利用料を通じた自主財源を確保しつつ，新たな公園の魅力を創出しつつある（**写真5-2**）。

そうしたBIDの構造は，具体的に，どのようになっているのかを解説しよう。BIDは，地区内の資産所有者によって構成される地区管理組合（DMA：District Management Association）を母体とし，事業計画が策定される。次に，

その実行組織として，資産所有者の代表にテナント，行政，議員，コミュニティ会議関係者などを加えた理事会と，外部から雇用された地区マネジャーやスタッフによる事務局を備えた法人を設置する（BID，コミュニティ会議とも事務局の責任者は地区マネジャーと呼ばれるが，同じ人が務めているわけではない）。地区マネジャーは，雇用されて事務局を率いる立場であり，地区に既得権益を有する人ではない。これまで，行政出身者，不動産，観光業界など，様々なバックグラウンドをもつ人が就任しており，任期満了後も，様々な分野で活躍している。また，理事会には，資産所有者だけでなく，テナントや周辺住民などもメンバーに入れて，資産所有者以外の意見も取り込む工夫がなされている。

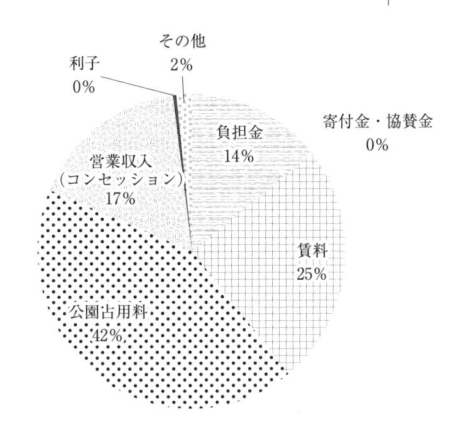

図5-2：ブライアント・パークBIDの収入内訳
出所）ブライアント・パークBIDの2012年度・年次報告書から筆者作成。

写真5-2：ユニオンスクエアパークでは，常にマルシェやアート市が行われており，大勢の人を引きつけている。
撮影）筆者。

　BIDの設立は，地元での話し合いと事業計画への合意形成から始まる。その後，市役所に正式な設立申請が行われたのち，関係各部署で検討されるが，その最初は地元のコミュニティ会議での審議である。周辺住民を交えた影響

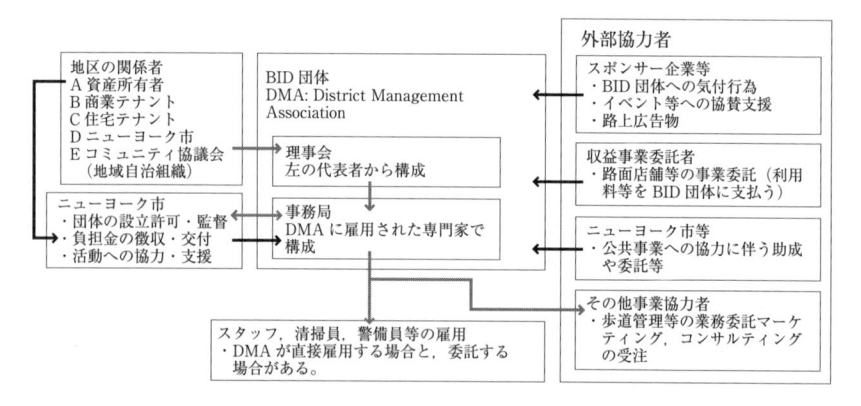

```
┌─────────────────┐  ┌──────────────────┐    ┌─────────────────────────┐
│ 地区の関係者     │  │ BID 団体         │    │ 外部協力者              │
│ A 資産所有者     │  │ DMA: District    │    │ スポンサー企業等        │
│ B 商業テナント   │  │ Management       │←──→│ ・BID 団体への寄付行為  │
│ C 住宅テナント   │  │ Association      │    │ ・イベント等への協賛支援│
│ D ニューヨーク市 │  ├──────────────────┤    │ ・路上広告等            │
│ E コミュニティ協議会│ │ 理事会          │    ├─────────────────────────┤
│  (地域自治組織)  │  │ 左の代表者から構成│←──→│ 収益事業委託者          │
├─────────────────┤  ├──────────────────┤    │ ・路面店舗等の事業委託  │
│ ニューヨーク市   │  │ 事務局           │    │  (利用料等を BID 団体に │
│ ・団体の設立許可・監督│←→│ DMAに雇用された│    │  支払う)                │
│ ・負担金の徴収・交付│  │ 専門家で構成   │←──→├─────────────────────────┤
│ ・活動への協力・支援│  │                │    │ ニューヨーク市等        │
└─────────────────┘  └──────────────────┘    │ ・公共事業への協力に伴う│
                              ↓                │  助成や委託等          │
                     ┌──────────────────┐    ├─────────────────────────┤
                     │ スタッフ, 清掃員,│    │ その他事業協力者        │
                     │ 警備員等の雇用    │←──→│ ・歩道管理等の業務委託  │
                     │ ・DMA が直接雇用 │    │  マーケティング,        │
                     │  する場合と, 委託│    │  コンサルティングの受注 │
                     │  する場合がある. │    │                         │
                     └──────────────────┘    └─────────────────────────┘
```

図 5-3：ニューヨーク市 BID の組織構造と資金の流れ
出所）小林重敬『エリアマネジメント』第 1 章青山公三「アメリカにおけるエリア
マネジメントの仕組みと展望」を参考に，筆者が一部，加工したもの．

地域（Impacted Area）との話し合いは設立前から継続的に行われ，アドバイザリー委員会には周辺住民の代表者も入るようになっている．例えば直近の 2014 年に設立されたミートパッキング BID では，コミュニティ会議第 2 と第 4 からの代表者がアドバイザリー委員会に入り，BID 周辺部への影響を予測したり，対応したりできるようにした．

4.3　BID の進化──新しい公共空間の創出者として

1990 年代から，タイムズスクエアで BID を運営するタイムズスクエア・アライアンスは，地区内の公共空間の最大活用を目指して，専門機関や市役所と連携して，調査を行ってきた．そこでは，地下鉄の出入り口から地区内の道路脇にある空地まで，様々な場所を巡る課題と展望が描かれた．特に，タイムズスクエア地区には，車線が交差する地点に「蝶ネクタイ」形の交通島があり，これまでもブロードウェイ劇場の当日券売り場が設置されていたが，これを恒久的な広場として様々な活動に使うことが展望された．

この提案を踏まえて，2006 年から 2009 年にかけて，市交通局は，BID と連携して様々な社会実験を進めた．車線を減らして歩道を大胆に拡幅したり，一

夜で広場に変える実験を行ったりして、そのとき、自動車交通にどんな影響が出るか調査を行った。その結果、通行者の増加という明確な効果が現れると同時に、安全や渋滞などの目立った問題は起きないことが確認され、前ニューヨーク市長のブルームバーグは、タイムズスクエア周辺の広場を恒久化することを決定したのである（中島, 2015）。

写真 5-3：広場プログラムを通じて、交通量の少ない道路や三角州になった未利用空間がカフェやイベント空間に変わりつつある。

撮影）筆者。

　こうした「成功例」をニューヨーク市役所は、全市で進めようと鼻息が荒い。ブルームバーグが、市政の基本計画である「PlaNYC」で掲げた目標の一つに、「すべてのニューヨーク市民が徒歩10分以内で質の高いオープンスペースに到達できるようにする」ということがあった。これを達成するため、ニューヨーク市交通局は大きく舵を切り、タイムズスクエア同様、道路を積極的に広場として転用していく方針を示した。これは、「広場プログラム（plaza program）」と呼ばれ、低利用状態にある道路空間を活気あるソーシャルな公共空間に変えることを目的に、地縁団体や各種のグループ、BIDなど、市内で活動する非営利団体からの提案に応じて広場の整備が行われるものである。単に道路を広場に変えるという物理的な変化だけでなく、そこで、様々な活動が展開されることが前提となっている。2014年の段階で約30箇所が認定されており、仮設または恒久の広場として、申請した団体の管理のもとで活用されている。この広場プログラムの鍵は、広場化した公共空間の管理を地元に密着した非営利団体に委ねる、一種の民営化でありながら、提案者を、地域に根差した活動の実績をもつ非営利団体に限定した点である。もちろん、すべての非営利団体が広場のマネジメントを行う能力を有するとは限らない。そこで、

写真5-4：次のイベントの準備が進む間、ユニオンスクエア公園に入れず、塀の外で読書をする人が見られる。これは公共空間と言えるだろうか？

撮影）筆者。

ニューヨーク市では、広場の管理や利用に関する支援を行うための中間支援団体の設立にも関わっている。社会インフラの維持管理を一手にサービスとして担ってきた政府が少しずつ、その権限を市民に戻し、コモンズを創出する実験を進めている。

他方、こうした「成功例」に対して、批判的な見方もある。それは、BID組織が資産所有者という富裕層が中心となった構造であることが大きい。限られた層によって進められる取り組みが、本当に都市の価値を高めるものなのか——、そんな疑問を呈するのは、社会学者のシャロン・ズーキンである。彼女は、ユニオンスクエアを「公共空間のパラドックス」であると考える。ユニオンスクエアは、1850年代には様々な主張を有する市民のデモが行われた場所だった。例えば、アメリカ南部の州の連邦脱退に対抗した連邦国家の維持を求めるデモなど、アメリカの旗印である自由と民主主義を体現する場だったのだ。しかし、そうした自由な場は、ときに迷惑行為とされる活動拠点や排除された人たちの行き先となってしまう。ホームレスの寝場所となり、違法ドラッグの取引などが行われ始めたとき、その空間の管理者の能力は根本から問われる事態となった。そこで出てきたのが、「既得権益をもつ地元の事業主と金持ちなパトロンによる民間の組合」であり、彼らが「自分たちの固定審査税の何パーセントかを、市に払う分に加えてさらに自らに課すことに同意し」て、民間での公共空間の管理が実現したと解説する（ズーキン，2013）。ただし、ズーキンも述べるように、現状は、次のようである。「ユニオンスクエアを利用する人のほとんどは、自分たちが（公園に対する）コントロール権を失ったよう

には，現状感じていない。彼らはただ，ユニオンスクエアのような公共空間が提供する安心感と秩序が好きなだけであり，それはユニオンスクエア・パートナーシップが私的に警備員と清掃員を雇っているおかげなのです」。民主主義の国アメリカにおいて，その公共サービスの肩代わりをしているのは，確かに，限られた資産所有者という矛盾した構造があるのは確かである。しかし，資産所有者も，その地域に利害を有し，そこをより良い環境にしたいと願う人たちであることもまた事実である（参考として**写真5-4**）。

4.4 BIDに見る集合的資源活用事業はコモンズ管理の実践者といえるのか

　不特定多数が利用できる道路や公園といった代表的な都市の公共空間が，地域に根差した民間の非営利団体の管理の下で活用される。これは，前節の「広場プログラム」にも見られるように，近年のニューヨークの大きな流れである。その代表であるBIDは，資産所有者によって構成される地区管理組合（DMA）が母体となり，その運営を行う非営利団体が歩道や空地などの都市のインフラを管理・活用する仕組みである。こうした流れの結果として，政府セクターによって道路が整備されたときの「余り」のような場所だった交通島，整備されたものの交通量が少ない道路，市民が使うことをやめていた公園が民間管理になってよみがえり，様々な季節のイベント，カフェなどが展開されている。これを，公共空間という行政から一方的に与えられたサービスの受け手であった市民が，主体的にその現状と今後の使い方を考え，実践していこうとするようになった契機だと捉えれば，都市に，コモンズの新たな管理者が生まれつつある動きとして歓迎すべきものであろう。少なくとも，こうした動きがなければ，これらの空間は引き続き使われないまま存在し続けたであろうから。

　ただし，ズーキンがいうように，こうした活動の主たるスポンサーになっているのは，都市の中の富裕層であり，その活動のモチベーションは，不動産価値の上昇であることは否定できない。それを正面から捉えれば，不動産価値

を下げるような秩序を害する行動は，どうしても排除の方向へと動くだろう。ホームレスをこうした空間で歓迎するはずはなく，市民デモなども，やりにくくなる可能性はある。

しかし，こうしたネガティブな側面に，筆者は楽観的である。なぜなら，多様性を受け止め，日々イノベーションを生み出すことでブランドを高めてきたニューヨークにおいて，正面からホームレスを排除する，デモを禁止する，ジェントリフィケーションを歓迎するという事業は，たとえ，民間企業であっても，そのイメージを悪くし，地域のブランド力を下げるものだからだ。例えば，近年のニューヨーク市においては，かつて，ジェントリフィケーションで追いやられていた若手の芸術家の存在やその作品は引き止めたい重要な地域の財産と考えられるようになっており，ニューヨークで住宅開発を行うディベロッパーの中には，フィランソロピーの一環として，アーティストおよびその活動に支援を行うところも出始めている。BIDによって民間管理されている都市空間では，ニューヨークのほか，リバプール，札幌市など世界中でホームレスだった人が雑誌を販売する取り組み（ビッグイシュー）が歓迎されており，より積極的にホームレスの生活支援に取り組むところも出てきている。多様なものを包摂する都市空間を実現することこそ，その地域のブランド力を高める。そのことは，成熟した都市のBIDは認識していると筆者は信じたい。

第5節　新しいコモンズと連携型管理による都市再生

5.1　ニューヨークにおける都市再生のプラットフォーム

前節で示したニューヨークの新しいネイバーフッドの仕組みを，二分化した公と私の間に出現した新しい地域の共同体と捉えるのは単純すぎる解釈だろう。共同体の形は，いずれも法律や条例に基づいてつくられたものであるし，その権限は，コミュニティ会議にしてもBIDにしても限定列挙されたものに過ぎない。別の言い方をすれば，これらの共同体は，政府セクターが提供した

制度の枠組みに後押しされて生まれたもので，その意味で，自発的な共同体とはいいにくいのである．また，その財源についても，コミュニティ会議の場合は市役所からの一定額の交付金であり，制度がなくなれば組織もなくなることが予想される点で非常に脆弱である．この点，BIDは，資産所有者が拠出する負担金と自主事業による収益によって支えられており，財政的には自立的な構造を有している．しかし，BIDは，資産価値を向上させたいと願う資産所有者や事業者の視点から運営されているもので，その点では，私的な企業活動から派生した共同体と捉えることもできる．このようにニューヨーク市のコモンズ実現に向けた集合的な意志決定や資源活用の仕組みは，多くの課題を抱えている．

とはいえ，こうしたネイバーフッドのレベルに公私をつなぐ装置を，制度として構築することの意義は大きい．なぜなら，冒頭で述べたように，今日の都市空間は政府セクターと市場セクターに二分化されて整備されている．肝心の使い手である市民の主体的な関与は限定されており，都市再生には，それを実現する新たな仕組みが必要である．ときには市場原理に基づき行動する企業活動に，市民とつながる仕組みが必要となる．例えば，都市開発においては，その魅力を向上させるために，周辺のストリートにいつも賑わっているオープンカフェがあったり，公園で定期的なマルシェやイベントが行われていたりすることが期待されるだろう．しかし，そうした取り組みは税金を用いて行政が行うことではないし，一つの企業が公園や街路といった，不特定多数に開かれるべき空間を利用することも適切とはいい難い．また，都市の生活者が抱える課題は，個別的であり，地区によって大きく異なる．こうした多様な地域の社会資本を持続可能に運営していくためには，その仕組みとしての制度資本，すなわち，地域に直接利害を有する住民や地権者といった人たちが，社会資本を整備・運営する事業にあらかじめ意見を出したり，ときには，自ら事業を進めたりする集合的意志決定と集合的資源活用事業の仕組みづくりが必要となるのではないだろうか．

5.2 日本におけるエリアマネジメント組織とコモンズの可能性

近年、日本でも、都市空間、とりわけ低未利用な空間を活用して新しい都市の魅力を創出する取り組みが目立つようになった。都市の低未利用空間には、歩道、公園、河川敷といった国や地方公共団体が所有者となっている、いわゆる公共空間と、それにつながる民有の公開空地のほか、民間の建物の中に存在する空家や空地といった、民間所有の空間がある。こうした空間の活用を企画・運営し、それらの取り組みをエリアの中でネットワーク化し、継続的な事業として経営することは、エリアマネジメントと呼ばれ、近年では国や自治体の政策にも取り上げられるようになっている（小林、2015）。日本の都市は、戦後から1990年代まで、新たな施設をつくることに重点を置いてきたが、人口減少が本格化する今、つくるよりも既存ストックをうまくマネジメントし、その活用を進めることで都市に新たな価値を生み出すことが重要である。

エリアマネジメントの担い手は行政や特定の企業ではなく、複数の企業、地権者、市民などが連携する共同体であることが望ましい。複数の組織・団体・個人がともに、まちを使い続けていくための持続可能な事業モデルを追求し、ともに構築しなければならない。これは、日本の都市において、新たなコモンズを生み出し、それを管理する新たなチャレンジになるだろう。

筆者は、今日のエリアマネジメント組織には、大きく分けて4種類あると考えている。それらは、表5-6に示すように、自治会・商店会といった既存の地縁団体がベースになった形態（地縁型）、まちづくり協議会や再開発推進協議会のような地権者の集まり（地権者型）、企業のCSRや一部本業の一環（CSVに近い）として地域まちづくりを進める企業及びその集まり（企業型）、リノベーションまちづくりや公民連携事業を進める個人や小規模なまちづくり会社である（起業型）。いずれも、活動範囲をおおよそ一定のエリアに留め、その中にある民間所有の資源をつなぐとともに、国や自治体が所有する資源とともに管理・活用することで、新たなエリアのブランドイメージを創り出し、それによってエリア内の事業者の売り上げや事業収益の向上、あるいは、生活の質の向上につないでいる。内発的な意思とその共通する目的の達成に向けて活動し

	民間資源	公共資源
地縁型	ファサード，前庭，歩道（私道），空き家，空き地等	歩道等（植栽），地区センター，公民館，学校（廃校），畑等
地権者型	公開空地，公共貢献施設	公園，歩道，通路，公開空地と歩道の統合型管理など
企業型	空き地，空き家，空き農園等	学校（廃校），公共施設等
起業型	空き地，空き家，空き農園等	学校（廃校），土地（空き地）等

表5-6：エリアマネジメント組織の種類と，それが管理・活用する公共・民間資源の例

ており，目的の違いによって，地域資源の使い方や成果も異なるものの，その対象となる資源は，**表5-6**の通り，かなり共通している。

　いずれも，エリアの資産や生活価値の向上を目指す点で，前述したニューヨークのネイバーフッド運営の状況と似通った部分はある。しかし，日本におけるエリアマネジメントの成功例の中には，起業家やまちづくり会社が，小規模だが機動的に進める取り組みが目立つ。こうした取り組みは，必ずしも住民や資産所有者がベースになっていない。日本の地縁団体または自治体が定めるまちづくり協議会などの地域自治組織は，ニューヨークのコミュニティ会議のような政策運営に関わる実質的な権限も，BIDのような事業計画に基づいて拠出金を集める権限も有しておらず，祭礼，交通安全，長寿祝いなど，長年続く内向きな活動が主である。また，政府セクターとの関係も曖昧で，限定的に指定管理者や協定を結んで，公共施設の管理を請け負っているケースもあるが，アドホックであり制度的な担保はない。そこで，機動力のある起業家やまちづくり会社が，こうした地縁団体と緩やかに連携しながら，いわばその代わりに様々な事業を進めているのが現状である。ただし，まちづくり会社さえも，行政との連携は個別の協定によるもので，首長や担当者の交代で簡単に変更されてしまうリスクも抱えており，ニューヨークの地域共同意思決定や活用事業の制度に比べると，日本における公民連携の枠組みは弱いと言わざるを得ない。

　もちろん，そんな中，近年日本でもBIDのような資産所有者（地権者）主導の取り組みも増えてきた。特に，区画整理や再開発といった面的な更新事業を契機に進むことが多く，そこでは，地権者たちが資金を拠出してエリアマネジ

メント組織をつくり，公共空間を民間で提供される公開空地とともに地元で維持管理・活用し始めている。1987年，東京では大手町・丸の内・有楽町地区において，地権者である69の企業が構成員となる再開発計画推進協議会を発足させたことをきっかけに，現在は，エリアマネジメント協会（Ligare）等の地域団体が発足しており，仲道通りをはじめ，複数の公共空間でオープンカフェやイベント等を主催している。その後，大阪市のグランフロント TMO や梅田地区エリアマネジメント実践連絡会，福岡市の We Love 天神協議会，札幌市の札幌大通りまちづくり株式会社，札幌駅前通りまちづくり株式会社等，多数の地権者による団体が公共空間の地元活用を進めている。

　こうした新しいエリアマネジメント組織は，本章で取り上げたニューヨーク市の BID を目指す姿のモデルの一つとしており，国や自治体の法制度でその組織や活動が認められ，より高度に都市空間の活用が可能になることを求めてきた。その結果，2014年には大阪市でエリアマネジメント活動を認定・促進するための条例（エリアマネジメント活動促進条例）が制定されたが，これは，前述のように任意の協定または個人の志の積み重ねで行われてきた地域（特に地権者）の集合的資源活用事業を制度上に位置づけ，そのための組織や財源のあり方，政府セクターとの連携の形を明確にしたものである。地方自治法に基づく分担金の仕組みを活用することで，地権者にフリーライダーなく負担を求め，それを地元に還元することで，地元主導かつ自立した公共空間の一体的管理や活用を実現した点で画期的であるが，分担金を活用できる事業範囲が限定的であったり，あくまで単年度事業の積み重ねで，中長期的ビジョ

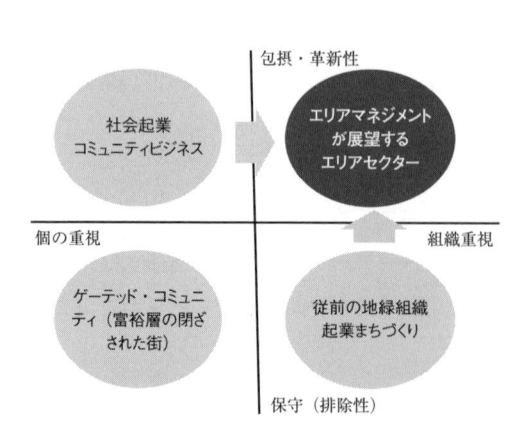

図5-4：様々なエリアマネジメント組織と展望するエリアセクターの位置づけ

ンに基づいて活用できないなど，まだまだ不十分な点が多く，今後の改善が必要である。

エリアマネジメントは，長い間，存在するだけで利用者による主体的な活動が展開されてこなかった公共空間を地域に取り戻し，市民だけでなく，行政，企業，各種団体など多様な連携の中で新しい活用事業を行うことを可能にしつつある。しかも，そうした取り組みを自らの負担や収益事業を含むビジネスの手法で取り組もうとしている点で，これまでと異なる外向きで革新的な発想がある。これからの都市では，こうした地域を変える意志決定や資源活用の発想が必要である。それは，これまでの日本の都市にはない新たな共同体を導入することであり，筆者は，これをエリアセクターとして，政府セクターとも市場セクターとも区別して提示する。その始まりは，各地で見えてきている。

おわりに

世界のどの都市においても，今日，不特定多数の市民が利用できる空間を整備し，そこでサービスを提供するのは，もはや行政だけではなくなっている。こうした中，**世界都市であるニューヨークにおいて，政府セクターとも企業セクターとも異なる，エリアセクターとでもいうべき，地域を代表する意思を形成し，それを都市の意思決定に反映させる仕組みや，地域の意思に沿って自ら事業を行える仕組みが発展しているのは，なぜだろうか。筆者は，「地区」または「エリア」といった一定の範囲の区域で，その将来をつくり出すのは自分たちであるという認識が，市民や地権者・事業者に強いからだと考える。**翻って，日本の都市において，エリアマネジメントが根付かず，都市を再生する成功例の多くが，起業家のリーダーシップや事業力による取り組みに依存しているのは，地域で生活する市民やそこで利益を追求する地権者や事業者に，その将来を自ら考え，必要な場で声を上げたり，実践したりしようとする認識が乏しいからともいえるのである。そうして，都市は政府セクターと一部の市場セクターの担い手たちによってつくられてきた。

特に問題なのは，都市空間の形成に関わるお金の流れに無頓着なことである。その多くは税金であるのに，何をどう節約して，効果的に使うべきなのかを考える人も機会もほとんどない。アメリカでは，税金でさえも，特に経済活性化に関わる支出はその効果が厳しく問われる。問われる前に，**政府セクターの方が，公共投資に対する民間投資の額をレバレッジ効果として示すことが一般化している**。アメリカにおける都市計画のかなりの割合は経済開発であり，それは，公共投資をインセンティブの一つとして，民間投資を望ましい方向に最大規模で誘引することである。日本の都市計画は，どうであろうか？　都市計画税がいったいどのように使われているか，意識している市民はどの位いるだろうか？

　このような地域の将来とそのための投資を，市民や地権者らが真剣に意識し始めたところで初めて，エリアとして彼らが協力し，新たな共同管理の可能性が見えるかもしれない。そして，エリアセクターが政府セクターや市場セクターのパートナーとして，エリア内にある様々な資源を最も有効な形で統合的に経営する発想が生まれるのかもしれないと思う。しかし，ゆっくりはしていられない。東京も含め，都市の社会インフラの老朽化が進み，人口減少が本格化しつつある。**効率的・効果的にインフラを管理し，都市空間を活用するには，セクターを超えた集合的意志決定と集合的資源活用事業の構築が急がれる**。

《 注 》

1) CB は抱える人口規模が同等になるように設計されており，現在は，約 14 万人程度で 1 地区となっている。BID は，地権者が複数で，負担金を拠出して事業を行うことに合意すれば，地区の大きさには縛りがない。

―― **参考文献** ――――――――

秋本福雄『パートナーシップによるまちづくり――行政・企業・市民／アメリカの経験』学芸出版社，1997 年。

宇沢弘文「社会的共通資本」岩波文庫，1999 年。

―――「地球温暖化と倫理」，佐々木毅・金泰昌編『公共哲学 9 地球環境と公共性』

東京大学出版会，2002年。

小林重敬編『新版エリアマネジメント』学芸出版社，2015年。

財団法人自治研修協会『地域自治組織における人材の活用に関する研究会報告書（平成24年度）』2013年。

サッセン，サスキア『グローバリゼーションの時代』（伊豫谷登士翁訳）平凡社，1999年。

ズーキン，シャロン『都市はなぜ魂を失ったか――ジェイコブズ後のニューヨーク論』（内田奈芳美・真野洋介訳）講談社，2013年。

田口さつき「オストロムのコモンズ論からみた水産資源管理のあり方」，『農林金融』2014年9月号，2014年，52-63頁。

中島直人「ニューヨーク市における道路空間の広場化」『都市計画』Vol.63，No.6，2014年。

広井良典・小林正弥編『持続可能な福祉社会へ1　コミュニティ』勁草書房，2010年。

間宮陽介・廣川祐司「コモンズ研究の軌跡と課題」間宮陽介・廣川祐司編『コモンズと公共空間：都市と農漁村の再生に向けて』昭和堂，2013年。

宮下孝吉『ヨーロッパにおける都市の成立』創文社，1953年。

保井美樹「新しい「コモンズ」を支える組織のデザイン――エリアマネジメントと地域自治組織を例として」岡崎昌之編『地域は消えない――コミュニティ再生の現場から』日本経済評論社，2014年。

Elinor Ostrom "Governing the Commons: The Evolution of Institutions for Collective Action", Cambridge University Press, 1990.

第 6 章

中心市街地の活性化とコモンズ
――「まちづくり会社」による中心市街地の
活性化とは何であったのか？――

矢部拓也

はじめに

　2014年9月安倍政権は第2次内閣改造における目玉として，地方創生担当大臣を新設し，前回の総裁選挙で争った石破氏を幹事長から地方創生担当大臣に任命することで，地方の活性化が国家の重要な課題であることを示した。俗にアベノミクスといわれる安倍政権の経済政策は，都市部に偏り，地方に活性化は及んでいないとの批判があるが，消費税増税による財政再建を目指す安倍政権にとっては，増税の前提となる経済成長が必須であり，地方の経済指標を上げることは重要な政策課題であった。しかし，11月17日に発表された2014年7-9月期の実質国内総生産（GDP）速報値は前期比年率換算でマイナス1.6％であった。消費増税の反動でマイナス7.3％であった4-6月期に続いて，2四半期連続でマイナス成長となり，増税の前提となる経済指標の回復は見出せなかった。その後，安倍政権は2015年10月に予定されていた消費税率の現状の8％から10％への引き上げの1年半先送り（2017年4月実施予定）とアベノミクスの継続を掲げ，急遽，衆議院を解散した。12月に入って行われた選挙は，共産党が議席数を伸ばすも，自民党の圧勝。左派から格差拡大との批判の多いアベノミクスではあるが，継続されることとなり，今後，「地方創生」という名で多くの「まちづくり」活動が展開されることは疑う余地がない。

　今回，「地方創生」という造語で，地方の活性化の重要性が再認識されたが，政府はこれまでも一貫して地方再生を支援してきており，近年の日本の地方の「まちづくり」は新旧のまちづくり3法を基軸に展開されてきた。ポスト工業社会後の衰退しつつある地方の中心市街地に，商店街をはじめとする既存の団体だけではなく，新しい活性化の担い手として「まちづくり会社」をつくることで，地方再生の新しいエンジン（クリエイティブ　コモンズ）を生み出し地域社会を活性化させるはずであった。この「まちづくり会社」による中心市街地活性化の成功事例として，旧まちづくり3法時代では，伝統的な町並みのリノベーションとそこにガラス文化産業を入れ込むことでシャッター通りから年間100万人以上の来街者を呼び込む原動力となった滋賀県長浜市の第三セクター

黒壁，新まちづくり3法時代では「コンパクトシティ」というキーワードで，公共施設や商業施設を中心市街地へと集約する青森市のアウガの再開発，路面電車など公共交通網を整備し中心市街地の再開発を行う富山市，商店会が自らビジョンを掲げ再開発事業を順次展開している高松市丸亀町商街などが有名である。しかしながら，これらの成功事例の仕組みが他地域に活かされ，日本全国の中心市街地再生がなされたとはいえず，政策的効果も疑問視される一方で，安倍政権下では，「地方創生」という新たな呼び名で，農村部も含んだ地方活性化の様々な試みがなされようとしている。

　本章では，まずは，中心市街地活性化，まちづくりを考えるうえでのコモンズ概念の検討を行い，そのうえで，1998年の旧まちづくり3法施行前後から始まり，現在も続く（地方を中心とした）「まちづくり会社」による中心市街地の活性化という現象とは何であったのか。本来，高度成長期から続く土建国家としての日本の成長が曲がり角を迎え，ポスト工業化社会，人口減少社会という定常型社会への移行期における新しい担い手になるはずであったこれらのまちづくり活動が，なぜ新たな役割を担う社会的基礎になり得なかったのか。また今後，まちづくり会社による中心市街地活性化活動が，様々な都市問題に対抗する都市の再創造の担い手たる都市コモンズやソーシャルイノベーション，クリエイティブコモンズを生み出すとしたらそれはどのような過程を踏むのか（第1章参照）。これまでの「まちづくり会社」による中心市街地活性化を再考し，今後のまちづくりについて考えていきたい（エスピン・アンデルセン 2000, 広井 2001, 井手 2014）。

第1節　従来のコモンズ論に対するハーヴェイの都市コモンズ創出論からの批判

　そもそも「都市」とは剰余生産物の地理的・社会的な集積を通じて発生した。この過程が継続されていれば，都市は常に発展しており，改めて中心市街地の「活性化」といった議論をする必要はない。それゆえ，都市の衰退は，都市に住むあらゆる種類・階層の人々が，コモン（共同的なもの）を生産するこ

とを忘れ，身勝手に活動したがゆえに起きているのではないか。社会的共通資本の集積する都市を（再び）「コモンズ」として捉え，共同管理・現代的な総有制を取り入れれば，様々な社会的問題は解決するのではないか（宇沢 1994，高村 2012 2014，間宮 1994，五十嵐 2014）。まちづくりを考えるうえで，コモンズ論は非常に魅力的な問題設定を行う。

1.1　従来のコモンズ論

　日本でのコモンズ論の多くは，ハーディンの有名な牧牛の比喩に依拠した「共有地（コモンズ）の悲劇」をもとにしている。「自己の個人的効用を最大化することに関心を持っている何人かの個人の私的所有のもとにある畜牛が，一定の共有地で放牧されている。所有者たちは個人的に牧牛を増やすことから利益を得るのだが，それによって土地の豊かさが失われ（牧草が食い尽くされる），それが次第に全ての利用者に広がってゆく。ついに共有地がその生産性を全くなくすまで，牧畜業者全員が牛を増やしつづける。畜牛が共有されていれば，当然のことながら，この比喩は意味をなさない」（ハーヴェイ 2014：122）。このように，コモンズの悲劇とは，「資源の性質として，利用しようとすれば誰もが利用でき，同時に利用が進めばその分だけストックは減り，維持コストをかけなければ資源枯渇に向かうような資源が想定されており，維持コストを負担せずただ乗りをする利用者が増加していった場合，資源枯渇が始まり体制を維持できなくなるという意味で悲劇が生ずることを語ったものである。そして，ハーディンはこのような資源枯渇を起こさないためには，資源の完全な公有か，さもなくば私有によってしか解決されないことを主張していた」（茂木 2014：106）。

　高村（2012）も，コモンズを「利益享受者の全てがルールを守った節度ある利用と必要な維持管理を行うならば持続的に資源から各人が大きな利益を得ることができるが，少数の利用者が近視眼的な自己利益追求を行うならば容易に破壊される性質を有する財」と定義している。

　しかし，ハーヴェイ（2013：123）は，この牧牛の比喩に依拠したことこそ

が，この理論の誤読のもとであると主張する。問題の核心は，畜牛の私的所有と個々人による効用最大化行動なのであって，資源の共有的性格でない。ハーディンの基本的な問題関心は実は人口の増大にあった。子どもをもつという私的な決定が結局なところ，グローバルな共有地（コモンズ）を破壊し，あらゆる資源を枯渇させてしまうかもしれないと，彼は恐れたのであり，人口論を書いたマルサスも同様であったと指摘する。コモンズ論は，私的所有という解決策か，権威主義的な国家介入か，そのいずれかに思考が二極化しており，その根底にあるのは「昔々あるところにあったはず」の共同活動の道徳経済に対する未練たっぷりのノスタルジー（よくある，昔はよかった論）に過ぎないと述べる。

このように従来のコモンズ論は，人口の爆発的増加状況，つまり，経済の右肩上がりの状況，人口拡大社会を前提として議論が組み立てられている。私的所有か，国家介入か，また，次節で議論されるような共同所有なのか，いずれにせよ，従来のコモンズ論は，現在の日本が直面しつつある人口減少社会，経済の右肩下がりの時代とは異なった前提で議論され結論が出されている点には注意が必要である。

1.2 オストロムの功績とハーヴェイの指摘

従来の共有地の悲劇論の問題設定，すなわち「共有資源（CPR）問題の唯一の解決策が，全面的な私的所有権を確立することか，中央集権的規制を外部の権威によって押しつけることだとする多くの政策アナリストたちの確信を粉砕」したのは，オストロムの研究である。彼女は，人類学的・社会学的・歴史的な証拠を系統的に調べ，牧畜者が互いに話し合うなら，あるいは分かち合い（シェアリング）という文化的ルールをもっているなら，共有地問題は容易に解決することができることを示した。ハーディンの有名な比喩とは異なり，実際の社会には悲劇に陥らない，「公的・私的諸手段の豊富な組み合わせ」が存在してきたことを示し，国家か市場かという二分法的選択肢から政策を単純に検討する正統派経済学に対して戦いを挑むことを可能にした（ハーヴェイ 2013：

124)。従来のコモンズ論においても，オストロムにより，歴史的事例の抽象化としては誤りがあるといわれるハーディンの共有地の悲劇モデルを乗り越え，地域コミュニティによるコモンズの管理が優位性をもつ条件を明らかにすることで，大きな成果を示した。

　しかし，ハーヴェイ（2013）はマルクス主義的立場から，これら従来のコモンズ論の対象は，山野海川でのローカル・コモンズのケースがほとんどであり，オストロムが対象としているのもせいぜい100人かそこらの利用者しか関わっていない事例であることから，不特定多数の人が利用する都市を対象としたコモンズの事例へと拡張する際に，階級的視点，階層的視点を入れる必要性を指摘している。利用者の規模の問題は，管理運営を考えるうえで重要である。人数が少なく，伝統社会的であれば，参加者を同質的に扱うことも可能であるが，利用者の人数が多い場合は，分業が生まれ，すべての利用者が水平的，同質的な関係性をもつことはあり得ない。そこには，どうしても階層型の組織形態に依拠することになる。そこから，利用者の階層性，不平等な階級構造などが必然的に生み出される。そのため「分析者はしばしば次のようなシンプルな決断の前に立たされる。すなわち，あなたは誰の側に立つのか，誰の共同の利益（コモンインタレス）を擁護しようとしているのか，そしていかなる手段でもって？」（ハーヴェイ，2013：128）。

1.3　ハーヴェイの都市コモンズ：資本主義化，資本蓄財，階層

　ハーヴェイ（2013）は，都市コモンズの問題は，ハーディンのもとの教訓話とは異なり，コモンズそれ自体ではなく，実現されると想定されていたはずの共同の利益が個人化された私的所有権のせいで実現できなくなること。したがって，対処すべき基本問題として焦点を当てるべきなのは，畜牛の個人的所有と個々人の効用最大化行動であって，共同の牧草地ではないと捉える。つまり，コモンズを，誰が利用して，どのように利益最大化をしているのかといった階層化の問題であると主張する。ハーヴェイは以下のようにコモンズを説明する。

「その中心的結論は，価値を現在生産している集団的労働が，集団的所有権（個人的所有権ではなく）の基礎とならなければならないということだ。価値──社会的必要労働時間──は，資本主義的コモンであり，それは貨幣によって，つまり共同の富（コモン・ウェルス）を測定する普遍的等価物によって表象される。したがって，コモンとは，昔々存在し今は失われてしまった何かではなく，都市コモンズと同様に，継続的に生産されている何かである。問題なのは，コモンが集団的労働者によって継続的に生産されていながら，その商品化され貨幣化された形態で，資本家によって囲い込まれ領有されていることなのである。」 （ハーヴェイ 2013：138）

加えてハーヴェイは，本章で議論する日本の「まちづくり会社」のモデルとなった，アメリカの BID における企業活動などを念頭に置き，以下のような指摘を行う。

「地域社会において刺激的な興味深い日常生活を創出している当の人々が，都市のあらゆる社会的想像力を無くしてしまった不動産業者や投資家や上流階級消費者らの略奪的実践によって，その生活を奪われてしまう。ある社会集団が創出する共同の質がすぐれたものであればあるほど，ますますもって，利潤を最大化しようとする私的利益集団は，それに襲いかかって領有しようとするのである。」 （ハーヴェイ 2013：139）

「問題はコモンそのものではなく，様々な規模でコモンを生産ないし獲得する者と，それを私的利得のために領有する者との関係なのである。都市政治に付随する腐敗の多くは，公産所有者のために私的資産価値における利得を推進するような配分のあり方と関係している。都市公共財と都市コモンズとの区別は，流動的であり，危険なまでに透過的である。開発計画が，共同の利益（コモン・インタレスト）の名のもと国家による助成をうけながらの真の受益者が少数の地主，投資家，開発業者であったことが，今まで何度あったことか？」 （ハーヴェイ 2013：140）

ハーヴェイはマルクス主義的立場から，コモンを生み出すのは労働者であるにもかかわらず，そのコモンが生み出す利益を享受するのが，労働者以外の資本家，グローバル化する企業であるという基本的構図（搾取構造）のもと議論

を展開する。また，「コモンズ」という共同性のもつ虚偽性，すなわち，構成員の共同的な利益などは存在せず，実際に行われているのは特定の階層の利益にもかかわらず，さも共同的な利益があるように見せかける虚偽性を指摘し，階層的視点なき都市コモンズ論は無意味であると主張する。

1.4 アンチ・コモンズの悲劇論と中心市街地活性化：隠れたマルクス主義？

高村（2012）では，従来のコモンズ論に近い立場をとり，その分析対象を，居住コミュニティのみに限定した議論をしている。このように，消費，企業といった，市場，経済に関連することを扱わないコモンズ論では，中心市街地活性化の議論はできないように思える。

しかし，高村（2014）では，「アンチ・コモンズの悲劇」論というマイケル・ヘラーの議論を用いて，中心市街地活性化の議論へのアプローチ（空間アンチ・コモンズ論）を試みる。これまでのコモンズ論は，ハーディンの議論に見られるように，コモンズに多くの人が参入するという資源の過剰利用の問題を扱ってきた。これらは，人口拡大社会の共有地の問題といえよう。一方で，今日，中心市街地活性化問題において起きているのは，シャッター通りや空き店舗などの資源の過少利用の問題である。中心市街地に新規出店する人が少ない，いないことによる問題である。ヘラーは，「アンチ・コモンズの所有状態とは，多数の所有者が，希少な資源から他者を排除する権利を持っており，誰一人として効率的な利用特権を有していない状態のことを指す。あまりにも多くの所有者が利用を拒絶する権利を持っている場合には，資源は，必然的に過少利用となる。これが，アンチ・コモンズの悲劇なのである」と定義する。ヘラー自身の理論は，知的財産権の保護を進めすぎたがゆえにその後のイノベーションや創造を妨げることになった知的財産法の現状を理論的にうまく説明するものであったため，知的財産法の分野を中心に大きな影響力をもつに至っているが，そもそもは社会主義体制崩壊後のモスクワにおいて，法律ではなくマフィア組織によるインフォーマルな出店調整を行っているキオスクは非常に活況を

呈している一方で，様々な法律的権利が入り混じった建物内の店舗は，一等地であっても空き店舗が目立つ状態になっている点に注目して生み出された，不動産に関連する理論である（高村 2014：76）。

そして，高村（2014）は「われわれの所有類型論も，公的所有と私的所有の二元論を前提として，私的所有に伴う問題を克服するための手段としての土地の協同化を第3の道として描くのではなく，「アンチ・コモンズの状況にある所有状態」という類型を新たに挿入することが，各地域の土地利用状態の分析，われわれの所有権法の制度分析にとっても有益なものになるのではないだろうか」と述べる。加えて，ヘラーのアンチ・コモンズの悲劇によって資源が細分化され，経済が鉄格子にはめられている現状を打破するための「ソリューション・ツール・キット」として，以下の3点を紹介する。

① 資源が過少利用状態になっていないかを絶えずモニターしていき，鉄格子にはめられたように資源の利用が不可能となっている場合には，それを「アンチ・コモンズ」の状態と命名し，問題を広範囲に訴えかけていくこと
② アンチ・コモンズの状態を生み出しかねない所有権の分割化・細分化をもたらす法律を禁止していくこと
③ 分割化・細分化された権利を集約する仕組みをつくること

を提唱している（高村 2014：79-80）。

高村も指摘しているように，この分割化・細分化された権利を集約する仕組みは，まさに，新まちづくり3法下での成功事例である高松丸亀町商店街の土地の所有と利用の分離を思い起こす理論であり，厳密にいえば，多くのまちづくりの現場において，まちづくりの主体が生み出される際に行われている共通する原理でもある（西郷 2009；矢部 2006, 2011a, 2011b）。その一方で，高村は，ヘラーの議論の問題点として，ヘラーが「アンチ・コモンズの悲劇」の例として，成田空港建設に反対した農民たちが土地の所有権を根拠として抵抗を長年にわたり続け，滑走路建設が遅れたことを挙げている点を指摘し，「ヘラーにおいては，効率的な土地利用の方法が人々の属性や価値観によって異なってくることは前提とされておらず，国家にとっての効率的な土地利用とそこで生活を継続したい農民にとっての最適な土地利用方法とが原理的に対立するもので

あることが意識されていない。よって政策決定者の視点から一元的に効率的な利用の内容や尺度が定められうるとするヘラーの理論を現実に応用するには，慎重さが求められる」と指摘している（高村 2014：79-80）。前節でのハーヴェイの指摘のように，誰にとっての利益であるかといった階層的視点を抜きに行うコモンズの議論には（地域）社会を政府の立場（第1セクター）からの効率性，統治を肯定する傾向が強い。

　人口減少社会における，中心市街地活性化，まちづくりにおいても適合的であると思われるアンチ・コモンズの悲劇理論であるが，結局は，従来のコモンズ論同様に，階層的視点なく議論が進められており，土地所有形態を理想的なものにさえすればすべてが解決されるというユートピア的な議論に陥りがちになる。また，五十嵐編（2014）はコモンズ論を日本的に深化させた「現代総有論」を提示するが，いかに活性化のダイナミズムを生み出すのかといったマネジメントの議論はあまりなく，中心市街地活性化の議論を扱った平竹（2006）も同様に，「総有」という所有形態になれば，自然に活性化につながるという土地所有制度決定楽観論である。これらの議論は，所有形態が総有にさえなれば，すべてが解決するというイデオロギー，隠れたマルクス主義と揶揄したくなるほどである。ハーヴェイにいわせれば，マルクスが提唱しているのは国家所有ではなく，共通の利益（コモン・グッド）のために生産する集団的労働者に帰属する何らかの所有形態であるが（ハーヴェイ，2013：136）。

1.5　まちづくり会社の可能性とコモンズ

　人口拡大社会における資源の過剰利用を問題視した従来のハーディンの共有地の悲劇理論も，人口縮小社会に適合的な資源の過少利用を扱ったヘラーのアンチ・コモンズの悲劇理論，また，五十嵐らが主張する現代総有論も，その根底には，階層的視点を無視し，ある種の所有状態によりすべてが解決すると考えるユートピア的社会観（土地所有制度決定楽観論）がその根底にある点で共通している。これは，オストロムが批判していた正統派経済学者の私有化か国家所有の二者択一による一律的な政策化が形を変え，今度は，唯一，単一の，共

有・共同利用・総有的な所有制度にさえ変更すればすべてが解決するという，同じ過ちに進んでいるように思える。その点では，従来のコモンズ論の基本的な性質として，短絡的に政策化しやすい点では共通しているように思える。高村（2014）も部分的に指摘しているが，ルールづくりと同時に，そのコモンを有益な活性化の力とするためのマネジメントも含めた議論なくして，実際の再生はあり得ない（活性化に関わるマネジメントの議論は，次節の各まちづくり会社に関する参考文献を参照してほしい）。

一方で，ハーヴェイ（2013：153）は，所有ではなく，コモンズから生み出されるものとの関係に注目し，誰が得をするのかといった，階層・階級の問題に注目する必要性を説いている。そして都市コモンズは，資本主義によってつくられ，所与のものではなく，構築されるものとして捉える。「コモンズを取り返すことは一個の政治的問題であり，それは独特の形で反資本主義的闘争に深く統合されなければならない」と主張する。

本稿では資本主義との対決といった論点は手に余るが，ハーヴェイ流都市コモンズ論的視点から見ることで，多くの中心市街地で活性化することなく衰退の勢いが止まらないのは，多くの地方都市で生み出される「まちづくり会社（中心市街地活性化協議会）」が，実は，特定階層の人々の利益にしかならない仕組みであったのではないか？　高村のヘラーの国家的利益への親和性への指摘のように，地域の発展ではなく，国家の利益に基づいて行われていたのではないか？　次節では，代表的なまちづくり会社による中心市街地活性化事例を整理することで，階層的視点から，日本のまちづくりを俯瞰する。

第2節　まちづくり3法による中心市街地活性化政策とは何であったのか？

2.1 「まちづくり」は産業政策なのか，社会保障なのか？

思い起こせば，日本における，まちづくり会社による中心市街地活性化の意義を早い段階で示した矢作（1997）の『都市はよみがえるか』は，以下のよう

に始まっていた。

　　「商店街が空っぽだ。人が歩いていない。空き店舗が増える。／商店街の衰退が，いまほど大騒ぎされたことはなかった。／政府・自民党があわてている。中小地方都市の中心街区が，見るも無惨に廃れてしまったからだ。選挙区に戻って，商店街がもぬけの殻になりかけているのに仰天した国会議員が，霞ヶ関を走っている。「**自民党は選挙で中小商店票を失う**」という危機感にせき立てられていた。これまで自民党の集票マシンになってきた商工会議所や中小商業団体からの風当たりが，いつになく厳しい。／**急きょ，「ヒト，モノ，カネ」のあらゆる面から中心市街地の再生を，集中的かつ強力に支援**する（自民党政調会「中心市街地活性化に関する第一次提言」）方針を固めた。」
　　　　　　　　　　　　　　　　　　　　　　　（矢作1997：1）

　過去の全国総合開発計画や，現在の「地方創生」も含め，これまで，東京と地方の（経済）格差を埋めようとする政策がなされており，これらは，一見，地方への産業政策のように見える。しかしながら，上述の矢作の指摘のように，政治経済的側面から見るならば，実は，産業政策というよりは，これまでの自民党を支えてきた，中小企業，中小商業者をはじめとする，旧中間層を維持するための政策，つまりは社会保障的な意味合いが強いのではないかとの疑問が湧いてくる。

　なぜ，まちづくり会社を中心とした中心市街地活性化は，先行事例ではそれなりに「成功」するものの，それらをもとにしたまちづくり3法が施行されても，他の地域では同様の活性化のダイナミズムが生まれないのか。それは，そもそも地域商業政策などの地方のまちづくりの政策が，経済状況の変化に応じた，新しい時代に即した商業環境を生み出し経済的に活性化することを目指すのではなく，地域振興に名を借りた，戦後からの自民党支持層である既存商業主層を廃業から救うために，彼らの生活を保障するための政策，つまりは，社会保障政策であったからではないのか。

2.2 「平成史」としての「まちづくり」

　本章で扱う「まちづくり会社」による中心市街地活性化を全国に広めた旧まちづくり3法はちょうど平成が始まる時期に生み出された。小熊（2014：89）は『平成史（増補版）』の中で，「「平成」とは，1975年前後に確立した日本型工業社会が機能不全になるなかで，**状況認識と価値観の転換を拒み，問題の「先延ばし」のために補助金と努力を費やしてきた時代**であった。」と総括している。

　本来は時代のニーズに対応できなくなっているがゆえに構造的に衰退が規定されている地方の中心市街地という現実を見ることなく，たまたま，表面的に「活性化」しているように見える同時代の（例外的な）成功事例を示し，他の都市においても現状の延長線上に活性化の可能性があるように示すことで，問題の先延ばしをしてきたのではないだろうか。厳しい言い方をするのであれば，「まちづくり」や「まちづくり会社」，現代でいえば「地方創生」といった新しい言葉を，旧来の活動に名付けることで，実際には，現状認識も価値観の変換もしておらず，単に問題の先延ばしのための補助金投入と努力にもかかわらず（そのため，決して活性化という結果は出ないにもかかわらず），そうではない，現状を打破して，新たな活性化した社会を生み出すソーシャルイノベーション的な活動，クリエイティブ・コモンズ，都市コモンズ形成のように見せかけていたのではないだろうか（矢部 2012）。

第3節　アンデルセンの「福祉レジーム」の3類型と二重構造

　本章でも小熊（2014）の議論に準じて，彼が述べている，エスピン・アンデルセンの「福祉レジーム」の3類型および，日本独特の二重構造をまとめたうえで，これまでのまちづくり会社による中心市街地活性化を社会保障との関連で位置づけを行いたい。

　小熊（2014：21-25）は，ポスト工業経済社会の社会的基礎を考えるうえで，

社会保障についてエスピン・アンデルセンが唱えた「福祉レジーム」の3類型が参考になると述べ，「自由主義レジーム」「社会民主主義レジーム」「保守主義レジーム」の特徴を以下のようにまとめている．

① **自由主義レジーム**：アメリカなどにみられ，**自由主義と個人責任を重視**．税負担が軽く小さな政府を志向し，福祉は個人による保険商品や企業年金などで調達される．政府は雇用や民間保険から漏れた人に一定の保護を提供するが，コンセプトが「弱者救済」であるため，受給者へのスティグマと更正思想が発生する．

② **社会民主主義レジーム**：北欧などにみられる．**社会的合意による全員保障と社会運営**を目指す．税は重いが基本的権利として全員保障がなされる．弱者救済とは異なり，基本的権利保障であるため，スティグマや更正思想は発生しにくい．

③ **保守主義レジーム**：独仏や南欧にみられる．**家族・企業・労組・地域など共同体を重視**する．これらの共同体を基盤に福祉を整えた結果，これらのカテゴリーに基づく福祉制度になった．たとえば労働者とその家族には，正規雇用労働者に組合保険が提供され，家族は男性労働者の保険に入る．それとは別に農民や自営業者には，地域の組合保険が整備される．

そして，この類型の中で，保守主義レジームが，最もポスト工業化社会に不適応を起こしやすいと考えられている．

3.1 ポスト工業化社会移行への影響

日本がどの類型に入るかは，議論の分かれるところであるが，日本は，「自由主義レジーム」と「保守主義レジーム」の混合と捉えられている．それでは，ポスト工業化社会へ移行する際，それぞれのレジームにはどのような影響があるのだろうか．

自由主義レジームの場合は，労働者の保護が薄いので解雇が容易であり，それによって企業はポスト工業社会の産業に転換していく．新産業への労働力移動は，市場の調整に任される．その結果，高賃金を得られる中核労働者と，低

賃金の単純労働者の格差が開く。ただし，低賃金職が大量に生まれるため，失業率はそれほど上がらない。

社会民主主義の詳細は省略するが，特徴的なのは，産業転換がフレキシブルであると同時に，労働者にとってのセキュリティも保障されている点であり，デンマークなどの事例からフレキシキュリティ flexicurity と呼ばれている。

保守主義レジームは最も困難に直面すると述べられている。製造業を中心とした労働者の長期正規雇用を前提にすべての社会保障が組み立てられているので，男性労働者の雇用が不安定になると，その家族が収入と社会保障を失い，年金制度も崩壊する。そのため労働者の解雇が難しく，旧来の産業構造から転換できない。ポスト工業化社会では失業率は全体に上昇するが，保守主義レジームでは解雇が困難であるため新規採用抑制に向かい，若年失業率が特に上昇しがちになる。製造業の低迷とともに経済が停滞し，税収と正規雇用労働の積立金が低下して，社会保障の財源が不足する。自営業や農民といったセクターごとに整備された社会保障も，産業構造の転換を困難にすると述べられている。

3.2　日本社会論の二つの世界と二重構造

小熊（2014）は，上述のアンデルセンの福祉レジームの3類型を踏まえ，現在日本には以下のような二つの世界があると述べている。

① 「公務員および大企業の正規雇用労働者とその家族，そして農民と自営業者」：旧来の日本型工業化社会の構成部分は，保守主義レジームに近い部分に住んでいる。
② 「非正規雇用労働者」：ポスト工業化社会への変化に対応させられている部分は，自由主義レジームに近い部分に住んでいる。

加えて，「二重構造」，正規雇用と非正規雇用，大企業と中小企業の格差を指摘する。製造業の大企業は，正社員には長期雇用と社会保障を提供する一方，大量の下請け中小企業や，臨時工やパート労働者に支えられていた。現代日本の特徴は，この二重構造のうち，中核部分は工業化時代に築かれた地位を維持

しつつ，周辺部分をいわば調整弁とすることで，ポスト工業化に適応しようとしている。

そして，保守主義レジームの傘に覆われた部分は保護されるが，その傘から「漏れ落ちた」部分は，自由主義レジームのもと変化に対応するための調整弁となると指摘している。加えて，小熊（2014：61）は，「もともと**女性・若者・地方・中小企業**などは，かつては「二重構造」とよばれた，日本社会の「弱い環」を構成していた。」と述べている。

第4節　まちづくりの新たな二重構造とネオリベラリズム

本章の直接の議題とはそれるが，これまでの議論を踏まえるなら，現在の安倍政権下で行われているアベノミクス第3の矢は，小熊（2014）のいうところの「漏れ落ちた」人，「弱い環」の救済とも見える。第2次安倍政権では，女性の活用や「地方創生」が重要視された。また，近年，都市部の若者が地方に移住しまちづくりの担い手となる地域おこし協力隊といった制度も注目され，政府は2014年12月26日，地方創生の実現に向けて，今後5年間の施策の方向性を示す「総合戦略」を示し，いわゆる「東京一極集中」を是正するため，今後5年間，地方で若者の雇用を30万人創出し，その後も年間10万人の雇用を安定的に生み出すとしている。

一見，「若者」と「地方」を結びつけることで，日本の社会問題を解決し，活力ある新たな地域社会を創造するように見えるが，小熊流に語るのであれば，同じ「弱い環」にいる「若者」と「地方」は，社会階層によっては異なるレジームに属しており，問題は若干複雑である。政策的に地方に移住してゆく地域おこし協力隊の「若者」や政府が30万人の雇用を創出しようとしている「若者」は社会の調整弁を期待される自由主義レジームに属している。その地域の変革＝地方創生を期待される一方で，彼らを受け入れる「地方」は「農民と自営業主」の保守主義レジームの世界であり，その多くは状況変化を受け入れずに補助金を用いることで問題を先延ばしにしようとしている（た）世界

である。「地域創生」という名のもとで，自由主義フレームにいる「若者」を，異なった保守主義フレームにいる「農民と自営業主」のいる「地方」へと送り込むことで，新たな二重構造が地方社会に生み出されるのではないだろうか。このよう新たな「地方・まちづくり」の二重構造をつくり出し，本来であれば，地域づくりの主体である「地方」の「農民，自営業主」層の責任を，都市部の「若者」の地域おこし協力隊や雇用された「若者」に転嫁するネオリベラリズムと，それにより既存の保守主義レジーム維持を目指す日本型新保守連合体が動き始めているとも見ることができるのではないだろうか。

　小熊（2014：90）は，「表面的には，「若者がハンバーガーを食べている風景」は1970年代と変わらず，80年代から「大きな変化は何も起こっていない」ようにみえる。だがそうした認識の根底にあるのは，社会構造変化の実情と，旧態依然の社会認識のギャップにある。そのギャップを「先延ばし」にしているかぎり，認識から「漏れ落ちた人びと」は増大する。震災と原発事故によって多くの人が日本型工業化社会の限界を意識し始めた今こそ，「平成史」を見直すことがもとめられている」と，『平成史』をくくっている。次節では，本章の主題である，まちづくり会社による中心市街地活性化を，これらの視点から見直してゆきたい。

第5節　「まちづくり」の比較分析

　まちづくり会社による中心市街地活性化政策は，結局のところ，産業振興政策ではなく，社会保障政策的意味合いが強かったのではないか。ハーヴェイは都市内の議論として捉えたが，本研究は日本社会全体の「まちづくり」活動を対象とし，新旧まちづくり3法下において，中心市街地活性化の成功事例といわれている代表的なケースを，小熊（2014）の視点で分類することで，地方のまちづくりは，日本国家とどのような関係を形成しながら進んでいるのか？「まちづくり」の政治経済的分析を行うことで，まちづくり会社による中心市街地活性化とは何であったのかを考えてゆきたい。

5.1 事例選出方法とその特徴

　本研究では，表6-1の12事例を対象とした．事例選択は，本研究が計画行政学会のコモンズ研究会の中で進められていることから，研究メンバーの関わっている事例および，著者がこれまで調査をしている事例を中心に，「代表的」であると思われる事例を選出した．理想的には，中心市街地活性化基本計画が認定されている120市160事例を対象とした比較研究が望ましいが，本分析が統計的な分析ではなく，理念的な分析であること，また，若干恣意的ではあるが，中心市街地活性化を語る際，必ずといっていいほどモデルとして扱われ多くの人が1度は聞いたことがある事例を代表とすることで，政策としての意図せざる方向性が見出せるのではないかと考えた．事例として扱う，青森県青森市・富山県富山市の両市は新・中心市街地活性化基本計画認定の第1号（2007年2月8日認定）であり，香川県高松市も2007年5月28日に認定され，これは青森市・富山市の次の認定日（3番目）であり，高松市をはじめ11地区がこの日に認定されている．滋賀県長浜市のまちづくり会社黒壁は1998年に施行された旧法成立の際のモデルとなった事例である．新法でも認定を受けているが，これは本章で扱うのとは異なったまちづくり会社中心に行われており，他地域と比べると複雑な動きをしている．

　また，本章では，中心市街地活性化法の評価というよりは，まちづくり3法を通じて，今後のまちづくりの基本的な進め方として定着しつつある「まちづくり会社」による中心市街地活性化の今後について考えてゆきたいと考えている．そのため，中心市街地活性化基本計画認定事例ではないが，「エリアマネジメント」という表現で有名である「札幌市大通まちづくり株式会社（札幌大通）」や小林重敬（2005）が関わる「大企業によるエリアマネジメント事例（大丸有，名古屋駅）」，長浜市同様に北九州市自体は中活の認定を受けているが，それとは異なった流れより動き出している「北九州市小倉家守社」，新しい公民連携の形として注目されている「岩手県紫波町オガールプロジェクト」の事例との比較を行う．また，他の「まちづくり」と比較するために，現在の中活以前の地方のまちづくりの中心であった「伝統的建造物群保存地区（伝建地

区）」や，中心市街地の衰退の理由の一つであると考えられている「郊外大型店」，日本におけるまちづくり会社による中心市街地活性化のモデルとされた，「アメリカのBID（Business Improvement District）」とその日本型政策といわれている「日本版BID（今後施行予定。大阪市と北海道倶知安町）」の事例と比較してゆく。

なお，紙幅の都合上，各事例を詳しく論じることはできない。まちづくり全体の議論・事例に関しては，海道（2001）や矢作・瀬田（2006），首相官邸・内閣官房地域活性化統合事務局・内閣府地域活性化推進室のWebに掲載されている各地の「認定された中心市街地活性化基本計画」などを参照してほしい。個別事例としては，「青森」に関しては衣川（2009），「富山」，「札幌」，「高松」，「長浜」に関しては，矢部（2006, 2011a, 2011b, 2012），木下（2009），木下・広瀬（2013）および研究会メンバーである木下斉氏（一般社団法人エリア・イノベーション・アライアンス代表理事／内閣官房地域活性化伝道師）へのヒヤリングをもとに，「大企業エリアマネジメント」に関しては小林編（2005, 2015），「岩手県紫

事例	所在地	新・中心市街地活性化基本計画認定日	中心的な担い手の階層	事業の特徴	（新たに）加わった店舗の特徴
青森アウガ	青森県青森市	2007年2月8日	青森市＋既存商業主	再開発，エリアマネジメント	既存の市場，商業店舗，公共施設（図書館など），住宅
まちづくりとやま	富山県富山市	2007年2月8日	富山市	再開発，路面電車，エリアマネジメント	既存商業店舗，住宅
伝統的建造物群保存地区（理念型，略称・伝建地区）	国の制度：全国88市町村108地区（H26.9.18）	直接的な関連なし	地元地権者	リノベーション	既存地権者，まれに新たな事業者
札幌大通まちづくり株式会社	北海道札幌市	—	地元商業主	店舗開発，エリアマネジメント	既存商業主，新たな事業者
丸亀町商店街	香川県高松市	2007年5月28日	地元商業主	再開発，エリアマネジメント	既存商業主，既存全国チェーン店，新たな事業者
長浜（黒壁）	滋賀県長浜市	（2010年6月30日）但し，本計画の中心は他のまちづくり会社	地元非商業主	リノベーション，エリアマネジメント	既存商業主，地域外の新たな事業者
大企業エリアマネジメント（大丸有，名古屋駅）	東京，名古屋	直接的な関連なし	民間大企業	エリアマネジメント	大企業中心，既存店舗のための社会整備
岩手県紫波町オガールプロジェクト（公民連携）	岩手県紫波町	—	自治体＋地元企業	開発およびその後の運営	公共施設，地域外の地方企業，新たな事業者
北九州市小倉家守社（新しい中心市街地活性化の形式）	福岡県北九州市	（2009年7月9日）但し本事例は中活の事業ではない	民間人（専門家）	リノベーション，行政と連携したリノベーションスクール	これまであまり関連のなかった市民
郊外大型店（理念型）	日本全国	対象外	民間大企業	郊外大規模開発	全国のチェーン店，地元店舗
アメリカBID（Buisiness Improvement District）（理念型）	全米で700〜1000と言われる	対象外	民間企業	リノベーション，エリアマネジメント，新自由主義的？	地権者，新たな事業者
日本版BID（今後実施予定）	北海道倶知安町，大阪府大阪市	—	自治体	エリアマネジメント	既存店舗のための社会整備

表6-1：まちづくり（会社）の特徴

波町」,「北九州市小倉家守社」に関しては,木下・広瀬 (2013),清水 (2014),矢部 (2012) を参照,郊外大型店,アメリカ BID に関しては,ジェイコブズ (1971, 1986, 1998),矢作 (1997, 2001),矢作・明石 (2012),保井 (1998),保井・大西 (2001),ズーキン (2013) をもとに,「日本版 BID (北海道倶知安町,大阪市)」に関しては,小林 (2014),小林編 (2015),保井 (2014) と,これらの策定に関わった研究会メンバーの保井美樹氏 (法政大学現代福祉学部教授) の報告をもとに表6-1を作成した。

5.2 分類1:福祉レジーム・社会階層的視点で見た「まちづくり」事例の配置

図6-1は,横軸にこれまで議論してきた「福祉レジームの指標」(「保守主義レジーム」—「自由主義レジーム」) を置き,縦軸にはその「ガバナンス・主導的セクター」(「国・自治体 (政府セクター)」—「民間 (民間セクター)」) をとり,各事例を配置したものである。

各事例は,表6-1の内容に対応している。左側には「保守主義レジーム」の属する事例,右側には「自由主義レジーム」属する事例を配置してある。どちらのレジームに属するかは,まちづくりの活動が「既存の社会構造の維持」を目指す「保守主義レジーム」に近いのか,既存の自分たちの利害にこだわらず,時代に即した「新しい地域社会の担い手」を入れ込んだまちづくりを目指す「自由主義レジーム」に近いのかで,相対的に分類した。具体的には,表6-1の「中心的な担い手の階層」「(新たに) 加わった店舗の特徴」をもとに分類している。

地方のまちづくり会社による中心市街地活性化の事例である「青森アウガ」「まちづくりとやま」「札幌大通」「丸亀町商店街」「長浜 (黒壁)」は基本的には旧来の商店街や旧中間層,地方名望家層を担い手とする運動であり,まちづくり活動を通じて (新たに) 加わった店舗やメンバーも,同様の旧中間層が占める傾向が強い。この意味では,商業的な要素の少ない「伝建地区」も,同様の社会層を対象とした既存の担い手による運動である傾向が強く,結果的に既

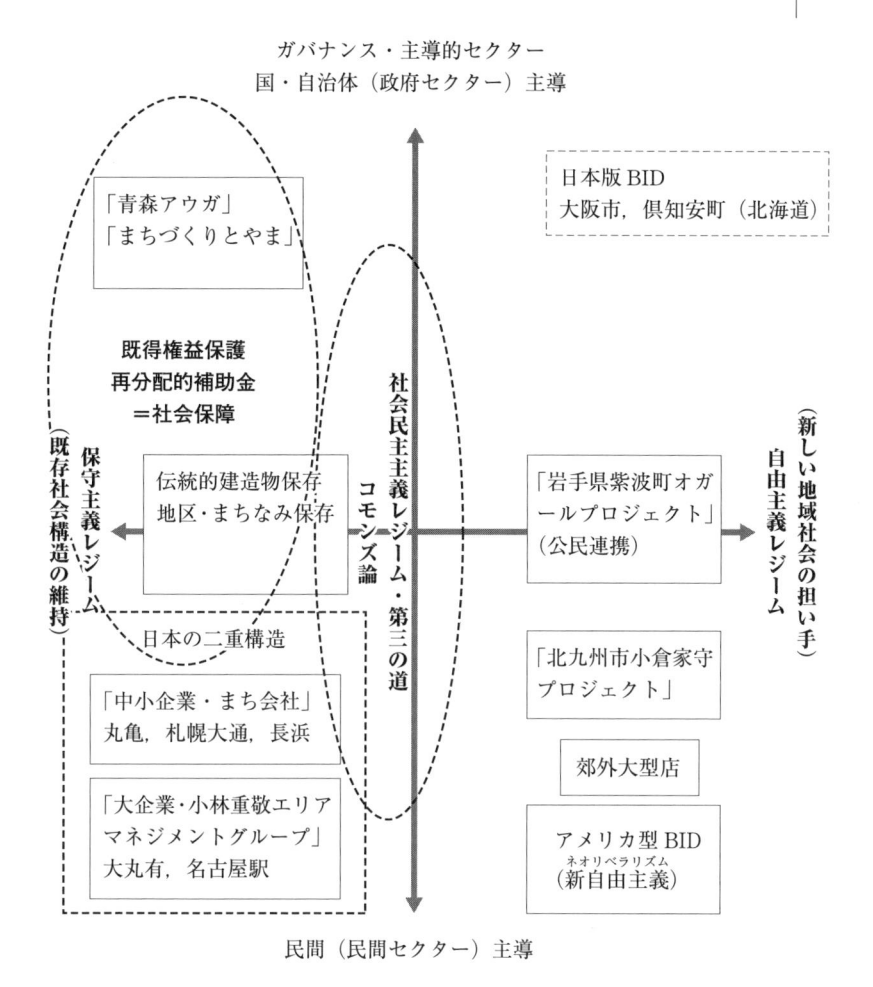

第 6 章　中心市街地の活性化とコモンズ　209

図 6-1：福祉レジーム・社会階層的視点でみた「まちづくり」事例の分類

存の社会構造の維持を指向する保守主義レジームを形成している。また，これら地方の事例と一見，対照的である「大企業エリアマネジメント」であるが，福祉レジームによる階層的再生産の視点で見るならば，日本の二重構造の裏表である大企業による自らの利害の最大化を目指す社会整備であるという点では保守主義レジームに与しているといえよう。

一方で，右側に布置される，自由主義的レジームは，相対的に新たな担い手を入れながらまちづくり運動を進めている点に特徴がある。「岩手県紫波町オガールプロジェクト」「小倉家守社」は既存の旧中間層や名望家層も参加するが，マーケットに則った事業展開をするために，既存の店舗以外の新しい店舗を入れた開発・リノベーションを行っている。この視点で分類すると，地域の土着性を無視してジェントリフィケーション的開発を行う「BID」や「郊外大型店」も，同じ自由主義レジームに属する。

縦軸は，ガバナンス・主導的セクターをとり，上半分が「国・自治体（政府セクター）」主導，下半分が「民間セクター」主導で分類した。

まちづくり事業運営において，財政的支援や行政職員の出向や関与が強い「青森アウガ」「まちづくりとやま」，現状，条例づくり段階のために行政が強く関与している「日本版BID」を「行政セクター」ガバナンス・主導型に分類した。一方，行政の関与が弱く民間主導で運営されている「地方のまちづくり会社（丸亀，札幌，長浜）」「大企業エリアマネジメント」，民間出資のまち会社である「小倉家守社」，しばしば，行政と公共性を巡って対立する「郊外大型店」，「アメリカ型BID」が下側の民間セクター主導に配置される。残りの「伝建地区」「紫波町オガールプロジェクト」は公民連携，パートナーシップ型の事例であるために中間に位置づけている。

5.3 福祉レジーム論からの解釈

このように分類すると，まちづくり3法による補助金は，左側に位置する事例に投入され，ポスト工業社会の新しいまちづくりの担い手形成よりは，（これまで自民党の票田であった）日本の二重構造の中小企業側の旧中間層維持に使われたとも見える。まちづくり3法は，空間的には，衰退している中心市街地活性化を指向しているが，社会階層的に見るならば，既存の商業主の維持（保守主義レジーム）であり，産業構造の転換に応じた政策（自由主義的レジーム）ではなかった。

また，昨今，新しいまちづくりの潮流として注目されている「エリアマネジ

メント型まちづくり」であるが，小林重敬氏率いる大企業エリアマネジメントの事例である大丸有や名古屋も，中心は戦後日本の工業化社会の成長をともに支えてきた保守的な大企業群である。またエリアマネジメントという視点からは大企業ばかりでなく，「地方まちづくり会社（丸亀，札幌，長浜）」が評価されることも多い。このように考えてみると，日本のエリアマネジメント型まちづくり会社は，地方都市の中小企業を核とするまちづくり会社と都心部の大企業のまちづくり会社という日本の二重構造の表象ともいえ，保守主義レジームの維持で動いている証左ともいえるのではないだろうか。

　それでは，階層論的見た場合の新しい中心市街地のまちづくりの潮流はどこから生まれていたのであろうか。これらは，まちづくり3法のまちづくり運動とは少し離れた，「北九州市小倉家守社」や「岩手県紫波町オガールプロジェクト」などの助成金とは離れたところから生まれている。

　BIDに関しては，ズーキン（2013）や矢作（2011）が批判する新自由主義的BIDは右下に位置する。この構図で分類するなら，日本の郊外大型店も同じ枠組みに位置する。本来的な意味でのBIDは，保井・大西（2001）の主張するように，行政の財政悪化により，特定地域に対して行政の資金の投入が難しくなった結果，公有地に対して民間が資金を投入できる仕組み，つまり，民間主体の「負担者自治」活動のはずであるが，日本型は行政主導で動いている点で相違がある。ただし，日本版BIDをどこに入れるのかは，本稿執筆時の2014年12月ではまだ動き出していないために議論の余地が残されている。研究会で本図を議論した際に，日本版BIDの条例策定に関わっている保井氏は，この配置に疑問を示し，表面上は行政主導のように見えるが，実際には民間が主導しながら本条例を進めているので，アメリカ同様であると述べた。ただ，本稿では，日本版ネオリベ政策を推し進めていると揶揄される橋下大阪市長政権下で行われている政策であること，北海道倶知安町では，ニセコスキー場で儲けている外国人への負担をさせるべきといった議員の発言などがあることから，現状では，負担者自治の民間主導の活動というよりは，行政主導（規制）との性格が強いと暫定的に判断した。今後の動きを見守りたい。

　また，本章では日本が保守主義レジームと自由主義的レジームとして，社会

民主主義レジームを抜いて議論したが，本図の中心的部分にまだ日本では適当な事例を見出せない社会民主主義的レジーム・第3の道・コモンズ論的まちづくり事例が入るのではないかと考えられる（間宮 1994，下村 2014，宇沢 1994，矢部 2012）。矢作（1997，2011），ズーキン（2013），ハーヴェイ（2007，2013）らは，自由主義的レジームのネオリベラリズム（新自由主義）的要素を批判しており，ハーヴェイは都市コモンズの創造といった主張を行うが，中心市街地活性化においては，日本では適当な事例が浮かばず，新しいまちづくりの事例はどちらかというと自由主義レジームに偏っているように思われる。

ただし，中心市街地活性化という対象を外せば，高村（2012）が議論する児童公園やまちなか居住を事例とする共同管理の事例，保井（2014）が議論する地域自治組織などは，この範疇に該当するのかもしれないが，これらは，中心市街地の経済的活性化を生み出す生産のダイナミズムではなく，居住などの消費の領域を中心とした議論である。また，五十嵐編著（2014）の提唱する現代総有もこの範疇に入ると思われ，総有の前段階としてワーカーズ・コレクティブなどを含めた議論をしているが，これらも，消費者運動しての視点が強く，生産の議論，加えて，中心市街地という空間への議論への問題関心は弱く，本分析に組み込むことができなかった。この点は，今後の課題としたい。

それでは，今後の日本の中心市街地活性化の方向性はどのようなものが望まれるのであろうか。

5.4　ジェイコブズの『市場の倫理　統治の倫理』からの議論

図6-2は，横軸をジェイコブズの『市場の倫理　統治の倫理』に変えた分類である。ジェイコブズ（1998=1992）は，中心市街地活性化のダイナミズムが何によっているのかで，行政を中心とする「統治の倫理」と市場を中心とする「市場の倫理」に分けて，地域形成のメカニズムを考えた。アセモグル・ロビンソン（2013）も同様に，これまでの国家の衰退を，市場が機能するような法制度を国が整備するのか（市場の倫理）か，市場が活性化しにくいような法制度をつくるのか（統治の倫理）に分け，国家の統制的な法制度による収奪的な

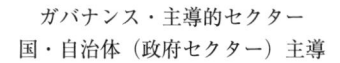

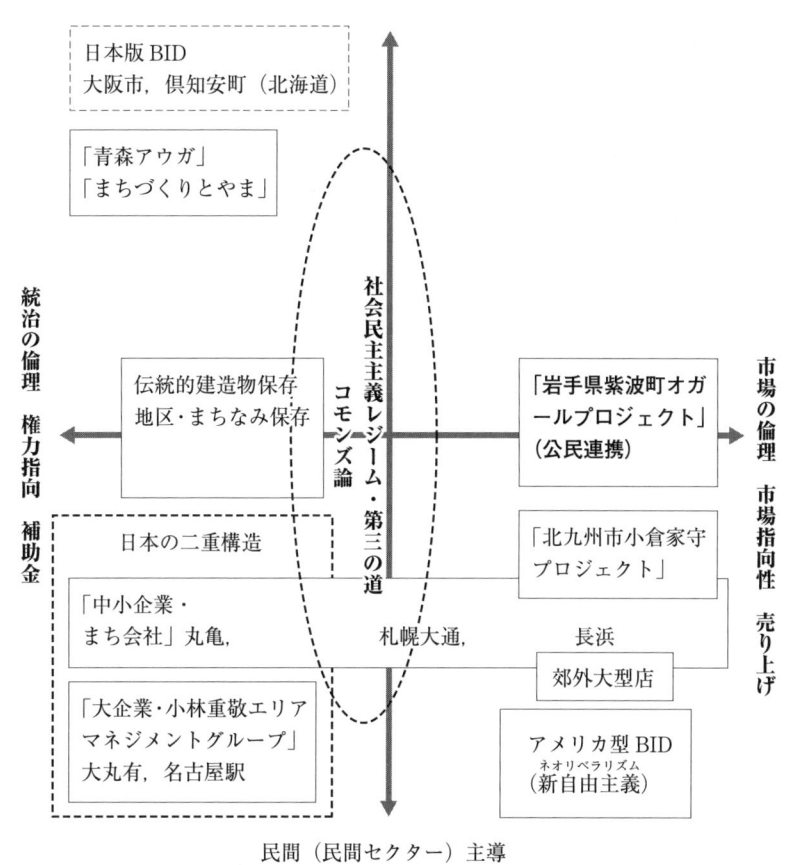

図 6-2：(ジェイン・ジェイコブズの)『市場の倫理 統治の倫理』による分類 (System of Survival)

ガバナンス・主導的セクター
国・自治体（政府セクター）主導

日本版 BID
大阪市, 倶知安町（北海道）

「青森アウガ」
「まちづくりとやま」

統治の倫理　権力指向　補助金

伝統的建造物保存
地区・まちなみ保存

社会民主主義レジーム・第三の道
コモンズ論

「岩手県紫波町オガールプロジェクト」
（公民連携）

市場の倫理　市場指向性　売り上げ

日本の二重構造

「中小企業・まち会社」丸亀,

札幌大通,

「北九州市小倉家守プロジェクト」

長浜

郊外大型店

「大企業・小林重敬エリアマネジメントグループ」
大丸有, 名古屋駅

アメリカ型 BID
ネオリベラリズム
（新自由主義）

民間（民間セクター）主導

経済制度のもとでは国家は衰退すると述べている。

　先のレジーム論の軸とほぼ同じ位置に入る事例が多いが，地方中小企業のまち会社の三つは位置を変える点に注目してほしい。社会階層としては三つとも保守主義レジームに与するが，活性化を生み出すダイナミズムでは対照的である。基本的に中心市街地活性化基本計画による補助金に頼らず，店舗の売り上

げを活性化の原資としている市場指向性の強い長浜から，中心市街地活性化基本計画に基づいた多額の補助金を投入して再開発を行っている統治倫理指向が強い丸亀，その中間的位置に札幌が位置する．

5.5 「まちづくり」はネオリベラリズム（新自由主義）に進んでいるのか？

　旧来の地方のまちづくり会社は，社会階層的には保守層であるが，ジェイコブズ的な発展のダイナミズムを見ると差異が生じている点に注目してほしい．第三セクターまちづくり会社により美しいガラスの天蓋をもつ再開発を行い，ある種のジェントリフィケーションを行っている丸亀町商店街は，一見，市場性の高い（新）自由主義的傾向が強いように思えるが，このように比較すると，実は，市場の倫理よりは，統治の倫理に近く，保守主義レジームが強い傾向が見えてくる．考えてみると，丸亀町商店街の再開発の目的は，土地の所有と利用の分離によりテナントの流動化を進め時代に即した商店街に生まれ変わることであったが，その転換の際，重要視されたのは，新たなまちづくりの担い手を生み出すという自由主義的要素よりは，既存商店主を従前債務から解放し，商売に向かない者は商業主ではなく家主として生活を保障するといった既存の社会階層（旧中間層・自営業種層）の維持であった．このような権利変更による生活保障をしたことで，再開発が可能になった．多くの再開発が失敗する中で，丸亀町商店街は駐車場事業などの営利部門と組み合わせ，持続的な「経営」を行っているが，アンチ・コモンズ論（悲劇論）による過少利用の解決策ともいえる土地の所有と利用の分離という手法も，社会階層的視点からこの現象を見るのであれば，（失敗した他地域の再開発同様に，）再開発にかかる多額の助成金は既存の旧中間層の生活保障のために使われたともいえよう（矢部 2006，2011a）．ただし，他地域で失敗して補助金が「無駄」に使われている一方で，丸亀町は持続的に継続されているのは大きな違いであり，土地所有を含めたマネジメント手法は称賛に値する．

　一方，旧まちづくり3法時代からの成功事例である長浜は，「第三セクター

株式会社黒壁」だけを見ると，国の補助金に依存しない市場の倫理であるが，新法時代には，「黒壁」とは異なる，「長浜まちづくり会社」という新たなまちづくり会社が生まれ，他地域同様に中心市街地活性化基本計画を立案し認定され，補助金による中心市街地の活性化事業を遂行している。そして，これまでリノベーションが中心で決して再開発を行わなかったが，最近は新たな行政主導色の強い第三セクターまちづくり会社が設立され，駅前再開発が行われている。「長浜市」のまちづくりは，民間主導の市場の倫理から，徐々に自治体主導の統治の倫理へ移行しているようにも見える。

BID の位置づけであるが，本来のアメリカ型であれば，行政の財政逼迫により資金が投入できていない地区に，地権者が了承することで新たな税負担を行い，公有地の民間利用により利益を生み出し，再投資のプロセスを循環させることによる「負担者受益」の活性化モデルであるが，日本の場合，すでに豊かである地区の社会資本設備を増やすための課税制度であることから，市場指向性というよりは統治の倫理が強いと判断した。

矢作（2011）は，アメリカの BID による中心市街地活性化の問題点を指摘し，まちづくりのもつ新自由主義的な要素を警戒している。仁平（2014：270）は，ネオリベラリズムの定義を「①経済システム内部では，資本・労働に対する規制の撤廃と自由市場の創出を志向し，②経済システム外部に対しても，その志向性を，社会のあらゆる範囲に拡張していく政策潮流」と定義しているが，本稿で扱う「まちづくり」では，アメリカ的民間主導のネオリベラリズムというよりは，国家が関連する統治の理論側のネオリベラリズム，むしろ，新保守主義的傾向が生み出されようとしているようにも思われるが，まだ，憶測の域を出ない。

第6節　今後のまちづくりはどこへ向かうのか
――緊縮論者（オーステリアン）か修正ケインズ主義者か――

「保守主義レジーム」では，脱工業化社会への適応は難しく，かといって「自由主義レジーム」ではこぼれ落ちる人々が多い。そこで，第3の道として，

（社会を幸福にする？）社会民主主義的レジーム，コモンズ論的なまちづくりの方向性と考えたくなるが，本稿で扱うまちづくりの成功事例の範囲では，適切な日本の事例は見出せなかった。それでは，今後のまちづくりの方向性をどのように考えたらいいのであろうか。

　現在，新自由主義，アベノミクスなどの格差を助長するような時代の潮流が指摘されるが，時間の針を少し戻すと，2009 年 9 月から 2012 年 12 月までの 3 年 3 か月「新しい公共」という名で（成果はともかく）社会民主主義的なものを目指した民主党政権時代があった。そして，景気悪化を招くかもしれない消費増税を決めたのは，最後の民主党政権の野田内閣であった。財政規律を重んじ，「社会保障と税の一体改革」を内閣の最重要課題に掲げる野田内閣は，俗にいう，3 党合意（2012 年 8 月に「社会保障と税の一体改革に関する法案」を民主，自民，公明の 3 党代表間で合意）の後，2012 年 11 月 16 日に衆議院議員を解散する。その後の総選挙では，民主党の大敗，自民党の圧勝。デフレからの脱却を最重要課題に挙げる自民党の安倍政権の誕生につながり，今のアベノミクスを生み出した。環境や財政規律など脱物質主義的な政策は，国政のみならず地方政治においても，住民運動などの成果として生まれた市民派知事政権においても，必ずしも継続的な支持を得られず，経済的発展を優先する保守政権に再び取って代わられることは多い（久保田ら編 2008，矢部 2008）。もともと社会民主主義的萌芽はあったにもかかわらず，それを根付かすことができず，そのことが返って，経済政策優先の圧倒的な支持を得る保守政権を生み出している点は皮肉でもあり，また，正直な民意の表れであるとも思う。

　今後の安倍政権下でも，「地域創生」という名で多くの新しい制度が生み出され多くの補助金が地方に降りてくると思われる。我々は，その流れに乗っていくべきなのであろうか？　それでは，これまで小熊が述べていた，「状況認識と価値観の転換を拒み，問題の「先延ばし」のために補助金と努力を費やしてきた時代」を繰り返すことにならないのであろうか？　我々は，財政規律を守る緊縮論者として，今後のアベノミクスによる地方創生を批判すべきなのであろうか，それとも，財政出動により地方の経済を現状よりは豊かにすると思われる修正ケインズ主義の立場をとるべきなのであろうか（クルーグマン

2012)。

　中澤（2014）は，人口減少社会の中で地方の自治体が生き残る処方箋として，①合併，② New Public Management の採用，③「小さくても輝く自治体」の三つを挙げている。ただし，合併は中心部と周辺部の格差の顕在化，NPM はコスト削減を最優先した結果トータルの地域経済が縮小に向かう傾向が見られるために，最後の「小さくても輝く自治体」として自らの足元と地域資源を見つめ直し，独自のまちづくりの道（内発的発展）を進むことに期待している。先進自治体では「新まちづくり3法」や，小泉政権期に導入された「構造改革特区」など国の新しい制度をフルに活用するしたたかさを示しているとも主張する。この中澤の主張のうち，先の二つは財政緊縮論者の立場であり，後者は修正ケインズ主義の立場に立っている。時代の趨勢として，財政緊縮論を無視はできないが，コモンズ論での土地所有制度決定楽観論と同様，財政を縮小均衡させるだけでは中心市街地は発展しない。経済的な成長を捨てた新たな中心市街地の構想，縮小都市型の道もあり得るが，実際問題として，具体的な都市像を示すのは難しい。コンパクトシティやクリエイティブシティ論などでの成功事例といわれる諸都市も，その評価の根底には都市の人口増大，経済的発展が評価されており，人口減少型の縮小都市が評価されているわけではない（矢作 2009）。

　ポスト工業化社会としての中心市街地活性化のまちづくりを考えるのであれば，自律性が必要となり，格差などの社会問題も一部生まれるが，まずは，自由主義レジーム型・市場の倫理型のまちづくり事例を日本全体で増やしていく必要性があると思われる。それは，まちづくり3法をはじめとして，既存の行政主体のまちづくり・地方創生は，結局のところ，既存の社会構造維持を目指す社会保障的な補助金事業から離れることができないと思われるからである。その一方で，それらとは距離を置いた自由主義的レジーム型，市場の倫理型のまちづくりは，「漏れ落ちた人々」を含んだ新しいまちづくりの担い手づくりであり，社会的包摂の方向性をもっていると思われる（冨山 2014）。

　社会民主主義レジーム・第3の道・コモンズ論的位置は理想的であるが，中心市街地活性化などの経済活動が関連する場合は，対象事例が見出しにくい。

市場を意識しない居住地を中心としたまちづくりであれば，高村（2012）の主張するように可能であると思われるが，市場との関係から離れての議論は無駄であろう。「総有による持続可能性」を前提にすることはできず，補助金に頼るのではない，都市のダイナミズムを生み出す力，基本は経済の地域内循環（輸入代替）を生み出すといった基本的な事業展開（ジェイコブズ 1971，1986，1998，木下 2009，中村 2014，冨山 2014，矢部 2006）の中からしか生まれないと考える。

おわりに

ハーヴェイ（2013）は「都市コモンズを取り戻す」と題された節で，以下のように述べている。

「国家の供給する公共財が減少するなか，私的蓄積の単なる手段となるなら（教育分野で起きたように），さらには国家が公共財の給付から手を引いてしまうならば，可能な対応策はただ一つしかなくなる。すなわち，住民が自分たち自身のコモンズを供給すべく自己組織化することである。」

（ハーヴェイ 2013：152）

冨山（2014）は，今後の社会をG（Global）型とL（Local）型と二分し，世界都市として戦う一部の大都市と人材の世界であるG型と，相対的にグローバル化の競争とは距離をもつ閉じられた地方社会というL型を分け，それぞれの必要とすべき人材や社会経済構造を区別して構想すべきであると主張している。ただし，決して，地方の既存の社会構造の維持を述べているのではない。新たな社会構造＝生産効率性の向上を主張し，そのためには文系の地方国立大学を現状のような教養主義的な人材育成機関とするのではなく，地方活性化に寄与するような実践的な知識をもった人材育成機関へと変革することを主張している。地方創生における補助金を既存の社会構造維持のための社会保障として使うのではなく，新たな社会構築のための契機として活かせるかが問われており，まちづくり会社・地方創生が都市コモンズなり得るかは，今，まちづくりに関わる我々の手に託されている。

[付　記]　本章は，矢部拓也（2014）「まちづくり会社による中心市街地活性化再考――産業政策・社会保障・新自由主義・都市コモンズ」徳島大学『社会科学研究』28号の内容をもとに，大幅に加筆修正したものであり，科学研究費基盤研究（C）25380675「脱新自由主義としてのソーシャルイノベーション型地域再生過程に関する比較研究」による研究の一部である。調査に協力いただいたすべての方に感謝したい。

参考文献

アセモグル，ダロン／ロビンソン，ジェイムズ A.『国家はなぜ衰退するのか――権力・繁栄・貧困の起源』（鬼澤忍訳）早川書房，2013年。
五十嵐敬喜編著『現代総有論序説』ブックエンド，2014年。
井手英策「経済――「土建国家」型利益分配メカニズムの形成，定着，そして解体」小熊英二編『平成史（増補新版）』河出書房，2014年。
宇沢弘文「社会的共通資本の概念」宇沢弘文・茂木愛一郎編『社会的共通資本――コモンズと都市』東京大学出版会，1994年。
エスピン・アンデルセン G.『ポスト工業経済の社会的基礎――市場・福祉国家・家族の政治経済学』（渡辺雅男，渡辺景子訳）桜井書店，2000年。
小熊英二「総説――「先延ばし」と「漏れ落ちた人びと」」小熊英二編著『平成史（増補新版）』河出書房，2014年。
海道清信『コンパクトシティ』学芸出版，2001年。
衣川恵「まちづくり3法と青森市中活事業の事例」鹿児島国際大学『地域総合研究』36，2009年，1-12頁。
木下斉『まちづくりの「経営力」養成講座』学陽書房，2009年。
木下斉・広瀬郁『まちづくり：デッドライン――生きる場所を守り抜くための教科書』日経BP，2013年。
久保田滋，樋口直人，矢部拓也編著『再帰的近代化の政治社会学――吉野川可動堰問題と民主主義の実験』ミネルヴァ書房，2008年。
クルーグマン，ポール『さっさと不況を終わらせろ』早川書房，2012年。
小林重敬編『エリアマネジメント――地区組織による計画と管理運営』学芸出版社，2005年。
―――『最新エリアマネジメント――街を運営する民間組織と活動財源』学芸出版社，2015年。
小林敏樹「Business Improvement（BID）の現状と可能性」『土地総合研究』2014年

春号，2014 年，116-133 頁。
西郷真理子「地方都市の中心市街地再生とその持続を実現するマネジメントのあり方」『地域開発』543 号，2009 年，17-21 頁。
ジェイコブズ，ジェイン『都市の原理』（中江利忠・加賀谷洋一訳）鹿島出版会，1971 年。
―――『都市の経済学：発展と衰退のダイナミクス』（中村達也・谷口文子訳）TBS ブリタニカ，1986 年。
―――『市場の倫理　統治の倫理』（香西泰訳）日本経済新聞社，1998＝1992 年。
清水義次『リノベーションまちづくり　不動産事業でまちを再生する方法』学芸出版社，2014 年。
卜村智典「コモンズが開く都心の持続可能性――都市資源の再生と活用」間宮陽介・廣川祐司編『コモンズと公共空間――都市と農漁村の再生にむけて』昭和堂，2013 年。
ズーキン，シャロン『都市はなぜ魂を失ったか――ジェイコブズ後のニューヨーク論』（内田奈芳美・真野洋介訳）講談社，2013 年。
高村学人『コモンズからの都市再生――地域共同管理と法の新たな役割』ミネルヴァ書房，2012 年。
―――「現代総有論の歴史的位相とその今日的意義」五十嵐敬喜編著『現代総有論序説』ブックエンド，2014 年。
冨山和彦『なぜローカル経済から日本は甦るのか　GとLの経済成長戦略』PHP 新書，2014 年。
中澤秀樹「地方と中央――「均衡ある発展」という建前の崩壊」小熊英二編『平成史（増補新版）』河出書房，2014 年。
中村良平『まちづくり構造改革――地域経済構造をデザインする』日本加除出版株式会社，2014 年。
仁平典宏「社会保障――ネオリベラル化と普遍主義化のはざまで」小熊英二編『平成史（増補新版）』河出書房，2014 年。
ハーヴェイ，デヴィッド『新自由主義――その歴史的展開と現在』（渡辺治監訳）作品社，2007 年。
―――『反乱する都市――資本のアーバナイゼーションと都市の再創造』（森田成也・大屋定晴・中村好孝・新井大輔訳）作品社，2013 年。
平竹耕三『コモンズと永続する地域社会』日本評論社，2006 年。
広井良則『定常型社会――新しい「豊かさ」の構想』岩波書店，2001 年。
間宮陽介「都心の形成」宇沢弘文・茂木愛一郎編『社会的共通資本――コモンズと都市』東京大学出版会，1994 年。

茂木愛一郎「コモンズ論の系譜とその広がり——現代総有論への架橋の試み」五十嵐敬喜編著『現代総有論序説』ブックエンド，2014年．
保井美樹「アメリカにおける Business Improvement DistrICT（BID）—— NPO による中心市街地活性化」『都市問題』89（10），1998年．
―――「新しい「コモンズ」を支える組織のデザイン——エリアマネジメントと地域自治組織を例として——」岡崎昌之編著『地域は消えない——コミュニティ再生の現場から』日本経済評論社，2014年．
保井美樹・大西隆「「負担者自治」という観点から見た米国 BID 制度の評価に関する研究」『都市計画』237，2001年，51-62頁．
矢作弘『都市はよみがえるか——地域商業とまちづくり』岩波書店，1997年．
―――『「都市縮小」の時代』角川書店，2009年．
―――「都市再生と公共空間のガバナンス——新自由主義的都市経営の両義性」西山八重子編『分断社会と都市ガバナンス』日本経済評論社，2011年．
矢作弘・明石芳彦『アメリカのコミュニティ開発——都市再生ファイナンスの新局面』ミネルヴァ書房，2012年．
矢作弘・瀬田史彦『中心市街地活性化三法改正とまちづくり』学芸出版，2006年．
矢部拓也「地域経済とまちおこし」岩崎他監修『地域社会の政策とガバナンス（地域社会学講座3）』東信堂，2006年．
―――「縮小社会における地方の反乱——ポスト55年体制下の地方政治と地域社会，田中康夫知事による長野県政を事例として」『地域社会学会年報』20，2008年．
―――（2011a）「まちづくり会社と中心市街地の活性化——長浜・高松・熊本」西山八重子編『分断社会と都市ガバナンス』日本経済評論社，2011年．
―――（2011b）「都市再生におけるまちづくり組織の比較研究」西山八重子編『分断社会と都市ガバナンス』日本経済評論社，2011年．
―――「ソーシャルイノベーションとしての地方のまちづくりとコモンズ——地方都市の地域再生の課題と現状：北九州小倉地区，富山市，愛媛県伊予市双海町を事例として」『徳島大学　社会科学研究』26，2012年．

第7章

震災復興とコモンズ

風見正三

はじめに

　日本は，戦後の高度経済成長期を経て，先進諸国に肩を並べるまでの経済大国へと発展を遂げてきた。しかし，その一方では，急速な経済発展が及ぼす負の影響も顕著となり，経済至上主義に対する課題が顕在化してきている。こうした国家的な経済発展は，「GNP（Gross National Product）：国民総生産」に代表されるような経済指標を押し上げてきたが，それが，個人の豊かさの向上に寄与しているのかという疑問が生じてきている。近年，経済の国際化が急速に進展する中，グローバル経済の弊害やバブル経済の破綻を経て，「真の豊かさ」とは何かという本質的な疑問が国民に投げかけられているのである。

　このような社会経済状況の変化が進行する中で，日本は，さらに大きな困難に遭遇することになった。2011年3月11日に発生した東日本大震災である。日本は，この歴史的な大震災によって，まさに，国家的な危機に直面することになった。東北や関東地方では，大震災によって数多くの貴重な命が失われ，沿岸部を中心とした市町村では，大津波によって大打撃を受けることになった。東北の中心都市である仙台市は，激震を受け，都市のライフラインは失われ，仙南地域の沿岸部や三陸沖の漁村は，大津波により，一瞬にして都市の記憶が奪われるような大惨事にみまわれた。また，追い打ちをかけるように，大震災によって生じた原発事故によって，福島県を中心とする東北地方は危機にさらされるとともに，東北のみならず日本の社会経済的な基盤を根底から揺るがすような重大な危機に直面することとなったのである。

　日本は，こうした甚大な被害をもたらした大震災と原発事故を乗り越えていくために，どのような道を進むべきなのか，被災地に真の再生をもたらすために，いかなる社会経済システムの再構築が必要となるのか，その具体的なソリューションを模索していかねばならない。そのための重要な鍵となるのが，「持続可能な地域創造プロセス」の構築である。地域特性を十分に踏まえながら，地域の意思決定に立脚した産業創造やエネルギー政策を推進し，地域ならではのライフスタイルや社会インフラを構築していくことが重要となる。そし

て，その基盤となるものが，大震災でもその存在が注目された「地域力」，「コミュニティ」という視点である。

東北地方は，長い歴史の中で豊かな自然環境に根差した地域産業が育まれてきた。しかし，近代化の進展に伴って，それらの産業の市場性や希少性は失われ，大都市への人口集中や地方中心都市への経済集中が進む中，個性豊かな地域産業は衰退の一途をたどることになった。その過程で，「縁」や「結」といった歴史的な集落単位の結束は変質し，地域を主体的に維持していこうとする「地域力」や「コミュニティ」が弱体化していくことになった。大震災を超えて，日本は，こうした歴史的な地域経営の仕組みの変質過程を踏まえながら，地域の人々が，地域の意思によって，地域の未来を決定できる，「地域主体の経済社会システム」を構築し，今こそ，21世紀にふさわしい持続可能な未来を獲得していかねばならない。

本章では，以上のような背景を踏まえながら，大震災を超えて，東北地方や日本が目指していくべき持続可能な社会像とは何かを論じるとともに，その復興の過程で，市民や市民活動団体，地域企業がどのような役割を担うべきなのか，大震災の具体的な対応事例も踏まえながら論じていく。特に，東北のみならず，日本を持続可能な地域へと変革していくための重要な鍵となる「コモンズ」の視点や「コミュニティビジネス」の意義について焦点を当てながら，日本社会の今後のあり方について提示していく。

第1節　20世紀の成長主義を超えて
――真の豊かさの追求――

20世紀は，世界的にも都市部に人口が集中し，政治や経済等の中枢機能が一極集中する大都市が数多く誕生した「都市の世紀」であった。特に，金融，証券等の経済のグローバル化が進展する中で，ニューヨーク，ロンドン，東京といった世界経済の動向と連動する世界都市も多く出現していった。日本は，戦災の復興を果たした後，急速な経済成長を遂げてきたが，大都市の過密化による大気汚染や騒音問題，都市化に伴う土地高騰やコミュニティの衰退等，そ

の弊害も顕在化していった。20世紀は，まさに，文明の高度化による都市の時代であり，経済的な豊かさや都市生活の便利さを追求してきた時代であった。その結果，日本は急激な経済成長は成し遂げてきたが，バブル経済の崩壊や都市問題の噴出により，経済重視の成長主義の限界も感じるようになってきていた。「文明」は生活を便利にはしたが，本当の豊かをもたらしたのか，こうした本質的な問いが，今の日本に投げかけられている。日本は，OECDの主要構成メンバーとして豊かな国という評価を受けてきたが，市民の実質的な豊かさというものについては，いまだ十分な議論がされてきたとはいい難い状況にある。

　21世紀は，都市と文明に関する新たな考察が必要となる世紀となるであろう。都市は，文明の発展とともに成長し，その役割も大きくなってきたが，都市があまりに大きな経済装置に変質していくことによって，市民のための都市のあり方については議論が十分にされない時代が続いてきたのである。上田篤（1998）は，「ユーザーの都市」において，都市の生活者の視点を都市づくりに活かすことの重要性を説いた。上田は，都市は，そのユーザーである生活者，市民の側から構築され，評価されるべきであることを示唆している。また，クリストファーアレキザンダー（1965）は，「都市はツリーではない（A City is not a Tree）」という理念を打ち出した。これは，都市は階層的に構成されるツリー構造ではなく，様々な要素が絡み合って形成される「セミラチス構造（Semilattice）」であることを説いたもので，都市の機能を健全に維持していくためには，都市という社会装置が中央集権的な管理体制ではなく，自律分散型の構造をもつべきであることを述べたものである。

　今回の大震災は，まさに，こうした都市の構造やシステムのもつ脆弱性が露呈した「文明災」（SBNの東北復興緊急ギャザリングの主要テーマ）ともいうべき大災害であったといえよう。「都市」とは，生命を支える基本的な機能である食料やエネルギーを自らの地域で生産できない地域と定義されるが，現在の日本においては，食糧やエネルギーを完全自給できる地域はほとんど存在しておらず，その意味では，日本は全国的に都市化している国家ということができるだろう。多くの国民は，大震災によって，通常，簡単に手に入れることができ

た食料やエネルギーというものがいかに大きなシステムで支えられていたのかということを再認識させられることとなった。被災地では，食料や水，エネルギーは生命を守るための基本条件であるにもかかわらず，巨大な流通ネットワークや電力供給システムのもつ弊害のために，長期間にわたって寸断され，貴重な命がその後も失われていくことになった。平常は何の苦労もなく手に入れていた食料や水，電気，ガスといったものが寸断され，それらを支える都市インフラや経済システムの複雑性が露呈したのである。

　このような緊急な事態に対して，日本はなぜ迅速な対応をとることができなかったのか，都市生活を支える最も重要なライフラインがなぜ寸断されてしまったのか，様々な疑問が生じてくる。そして，それらの解答は，今後の多元的な視点からの要因分析を待たなければならないが，その要因の一つとしては，都市という複雑なシステムのマネジメントの不透明性，地域の安全や安心を守る自治力の欠如，食糧や水，エネルギー等の地域資源のガバナンスの不在といった問題があるといって良いであろう。

　都市という社会装置は，古くは，チグリス川とユーフラテス川の間の沖積平野から起こったメポタミア文明に起因するといわれている。この最古の文明とも呼ばれるメソポタミア文明は，その後の急激な都市化等による資源の枯渇によって滅亡したといわれており，文明というものの限界を示唆していたにもかかわらず，その問題点は21世紀を迎えた現在においても本質的には解決されていない。また，都市のガバナンスという視点からいえば，古代ローマにおける巨大都市の発展と古代ギリシャのポリスに代表される小規模な都市国家の対比が重要な示唆を与えている。古代ギリシャにおいては，人口規模が小さく，アゴラ（広場の語源）と呼ばれる公共の場で市民が政治や経済，哲学について議論をする場が存在し，社会的な合意形成の場が確保されていたことに対して，古代ローマは，すでに100万都市にまで発展し，都市の自治機能は市民の参加する規模を超え，社会的な合意形成が困難な規模に発展していたといわれている。都市という社会装置を有効に機能させるためには，こうした都市の規模の問題や都市を自治するための社会システム，経済システム，環境システムの存在が重要となり，大震災はこうした，都市のあり方を再び問うものとなっ

たといえよう。

　都市の発展と経済の関係性も同様の課題を有している。都市という空間は，経済活動を活性化させるために必要な「集積の利益」を生み出す効果的な装置であり，市場の形成のうえで極めて大きな役割をもってきた。しかし，経済活動が地域の資源や人材と連動し，地域の豊かさと直接的に結びついたものであれば良いが，急激な経済発展，世界経済の進展は，地域の資源や人材，豊かさとはかけ離れた巨大な市場原理で経済を牽引し，地域経済を衰退させ，地域や国家の自律性を著しく損なう結果を導いてしまった。本来，「経済」とは，「經世濟民（経世済民：けいせいさいみん）」という中国の古典から由来しており，「世を經（おさ）め，民を濟（すく）う」という意味を有している。経済とは，まさに，社会を安定させ，国民生活を救済することが本質的な目標であったが，グローバル経済の進展は，そうした国民の豊かさに直結する経済からは程遠いシステムに変質していってしまったといえるだろう。このような経済の変質の中で，日本社会においても，震災前から国民が感じ始めていた，「真の豊かさ」に対する違和感は，大震災によって，さらに大きな疑問として顕在化してきたのである。

　今こそ，我々は，日本という国が本当に国民の豊かさを保証する仕組みになっているのか，未来の世代に継承できる魅力のある文化を守っていけるのか，再点検をしていかねばならない。そのような社会情勢の中，「GNH（Gross National Happiness）：国民総幸福量」[1]という指標が注目されてきている。これは，国民の「豊かさ」を表す指標を経済的な指標だけではなく，国民がいかに幸福を実感しているのかという視点から表そうとする試みで，ブータンの国家指標として世界から注目されることとなった。GNHは，グローバル経済の進展に適応し，国家の経済を加速させ，国民の豊かさは本当に向上したのか，国民は真の豊かさを本当に実感できているのか，という本質的な命題に応えようとするものである。

　現在，政策評価や経済学の分野においても，人間が人間らしく生きていくための社会インフラや経済的な仕組み，自然環境の条件といった課題が改めて問われてきており，そのような観点に立ったとき，日本という国は，果たしてどれほど豊かになってきたといえるのであろうか。まさに，日本においては，こ

うした20世紀的な成長主義を超えて，本質的な豊かさを構築していくための社会経済システムやその評価指標のあり方が問われてきているといえるだろう。その意味でも，「真の豊かさ」を表す指標が重要となってきていることを意味している。今こそ，日本をはじめとする先進諸国は，20世紀的な文明観を超えて，真の豊かさや安全性を確保し，未来に継承していくための社会システムを再構築していかねばならないのである。

第2節　コモンズの視点による地域創造

　大震災を踏まえて，我々が再考しなければならない命題はあまりに多い。その意味では，21世紀は人類が歩んできた社会のあり方を問い直すべき世紀であり，大震災は，その重大な転換期といえるであろう。人間はいかにして自然と向き合い，科学技術と付き合っていくべきなのか，人間と人間はどのように関係づけられていくべきなのか，人間社会の本質的な豊かさとは何であるのか，我々は，こうした命題を明らかにしていかねばならないのである。

　20世紀は，科学技術の発展した時代であり，高度な科学技術を駆使した大都市が急速な成長を遂げ，それらを支えるエネルギーや電力の需要も増大していった。しかし，こうした高度経済成長やバブル経済の崩壊，地球環境問題の深刻化や混迷する経済状況を俯瞰するとき，我々は，20世紀的な文明観によって，真の豊かさを手にしたということができるのだろうか。今回の大震災によって引き起こされた原発事故の問題も，大都市の急激な成長を支えるための大規模な電力供給が根底的な要因になっており，その背景には，集積の利益を求める一極集中型の都市のあり方があった。

　20世紀における都市発展は，都市の機能を支える高度な文明の存在によって成し得たもので，その科学技術の発展が国家の経済を牽引したこともまた事実である。都市は経済発展のショーケースとして，大都市では，国力の増強の意味からも，経済優先の都市計画がなされてきた。そして，こうした科学技術の発展や経済活動の拡大が社会を豊かにするという過信が様々な災害を生み出してきたといえる。日本は，江戸時代を例に出すまでもなく，かつては，自然

と共生した持続可能なライフスタイルを保持していた国でもある。森と海の文化を尊び，自然の恵みに感謝しながら，大地とともに暮らしてきた。そして，そうした地域に根差した文化的な暮らしを支えるコミュニティの力が大きな基盤として存在していたのである。

東北は豊かな森や里と海の文化に支えられてきた地域であり，21世紀に目指すべき持続可能なライフスタイルを歴史的に醸成した地域であることを忘れてはならない。20世紀は，そうした地域に根付いた文化や風習を近代化の中で喪失していったが，今こそ，こうした地域特性を踏まえた人間的な豊かさや環境的な持続可能性，幸福感や安心感を見直し，未来に向けた持続可能なライフスタイルを再構築していくことが重要になっている。1987年に，WCED（環境と開発に関する世界委員会）は，「Our Common Future」という報告書を世界に提示した。WCEDは，その中で，「持続可能な発展（Sustainable Development）」とは，「将来の世代が自らのニーズを充足する能力を損なうことなく，今日の世代のニーズを満たすような発展」と定義している。持続可能性とは，まさに，この定義にあるように，「世代間の共生」を意味するものであり，我々は，地球上に蓄積されたエネルギーを使い尽くしたり，将来の世代に悪影響を及ぼすような負の遺産を未来に伝えてはならないのである。我々は，未来の世代が生き続けることができるための自然環境や文化環境を継承していく責任がある。

日本は，大震災を超えて，地球環境時代にふさわしい「我らが共通の未来（Our Common Future）」の実現を目指していかねばならない。21世紀は，これまでの効率性重視，経済性重視，科学技術重視を越えて，自然の知恵を学び，経済的価値だけでは表せない，文化的な豊かさ，スローな生活習慣，オルタナティブな技術を重視し，支え合いによる経済社会を再構築する時代としなければならない。今こそ，日本は，大震災や原発事故を踏まえた持続可能な地域づくりや産業創造，オルタナティブなエネルギーへの政策転換を進めていかねばならない。

そして，その重要な鍵となるのが，「コモンズの視点による地域創造」である。東北は「日本の食糧庫」としての役割を果たしてきたが，今回の大地震で

は，その存在が改めて認識された。東北には，天然の良港や豊饒な大地，水資源や森林資源等，豊かな自然環境に培われた様々な地域資源があり，それらの豊かな地域産業を守り育ててきた根底には，地域の自然と共生してきた安定したコミュニティの存在がある。特に，農林水産業は，こうした地域の自然環境や多様な資源を活用して発展を遂げてきた産業であり，21世紀は，こうした地域に根付いた産業を尊重していかねばならない。地域の個性である自然特性を十分理解し，地域の主体的な意思決定の下で，自然と共生する地域産業を協働型で創造していくことが重要となる。地域の自然環境や歴史文化等の様々な地域資源を再構築し，失われた地域の記憶やアイデンティティを再生するためには，地域の長い歴史を尊重しながら，地域資源を再評価し，長期にわたる再生のシナリオを構築していくことができる「コモンズの創造」が重要となるのである。

　コミュニティは持続可能な社会を構築するための基盤であり，地域の伝統や豊かさを未来に継承する主体となる。被災した地域産業の復興も同様である。地域の持続的安発展を支える地域産業をコミュニティの再興と連動したアプローチによって推し進めていく必要がある。地域の持続可能な産業を創造していく際，その地域の特有の資源や生業をいかに尊重する仕組みができるのか，その成否が地域の持続可能性や将来的な幸福感を決める。地域の地場産業である，農業，林業，漁業は，その豊かな自然資源を活かした「自然立地型産業」であり，「自然資本」に基づく経済活動といえる。したがって，自然資本の有限性や希少性を十分理解しながら，自然と共生する持続的な産業システムを地域主体で構築していかねばならない。1970年代に，デニス・メドウズ，他(1972)は「成長の限界」[2]という命題を提示した。この概念は，自然資本の限界性を無視した人間活動の成長は世界的な食糧危機や環境問題を引き起こすことを警告したものであり，地域資源のグローバルな活用の問題点を示唆するものであった。このような世界的な危機を回避するためにも，地域資源を地域主体で維持管理をしていく社会システムが必要であり，その主体は，地域のコミュニティの存在なのである。

　このように，「コモンズの視点による地域創造」は，持続可能な社会像の原

点であり，地域の自律的な発展を実現するための重要なアプローチなのである。そして，それを具現化するのは，「地域の主体的な意思決定」とそれらを前提とした「持続可能な地域産業の創造」である。現在，地域の主体的な意思決定を行うための社会システムや持続可能な産業を創造するための取り組みが震災後の東北の重要な課題となっている。

本章では，こうした震災後の東北をつくる原動力となる「コモンズの視点による地域創造」の事例を取り上げながら，東北の再生やこれからの日本の目指すべき社会像や産業像の基本理念となる「コモンズ」の視点とその展望について論じていく。

第3節　大震災を超えて
──コミュニティイノベーションの時代──

3.11の大震災は，東北や関東を未曾有の混乱に陥れ，被災地の住民は，ライフラインが失われた暗闇の中で，断続的な余震と厳しい寒さに耐えながら，長時間にわたって救援を待ち続けた。大震災は，2011年3月11日の14時46分に，モーメントマグニチュード9.0，最大震度7の大地震と15m以上を超える大津波が三陸地方や仙台沿岸部を直撃した。大震災による死者，行方不明者は2.4万人以上，全壊建物は9.0万戸以上，避難民11.5万人といった大災害となった（2011年発生当時の数値）。日本政策投資銀行の示した推定被害額は約16.3兆円，浸水土地評価額は民有宅地2.125兆円（地価公示2011年1月1日現在）という大損害となった。

今回の大震災は，日本の安全神話や経済構造の脆弱性を露呈させるとともに，これまでの日本の社会システムに対して大きな疑問を投げかけることとなった。また，大震災によって，東北の地域経済の衰退がさらに加速していくことも懸念されている。現在，日本では，東北地方のみならず，全国の地方都市において，地域経済の衰退が顕著となっており，この大震災によって，地域経済の衰退が加速することがないよう，それらを阻止しなければならないことも大きな課題となっている。

日本は，この未曾有の危機を招いた大震災を超えて，持続可能な地域産業を創造し，新たな日本のビジョンを提示する変革期としなければならない。そのためには，これまでの成長主義的な経済発展のあり方や中央集権的な社会システムを見直し，21世紀にふさわしい持続可能な社会のデザインを構築していかねばならない。国土計画のあり方や地域産業のシステムの変革，食やエネルギーの自立と連携，自立と連携，自助・公助・共助による地域再生等を推し進め，グローバルな経済システムを超えた新たな地域経済産業政策を具現化し，地球環境時代における持続可能な地域社会の再構築を果たさねばならないのである。

　このような政策潮流は，日本社会を根底から変革し，社会のあり方を変える「コミュニティイノベーション」として，地域政策を変えていくであろう。これまで，個別政策で扱われてきた地域資源の統合化や様々な地域の財産を共有化し，「ソーシャルキャピタル」として再構築していく地域創造戦略のシナリオが，地域の活性化を促し，人々の自立に向けた新たなビジョンとして共有化されていくであろう。地域の多様な資源を総合的に活用しながら，地域の様々なステークホルダーが協働し，持続可能な地域創造のシナリオを実践していくことが求められている。

　こうした「コミュニティイノベーション」の主軸として注目されているのが，地域社会の課題をビジネスの手法で解決していく「コミュニティビジネス」というアプローチである。コミュニティビジネスとは，「志を出発点として，適正な利益を求め，社会貢献と経済発展を両立させる事業」であり，これまでのボランティア活動と経済活動の間にあって，NPO活動等を含めた，社会性の高い事業を意味している。

　コミュニティビジネスは，地域や社会の様々な課題を解決する社会的事業であり，その本質は，「社会性（明確なミッションを有しているか）」，「事業性（継続的な事業となっているか）」，「革新性（新たな価値を創造しているか）」を兼ね備えた事業である。コミュニティビジネスの領域は，企業，行政，市民セクターの中核にあって，それらをつなぐ役割ももった中間的な市民主体の事業が中心となっている。組織形態としては，NPOをはじめ，株式会社やLLP，一般社団

法人，ワーカーズコレクティブや協同組合等，多様な形態であることが特徴となっている。今後，日本では，NPO法人の成熟化の方向も踏まえながら，日本におけるコミュニティビジネスにふさわしい組織形態のあり方についても議論が進むことが望まれる。

　このようなコミュニティビジネスの台頭は，これからの震災復興に向けた重要な可能性を提示している。ここでは，東日本大震災において，被災地の復興に向けて立ち上がってきた新たなコミュニティイノベーションの方向性やそこから具現化しようとしているコミュニティビジネスの取り組みを示しながら，大震災を超えていくための新たなアプローチとしての社会的事業の可能性について論じていく。

　政府は，大震災後，復興構想会議を設置し，5月の段階で，震災復興に向けた「7つの原則」（一部抜粋）（出典：5月20日 日本計画行政学会東日本震災復旧復興特別委員会 大西教授資料）を提言した。その概要は，以下のとおりである。

　　原則1　命の追悼と鎮魂，教訓の継承と発信
　　原則2　地域・コミュニティ主体の復興
　　原則3　東北の潜在力の活用，経済社会の可能性を追求
　　原則4　地域の強い絆，災害に強いまち，自然エネルギー活用型の地域づくり
　　原則5　被災地の復興と日本再生
　　原則6　原発事故の早期収束，原発被災地への支援と復旧
　　原則7　国民全体の連帯と分かち合いによる復興

　第1の原則は，「命の追悼と鎮魂，教訓の継承と発信」であり，この歴史的な大震災で失われた多数の命に追悼と鎮魂の意を表しながら，今回の大震災の教訓を無駄にすることなく，次世代に確実に語り継ぐことが最も重要であるという姿勢が伝わってくる。そして，その第2原則には，「地域・コミュニティ主体の復興」という指針が掲げられており，地域主体，コミュニティ主体の復興の重要性を提示していることは極めて重要なことである。第3原則，第4原則にも，「東北の潜在力の活用」，「地域の強い絆」，「自然エネルギー活用型の

地域づくり」といった命題が掲げられ、地域特性の尊重、地域の連帯、持続可能性に配慮した復興の方向性が明確に示されている。

また、第7原則では、「国民全体の連帯と分かち合いによる復興」といった指針が示され、地域の自立と連携を促進する日本全体の支え合い、分かち合いの精神による新たな連帯のあり方を模索する方向性が示されている。

これらの命題は、まさに、日本社会が取り組まなければならない本質的な課題であり、これらの課題を解決するために、コミュニティビジネスの視点が極めて重要な役割を果たすことになる。

「命の追悼と鎮魂、教訓の継承と発信」は、まさに、その継承の母体となるコミュニティの存在が基盤となるものであり、「地域・コミュニティ主体の復興」や「東北の潜在力の活用」、「地域の強い絆」、「自然エネルギー活用型の地域づくり」といった命題は、その課題そのものが、コミュニティビジネスの果たすべき役割を体現しているといえよう。コミュニティの意思に基づく地域主体の震災復興計画や東北の特性を活かした持続可能な産業創造は、コミュニティビジネスの基本的命題である。さらに、こうした産業連関を支える「地域の絆」やそれらの地域発展を支える「国民全体の連帯と分かち合い」は、ソーシャルビジネスの重要な役割といえる。

日本は、これから、大震災を超えて、地域の新たな産業創造をするために様々な手法を構築していかねばならない。これからは、政府の復興財源だけに頼らない民間資金によるソーシャルファンドの創設や様々なソーシャル投資のあり方の模索を進めていく必要がある。今後は、こうした様々な支援スキームをさらに拡大し、市民、企業、行政、市民活動団体等を含めた戦略的なプラットフォームを構築しながら、真のコミュニティイノベーションを実現していくことが重要となる。

第4節　地域主体による真の創造的復興

3.11の大震災は被災地に多くの悲しみと困難を与えたが、その一方で、全国からの心温まる支援が数多く届けられ、その熱い思いや志を糧に被災地の人々

は徐々に元気を取り戻してきている。震災直後から多くの救援物資やボランティアによる救援活動が行われ，緊急事態を回避するための昼夜を問わない献身的な被災地支援が続いた。震災後の限られた情報の中では，被災地の求める支援ニーズと支援物資や人員のミスマッチも生じることも多かったが，被災地を救済したいとする多くのボランティア，自衛隊や消防署，警察等の公的機関，地域の青年団や消防団，自主的な救援チームの連携によって多くの被災地で全力を尽くした救援活動や復旧活動が行われた。

しかし，こうした救援活動もやがては遺体の確認作業に変わり，行方不明者を残しながらも捜査活動も打ち切られる中で，避難所や仮設住宅に移った被災者の多くは，家族の安否を気にしながらも，自らの生活再建や雇用問題，震災や津波で失ったものの大きさに直面する過酷な日々が続いた。特に，家族や家屋が流され，自宅も仕事場の失った被災者も多く，その生活再建や雇用創出は重大かつ緊急な問題となっていった。このような複雑で困難な問題に対して即効性のある解決手法を迅速に提示しなければならないが，中央政府も地方自治体も震災状況の確認や震災復興計画の策定を優先させる中，即効性の雇用創出や迅速な産業再生策を講じることができないままに数か月が過ぎていった。このような事態の背景には，津波被害の大きかった三陸地方の浸水状況の把握や津波シミュレーションを踏まえた防波堤の高さの設定などの国土基盤整備のあり方の検討も大きな課題となっていたといえよう。

このような状況が続く中，行政，企業，市民，NPO等が連携して様々な取り組みが行われてきた。ここでは，そのいくつかの事例を取り上げながら，大震災における地域主体の創造的復興の重要性について論じていく。

4.1　みやぎ連携復興センターによる雇用創造支援

震災後の混乱期に，被災地を訪れるボランティアや被災地支援を考えるNPOと被災地をつなぐプロジェクトが立ち上がった。「みやぎ連携復興センター（略称：つなプロ[3]）」と呼ばれるこのプロジェクトは，被災者とNPOをつないで支えるというコンセプトのもとに 被災地のニーズに対応した迅速な

連携サービスを目指してスタートしている。このプロジェクトは，東北で先駆的に NPO 支援を続けてきた「NPO 法人せんだい・みやぎ NPO センター」が中心となり，「認定 NPO 法人ジャパン・プラットフォーム」，「公益社団法人仙台青年会議所」，「一般社団法人パーソナルサポートセンター」等が連携し実施されることとなった。

　このプロジェクトでは，被災者の自立支援を促進するため，被災地，被災者が主体の「一人ひとりを大切にした復興を目指して，段階的に，被災地や被災者を支援することを目標として活動を進めてきた。まず，第 1 段階としては，長期化する避難生活を健康に乗り切ること，第 2 段階としては，仮設住宅で新しいコミュニティを形成し復興へ歩み出すこと，第 3 段階としては，地域の復興プランを，地域の人々が自ら話し，考え，つくっていくことであった（つなプロ HP より）。このプロジェクトでは，震災後，2011 年 5 月までの 5 週間で，宮城県内の避難所の巡回訪問とアセスメントを続けながら，避難所の支援ニーズへのつなぎ（マッチング）を行っている。5 月から 6 月にかけては，宮城県内（主に北部）の約 10 箇所の避難所を拠点として，その運営支援を行いながら，被災者の支援ニーズの把握と地域の人々との接点づくり，避難所周辺の自宅避難者のニーズの把握を進めた。実施体制としては，各避難所を管理運営する地

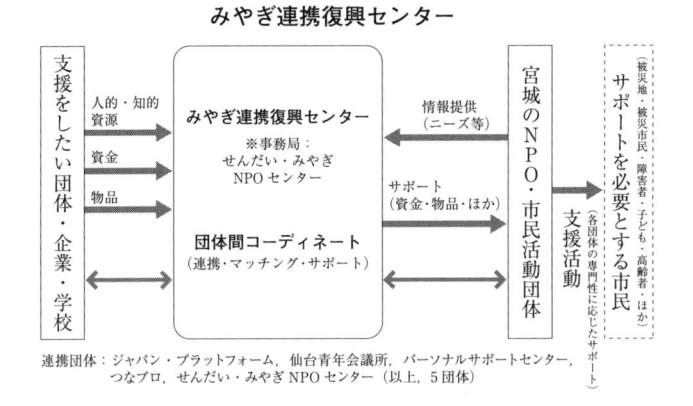

図 7-1：「つなプロの仕組み」
出所）NPO 法人せんだい・みやぎ NPO センター。

域のリーダーを支える「拠点リーダー補佐」を配置し，避難所にはボランティアを送りながら活動を支援してきた。

　このプロジェクトは，こうした震災後の被災者の支援ニーズを正確に把握することによって，被災地の迅速な生活再建やコミュニティの形成を促すことを初期の目標としてきたが，その後，被災者が自立できるための「仕事づくり」が重要なテーマとなってきた。「つなプロ」という試みは，地域の多様なニーズや資源を正確に把握し，外部の資源（人，資金，ノウハウ等）を的確につなぐことで，復興を加速させるという大きな目標があった。「つなプロ」の目指す被災地の雇用創造については，今後のコミュニティビジネスの創造支援スキームとの戦略的な連携が必要となるが，震災直後から，被災地とNPO，ボランティアをつなぎ，情報共有を図っていった活動は評価されるべきものである。今後の課題としては，「つなプロ」で蓄積した情報の共有と発信を進め，被災地の新たな仕事づくりや被災者の生活再建に直接的につながるものとならなければならない。今後，こうした地域情報が共有され，地域主体の持続可能な地域産業創造につながることが最も大きな成果となるといえよう。

4.2　南三陸における住民主体による復興プロジェクト

　南三陸町は，宮城県の北東部に位置する，山と海の豊かな自然環境に恵まれた自治体であったが，3.11の大震災とその後の津波によって市街地のほとんどが失われるという壊滅的な打撃を受けた。大震災によって，市街地は，60cm-70cmの地盤沈下が起きており，津波を受けた市街地をそのまま復旧することもできず，多くの住民は，避難所から仮設住宅へと移りながら，自宅も仕事も失ったままに困難な生活に直面している。南三陸町では，こうした状況を踏まえて，長期的な視点に立った震災復興計画の策定とともに，被災者の自立支援を促進していくための雇用創出と生活環境の整備を緊急に進めていくことを重要課題として掲げ，スピード感のある復興計画策定に取り組んできた。

　現在，南三陸町では，町が主体となって策定した震災復興計画をもとに，復興まちづくり事業を進める段階に入ってきている。震災復興計画の策定には，

2010年に地域振興等に関する連携協定を結んでいた宮城大学が，住民の意見を踏まえた復興プロジェクの立案支援を行っており，震災復興計画の中には，震災復興町民会議が提案した五つのシンボルプロジェクトが組み入れられている。震災復興町民会議とは，策定会議，各地域懇談会での話し合いと併行し，町民目線による提言書作成を進めていくために組織された機関で，5回の町民会議を経て，「津波の教訓伝承」，「被災者の生活支援」，「命を守ロード」，「まちの賑わい復活」，「絆・感謝」という五つのプロジェクトがまとめられた。

　これらのシンボルプロジェクトの中で，「まちの賑わい復活」プロジェクトは，南三陸町の多様な地域資源を活用した地域産業創造を目指した事業であ

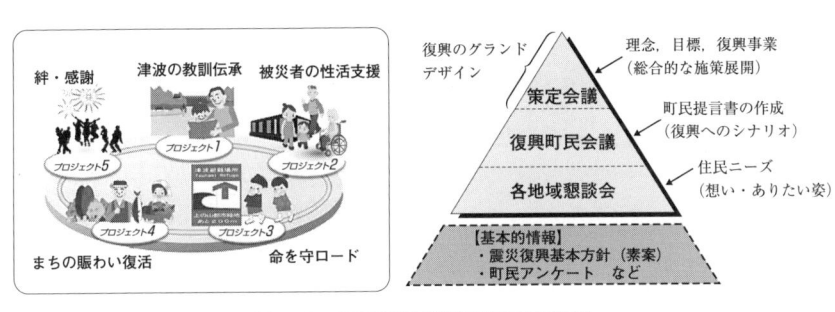

図7-2：南三陸町震災復興計画の概要

資料提供）南三陸町。

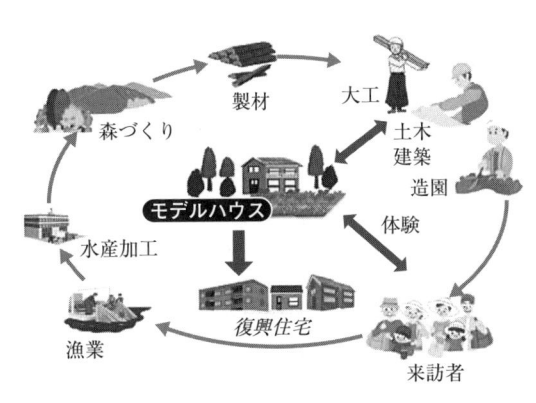

図7-3：まちの賑わい復活プロジェクト

資料提供）南三陸町。

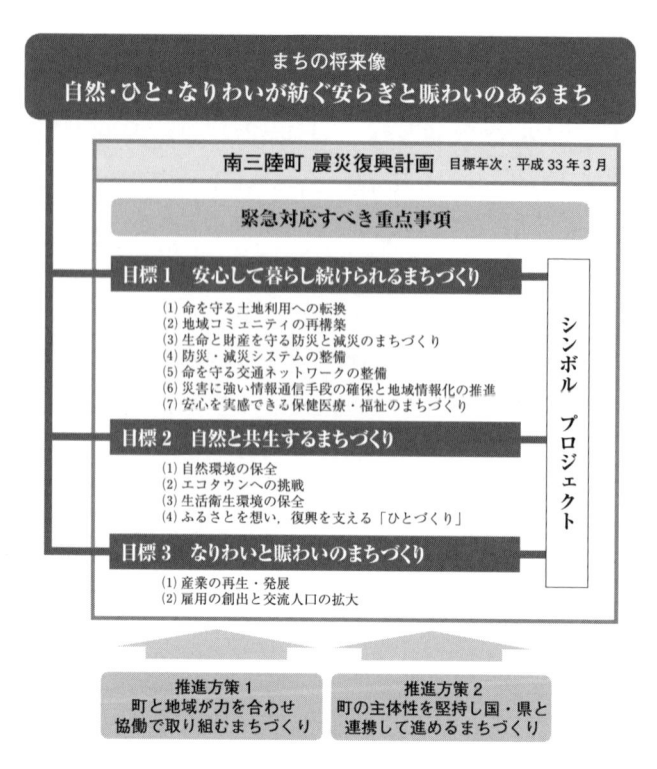

```
                    まちの将来像
        自然・ひと・なりわいが紡ぐ安らぎと賑わいのあるまち

        ┌─────────────────────────────────────────────┐
        │  南三陸町 震災復興計画    目標年次：平成33年3月  │
        │         ┌─────────────────────┐              │
        │         │ 緊急対応すべき重点事項 │              │
        │         └─────────────────────┘              │
        │  ┌────────────────────────────┐              │
        │  │ 目標1  安心して暮らし続けられるまちづくり │  │
        │  └────────────────────────────┘   シ        │
        │    (1) 命を守る土地利用への転換         ン       │
        │    (2) 地域コミュニティの再構築         ボ       │
        │    (3) 生命と財産を守る防災と減災のまちづくり ル   │
        │    (4) 防災・減災システムの整備         プ       │
        │    (5) 命を守る交通ネットワークの整備    ロ       │
        │    (6) 災害に強い情報通信手段の確保と地域情報化の推進 ジ │
        │    (7) 安心を実感できる保健医療・福祉のまちづくり ェ │
        │  ┌────────────────────────────┐   ク        │
        │  │ 目標2  自然と共生するまちづくり     │   ト       │
        │  └────────────────────────────┘             │
        │    (1) 自然環境の保全                       │
        │    (2) エコタウンへの挑戦                    │
        │    (3) 生活衛生環境の保全                    │
        │    (4) ふるさとを想い，復興を支える「ひとづくり」 │
        │  ┌────────────────────────────┐             │
        │  │ 目標3  なりわいと賑わいのまちづくり  │            │
        │  └────────────────────────────┘             │
        │    (1) 産業の再生・発展                      │
        │    (2) 雇用の創出と交流人口の拡大              │
        └─────────────────────────────────────────────┘

     ┌──────────────┐        ┌──────────────┐
     │  推進方策1      │        │  推進方策2      │
     │ 町と地域が力を合わせ │      │ 町の主体性を堅持し国・県と │
     │ 協働で取り組むまちづくり│     │ 連携して進めるまちづくり │
     └──────────────┘        └──────────────┘
```

図7-4：南三陸町震災復興計画のシンボルプロジェクト

資料提供）南三陸町。

り，南三陸町の豊かな自然資源を最大限に活用したコミュニティビジネスの創造につながる重要なプロジェクトである。南三陸町の豊かな森林資源を活用した，製材，建築，造園等の産業を育成し，これらをもとに地元木材による復興住宅を整備するとともに，漁業や水産加工業の連携を進めながら，モデルハウスへの体験入居等も行いながら，来訪者の増大を目指していくという地域循環産業のモデルである。

今後，南三陸町では，震災復興を実現してくために，「規制の枠を超えた創造的復興の実現」，「暫定的な雇用創出戦略と長期的な地域産業の再構築」，「地域主体，民間主体による戦略的な復興まちづくり事業」を進めていくことが重要になる。そして，これらの政策の基本となるものは，多様な地域資源を効果

的に連携しながら，地域内に，資源，人材，資金が循環・再生していく地域循環経済とそれを具現化するコミュニティビジネスのアラインスを構築していくことなのである。

4.3　大崎市における蕪栗沼ふゆみずたんぼプロジェクト[4]

　大崎市は，宮城県の北西部に位置する広大で肥沃な「大崎耕土」を有する土地で，四季折々の食材や天然資源，地域文化に恵まれた美しい自治体である。この大崎市の東部，田尻地域にある蕪栗沼は，ラムサール条約に登録された国内でも極めて貴重な湿地となっており，天然記念物のマガンやオオヒシクイ等，約5万羽の雁が朝もやの中を一斉に飛び立ち，来訪者に大きな感動を与えている。大崎市では，この蕪栗沼の美しい壮大な自然のドラマを守り，次世代に伝えていくとともに，蕪栗沼の周辺に広がる「ふゆみずたんぼ」を保全，活用するために，総務省の「緑の分権改革[5]調査」を活用した「蕪栗沼ふゆみずたんぼプロジェクト」を進めてきており，平成23年度は，この蕪栗沼におけるアグリ・コミュニティビジネスの実証調査や活動を通じ，環境保全，生物多様性を活用した地域経済の活性化，震災復興を結びつける事業を実施してきた。「ふゆみずたんぼ」（冬期湛水水田）とは，冬季にも田んぼに水を張ることにより，田んぼに生きる原生生物やイトミミズ，水鳥等の多様な生物の力を借りて，無農薬，無化学肥料の米作を行う農法のこと。ふゆみずたんぼは，こうした生態系の力を使い，水や土の浄化，再生による田んぼの機能を改善する「自然再生手法」である。

　このプロジェクトは，「ふゆみずたんぼ」の価値を広めるためのプロモーション（映像，絵本）やふゆみずたんぼで収穫される「ふゆみずたんぼ米」の販売を応援する「ふゆみずたんぼ広め隊」の組織化と活動支援を進めている。ふゆみずたんぼの素晴らしい光景は，Think the Earthによって映像化され，その感動的なドラマは絵本作家の葉祥明氏によって絵本としてまとめられた。また，このふゆみずたんぼは，塩害水田の復旧にも効果があるとされており，ふゆみずたんぼの農法を津波被害を受けた南三陸町や沿岸部の市町村に導入す

写真7-1:蕪栗沼ふゆみずたんぼ（大崎市）
撮影）筆者。

べく活動を進めてきた。大崎市では、3.11の大震災で市内の道路や公共施設、民間住宅等、沿岸部の津波とは異なり、死者こそ少ないが大きな被害を受けた。大崎市では、これを受けて震災後の震災復興計画の策定を行い、自然エネルギーに立脚した環境創造都市を目指しており、蕪栗沼の葦を利用した「葦ペレット」の製造を計画しており、今後、環境保全型農業や自然エネルギーの普及とビジネスモデル化を計画している。これらの地域資源を活用した持続可能な地域産業の創造は、まさに、アグリ・コミュニティビジネスという新たなジャンルの可能性を具現化する大きな試金石となることが期待される。

4.4 東松島市における森の学校を核にしたコミュニティ創造

東松島市は、東日本大震災によって、野蒜地区をはじめとする沿岸部を中心に大きな打撃を受けた。「東松島市・森の学校プロジェクト」は、こうした津波で被害にあった小学校、中学校の高台移転に伴う基本計画を、宮城大学風見正三研究室がC. W. ニコル・アファンの森財団の協力のもとで策定してきたものである。

本プロジェクトの特徴は、行政（教育委員会）を主体として施設計画が進められることの多い教育施設を地域の様々な人々が主体的に参加しながら計画策定を進めてきた点にある。津波被害を受けた小学校を統合しながら、高台の森と融合した「森の学校」とする計画が進んでいる。この計画策定において、宮城大学風見正三研究室とC. W. ニコル・アファンの森財団は、自主的な環境調査

写真7-2：森の学校プロジェクト（森の学校のコンセプトワーキング）
出所）筆者作成（C.W.ニコル・アファンの森財団協力）。

と地域環境分析を実施し，貴重な絶滅危惧種の保全や自然環境や原地形を極力残した自然配慮型の計画・デザインを進めてきた。その結果，既存の谷戸をできる限り残しながら，それらを囲むような懐かしい木造校舎と先進的な情報インフラによって世界とつながる新たな学校の計画を策定している（写真7-2）。

「森の学校」は，森の生命力や多様性の中を学ぶ「自然とともに生きる学校」，地域の人々との協働によって子どもたちを「ともに育てる」ことのできる「地域とともに生きる学校」を目指しており，今後，学校を核としながら，森に関わる持続可能な地域産業を育む拠点としても位置づけられていくことが期待されており，東松島の重要な地域資源である，森，里，海を連携する重要な拠点として計画されていく。また，この計画に際しては，学校を支える重要な構成要素である，生徒，教員，保護者，地域の人々とのワークショップを重ねながら進めており，地域の重要な「共有財産（Commons）」としての学校を民主的，科学的に計画していくチャレンジとなっている。

第5節　東北再生の新たなる視座
——社会的共通資本としてのコミュニティ——

　21世紀は，持続可能な社会を構築していくための重要なチャレンジの世紀となる。そして，そのためには，地域の様々な資源を最大限に活用させながら，地域の特性に適した戦略的な地域経営を実現していかなくてはならない

　大震災に際して，三陸沖の漁村では，コミュニティの基盤となる村落自体が失われた地域が数多くあったが，被災した状況下においても，コミュニティの再興を目指して，お互いを励まし合い，支え合う姿も多く見られた。避難の際にも，それぞれの安否を気遣い，避難を助け合う姿も多く見られた。こうした大震災に直面し，被災地や避難所生活の厳しい状況に耐え得る一つの要素には，長年培われてきたコミュニティの絆や結束の強さがある。このような大震災で破壊された村落を再生していくためには，これまでの住民のつながりという社会的な蓄積である「コミュニティ」を「社会的共通資本 (Social Common Capital)」として再認識し，その再興を行うことが重要となるのである。

　宇沢 (2011) は，「社会的共通資本とは，一つの国ないし特定の地域に住むすべての人々が，豊かな経済生活を営み，優れた文化を展開し，人間的に魅力ある社会を持続的，安定的に維持することを可能にするような自然環境や社会的装置を意味する」と述べている。また，それは，「山，森，川，海，水，土，大気などの自然環境，道，橋，鉄道，港，上・下水道，電力・ガス，郵便・通信などの社会的インフラストラクチャー，そして教育，医

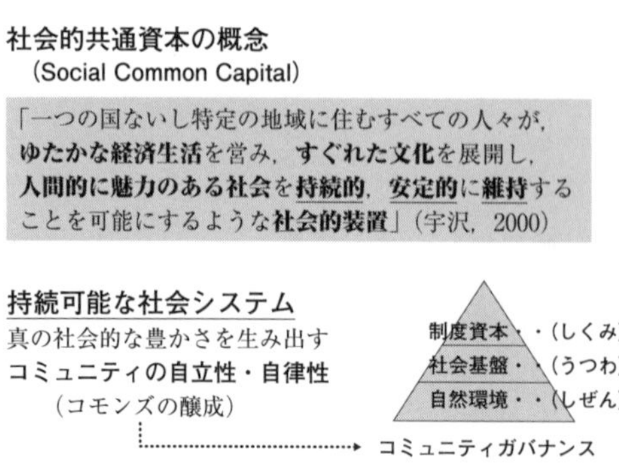

社会的共通資本の概念
（Social Common Capital）

「一つの国ないし特定の地域に住むすべての人々が，**ゆたかな経済生活**を営み，**すぐれた文化**を展開し，人間的に魅力のある社会を**持続的，安定的**に維持することを可能にするような**社会的装置**」（宇沢，2000）

持続可能な社会システム
真の社会的な豊かさを生み出す
コミュニティの自立性・自律性
（コモンズの醸成）

制度資本・・（しくみ）
社会基盤・・（うつわ）
自然環境・・（しぜん）

→ コミュニティガバナンス

図7-5：社会的共通資本の概念（宇沢，2000）
出所）宇沢弘文氏の概念を基に筆者作成。

療，金融，司法，行政，出版，ジャーナリズム，文化などの制度資本から構成される」と述べている。また，自然環境については，「それぞれの国，地域の人々が長い歴史を通じて，聖なるものとして大事に守って，次の世代に伝えつづけてきたもの」と解説している。

このように，社会的共通資本とは，長年，地域で形成されてきた文化的，経済的，社会的，環境的なストックを未来に伝えていくための社会的措置であり，その根底にあるのは，豊かな自然環境，そのうえに培われた社会インフラ，それらを未来に継承していくための制度資本なのである。そして，そこには，地域がそれらのストックを主体的に経営していくための基盤である「社会的共通資本としてのコミュニティ」が必要不可欠となる。このコミュニティが地域の運営組織となって，様々な地域資源を戦略的に経営していくことが，持続可能な地域再生の鍵となるのである。

今回の大震災で，沿岸部の諸都市では，都市の歴史や記憶ともいえる社会インフラが壊滅的な打撃を受けたところが多い。これらの都市は，海を基盤にした漁業，大地を基盤にした農業，森を基盤にした林業等，様々な地域産業を育んできた。しかし，現在は，その基盤となる自然環境が激変してしまい，その復興が危ぶまれている。今後，こうした激変した都市を再建していくためには，その地域の歴史や人々とともに生きたいという「コミュニティ」の存在が極めて重要となる。この力こそが地域を長年にわたり守り育ててきた原動力であり，これからの地域の再生の希望となる。

まさに，東北の再生の重要な鍵は，こうした「コミュニティ」の再興にある。このコミュニティが再興されていくとき，そこに守られた地域資源がよみがえることになる。その意味では，コミュニティは，持続可能な地域を創造するための基盤となる社会的共通資本として位置づけられるものであり，地域の歴史や文化，産業等を維持継承し，地域の真の豊かさを確保するものである。これからは，地域資源（風景，自然，エネルギー，伝統，文化，産業，技術，等々）を地域のために最大限に活用し，コモンズの視点から，様々な資源や資金を地域内で循環させることにより，地域産業の連関を促すことが重要であり，「社会的共通資本」としてのコミュニティは，それらを主体的に経営していく母体

となるのである．コモンズの視点は，こうした地域のポテンシャルを最大限に引き出し，地域の自律性を高めながら，地域の豊かさを達成していく基盤となるものであり，地域のつながりや交流を促進し，地域循環産業を創造させることにより，東北や日本を持続可能な社会へと導く鍵として大きな期待を集めるものとなっている．

おわりに

　政府の復興構想会議は，「復興への提言 ─悲惨のなかの希望」と題した「東日本大震災復興構想会議提言」を首相に報告した．この報告書の中では，第1章の「新しい地域のかたち」として，地域づくりの考え方や地域類型と復興のための施策，既存復興関係事業の改良・発展，土地利用を巡る課題，復興事業の担い手や合意形成プロセス，復興支援の手法等についてまとめており，第2章の「くらしと仕事の再生」では，地域における支え合い学び合う仕組み，地域における文化の復興，緊急雇用から雇用復興へ，地域経済活動の再生，地域経済活動を支える基盤の強化，「特区」手法の活用と市町村の主体性，復興のための財源確保等についてまとめを行っている．また，第3章では，「原子力災害からの復興に向けて」として，事態の早期収束と国の責務，被災者や被災自治体への支援，放射線量の測定と公開，土壌汚染などへの対応，健康管理，復興に向けてについて述べ，第4章の「開かれた復興」では，経済社会の再生，世界に開かれた復興，人々のつながりと支え合い，災害に強い国づくりという提言を行っている．

　現在，被災自治体では，震災復興計画をもとに，復興期間10年間，集中復興期間5年間の期間を設定して，被災地域の復旧復興や関連地域等の復旧復興施策を進めており，今後も様々な時限立法による税制措置や震災特区等によって災害に強い地域づくり，産業復興支援が進められていく．こうした震災復興計画の中で，重要な鍵を握っているのが，「復興まちづくり会社」である．

　被災地の自立復興の象徴として，公民連携，公的資金を活用して種々の新たな産業を立ち上げる母体として，この「復興まちづくり会社」が各自治体で創

設され，地域に目指した産業創造と自立復興を実践していく主体となることが期待される。この復興まちづくり会社で行われる事業は，安全なまちづくりの計画および事業やインフラ復興，生産施設復興も視野に入れながら，復興段階では，地域社会の復興（介護，福祉等を含む）から特産品販売や商業活動の復興を進めていくことが期待されている。また，創造的復興を実現するための地域エネルギー供給や観光振興，中心市街地の再興，水産業の6次産業化，バイオマスや風力，太陽光等を使った再生可能エネルギー供給，コミュニティの再建に対応したインフラ整備，自立的なエネルギー供給会社としての地域内外に対するエネルギー供給事業，次世代型のスマート・コミュニティを創造していくことも重要なターゲットになる。

　このような復興まちづくり会社の機能を強化していくためには，人材確保や公的セクターの人材派遣を進め，地元の公民連携を図りながら，柔軟な資金確保を行い，国の復興事業費や様々な補助事業も交えながら，戦略的なプロジェクトファイナンスの制度整備や市民や企業を含めたソーシャル投資による震災復興支援スキームを構築し，全国の叡智や資金を集約化していくオープンプラットフォームが重要となる。

　今後，被災地への持続的な支援体制を構築するためには，義援金や単純な支援金ではなく，「支援から投資へ」というパラダイムシフトを行うことが重要になる。震災後，短期的な震災復旧の目標としては，創造的復興に向けた叡智の結集が重要になるが，中期的には，創造的復興に向けた社会基盤の再構築が行われ，様々な社会基盤が再構築されていくことになる。そして，長期的な震災復興スキームしては，持続的な地域産業の創生という戦略的なビジョンを実現するプラットフォームが必要になる。

　このためには，地域の主体性を重視したコモンズの視点による社会資本整備を進め，それらの地域産業を創造・支援するための経済産業のアライアンスを構築していくことが重要となる。今後は，こうした震災復興に向けたオープンプラットフォームを構築することにより，全国の大企業や市民を含めた多様なステークホルダーが地域主体の震災復興に継続的に参加するコミュニティイノベーションを創造していくことが求められる。それは，まさに，復興構想会議

が提言していた「支え合いの経済の時代の幕開け」を意味するものであり，コモンズの視点による新たな日本再生のモデルを提示していくものになるであろう。

《 注 》

1) 国民総幸福感（Gross National Happiness：GNH）
　　ブータン国王のジグミ・シンゲ・ワンチュクが，「国民全体の幸福度」を示す"尺度"として1972年に提唱し，注目を集めている。これまで，経済発展の代表的な指標とされてきた「国民総生産（Gross National Product：GNP）」で取り扱う，金銭的，物質的豊かさだけではない，精神的な豊かさこそが「真の幸福感」をもたらす指標であるとして指標化されたもの。実際に，ブータン政府では，現在，「国民総幸福量」の増加を政策の中心において政策立案を行っており，政府が具体的な政策を実施し，その成果を客観的に判断するための基準として使用されている。ブータンでは，1990年代頃から急速な国際化が進展し，こうしたこれまでの価値観をシステム化する必要を感じ，指標化を図った。2005年5月に実施したブータン政府による国勢調査では，「あなたは今幸せか」という問いに対し，45.1％が「とても幸福」，51.6％が「幸福」と回答しており，世界各国から注目を集めることとなった。

2) 「成長の限界」
　　この概念は，ローマクラブがMIT（Massachusetts Institute of Technology）のデニス・メドウズ教授を中心とする研究チームによって考察を行った研究結果を提言したもので，「人口増加や環境汚染などの現在の傾向が続けば，100年以内に地球上の成長は限界に達する」と警鐘を鳴らしたものである。

3) つなプロ
http://blog.canpan.info/tsunapro/category_1/

4) 蕪栗沼ふゆみずプロジェクトと総務省「緑の分権改革」
http://kabukuri-tambo.jp/
http://www.soumu.go.jp/main_sosiki/jichi_gyousei/c-gyousei/　bunken_kaikaku.html

5) 「緑の分権改革」
　　本事業は，地域の活性化，絆の再生を図ることにより，地域から人材，資金が流出する中央集権型の社会構造を，分散自立・地産地消・低炭素型の地域主権型社会へと転換することを目指すものであり，そのために，地域の豊かな自然環境，再生可能なクリーンエネルギー，安全で豊富な食料，歴史文化資産の価値等を最大限活

用し，地方公共団体と市民，NPO 等の協働・連携により，地域の自給力と創富力（富を生み出す力）を高める仕組みをつくるのである（「緑の分権改革」HP より）。

―― **参考文献** ――――――――――――――――――――――――――

アレグザンダー，クリストファー『形の合成に関するノート／都市はツリーではない』SD 選書，2013 年。
上田篤『ユーザーの都市――文化開発の視点』学陽選書，1986 年。
宇沢弘文『特別寄稿　菅政権の目指すものと，その背景』農業協同組合新聞社，2011 年。
―――『社会的共通資本』岩波新書，2000 年。
風見正三，他『コミュニティビジネス入門――地域市民の社会的事業』学芸出版社，2009 年。
原科幸彦「環境アセスメントとは何か――対応から戦略へ」岩波書店，2011 年。
ホーケン，ポール／ロビンス，L. ハンター／ロビンス，エイモリ B.『自然資本の経済――「成長の限界」を突破する新産業革命』（佐和隆光，小幡すぎ子訳）日本経済新聞社，2001 年。
南三陸町「南三陸町震災復興計画」2012 年。
メドウズ，ドネラ H.『成長の限界・ローマ・クラブ人類の危機レポート』ダイヤモンド社，1972 年。
Christopher Alexander(1965) "A City is Not a Tree", Architectural Forum.
World Commission on Environment and Development(1987) "Our Common Future".

第8章

地域連携とコモンズ
――地方創生に向けて――

宮坂不二生

はじめに

　日本経済が少子高齢化に伴う人口減少や地域経済の低迷等から停滞を余儀なくされる中，地域における喫緊の課題は「地域の活性化と自立」である。しかし国の厳しい財政事情のもと，行政をはじめ，企業，NPO，市民など地域の主体が単独でこの問題を克服することは到底不可能である。もし活路があるとすれば，地域の各主体が「地域の活性化と自立」という共通目的に向かって「連携」し，地域経済を底上げしてく仕組みを築いていくことが最低限必要である。そのためには，何をもって「連携」するのか，また，地域の抱える個々の課題や問題点を解決していくためにはいかなる仕組みを整えるべきかを考えると，対策は区々とならざるを得ず，地域の面的再生を実現する戦略的なソリューションを提示することは容易ではない。

　折しも 2014 年 12 月に，「まち・ひと・しごと創生総合戦略」が閣議決定され，これを受けて全国の地方公共団体では，住民代表に加え，産業界，大学，金融機関，労働団体（産官学金労）による総合戦略推進組織を整備したうえで，「地方版総合戦略」を策定・実施することとされており，今後，地方創生に取り組む動きは，燎原の火の如く，全国に広がっていくものと思われる。

　こうした状況下，本稿は，今後の地方創生に向けて，一つの視点，あるいは一つの実践的な地域づくりのスキームを提供するものである。近年，「コモンズ（共有資源）」に着目し，広域連携により「持続可能な地域社会の創造」に実践的に取り組み，「ソーシャル・イノベーション（社会的変革）」を試みる動きが出始めており，注目に値する。今後，"真に豊かで持続可能な地域づくり"を遂行するに当たっては，「地域連携とコモンズ」がいかに中心軸になっていくのかを，筆者が関わる二つの実施事例（美しい多摩川フォーラム運動，東北・夢の桜街道運動）に即して探ることとしたい。

　なお，以下の文中の図，表，写真については，特にことわりがない限りは筆者作成によるものである。

第1節　人口減少時代の「地域の活性化と自立」

1.1　コモンズ概念の導入

　そもそも「コモンズ（共有資源）」について簡単に振り返ってみると，オープン・アクセスが可能なコモンズは，過剰利用による劣化現象を招く危険性がある（「コモンズの悲劇」の例：G. ハーディン 1968）のに対して，地域住民が利用を適切にコントロールすることにより，コモンズが劣化することなく維持されるケース（日本の「入会」の例：M. マッキーン 1992）も少なくない。そこで，地域づくりにおいては，後者のように，コモンズ（河川，森林，農産物，漁業資源等）を適切に管理し，活用していけば，「持続可能な地域社会」を実現していくと考えられる。ただし，人口減少時代になると，コモンズに対して人的な管理が及ばなくなる恐れがあるほか，それを他の手段で補完するとしても，相応のコストがかかることから，別途，コモンズを活用して経済的価値を創出する仕組みを構築することが求められる。

1.2　コモンズを活用した地域づくりとソーシャル・イノベーション

　人口減少時代の地域づくりにおいては，コモンズを活用するとしても，コモンズ自体は，「持続可能な地域社会」を形成していくうえで欠くことのできない環境資源として機能するが，必ずしも広域的な地域経済の活性化に直接つながるわけではない。したがって，定住人口が減少する社会において地域経済を活性化させていくためには，コモンズにいかなる仕掛けを施し，経済価値を有するコモンズに創造していくかという構想力が鍵を握っている。その点に関しては，一つのアイディアであるが，「交流人口の増加」という仕掛けが有効であり，また，それを実現するために，地域の各主体が，「相互扶助」（幕末期に疲弊した農村の復興を支えた二宮尊徳の指導理念が源流）という地域連携・協働推進により，コモンズを活用していくことが重要である。

具体的には，広域的な地域に多数点在する特定のコモンズ（景観等）において，"点的"なコモンズを順繰りに結んでいけば"線的"なコモンズになり，さらにそれを縦横に結べば，"面的"なコモンズとなる。このように，コモンズを網の目のようにネットワーク化したものを，広域的な観光資源として再構築（ストーリー性を付加）すれば，観光客が各コモンズを回遊していく"人の流れ"を生み出すことができる。たとえ定住人口が減少しても，「交流人口の増加」を，地域主体の「連携・協働」のもと，民間主導で組織化して推進（特に中心的な役割を担う企業が，CSR＜企業の社会的責任＞やCSV＜共通価値の創造：Creating Shared Value, M. ポーター 2011＞による企業活動として寄与）していけば，コモンズの広域結合により，経済的価値を創出する仕組みとなる。これこそ「ソーシャル・イノベーション（社会的変革）」であるといえよう。ただし，「ソーシャル・イノベーション」といっても，現状では様々に定義されているが，本章では，「社会的ニーズ・課題に対して新規の解決策を創造し，実行するプロセス」（J. フィルズ 2008）という考え方に準拠する。以下，二つの実施事例を各節で紹介する。

第2節　人口減少時代におけるコモンズを活用した「美しい多摩川フォーラム」の普遍的な地域づくり運動

2.1　問題意識

地方分権一括法が2000年4月に施行され，はや16年になる。地方の主体性が高まると期待された反面，財政も含めて地方が自立し，自己責任原則の貫徹が求められている。いわば地域のアイデンティティが問われている。しかし，わが国の少子高齢化による人口減少傾向は，地域にとって死活問題となって迫っている。地域経済の立ち直りが依然見通せない状況下，「地域の活性化と自立」は，地域社会における喫緊の課題である。東京とはいえ多摩地域西部の西多摩地区でも，人口減少傾向が目立ち始める中，この地域を営業基盤とする

地域金融機関である青梅信用金庫（筆者が勤務）としても,「地域の活性化」に資することは,企業の社会的責任（CSR）であると認識している。しかしながら,課題の多くは,一信用金庫には荷が重く,また,地域に暮らす人々が足元の地域だけで簡単に解決できるものではないだけに,人口400万人を擁する多摩全体の将来を見据えた広域連携による地域づくりの枠組みが真に求められている。

2.2 青梅信用金庫のCSRの考え方

地域との共生を標榜する青梅信用金庫では,人口減少や地域経済悪化に伴う地域コミュニティ衰退への危機感から,「地域の活性化と自立」のためには,市民,NPO,企業,大学,行政等,地域の各主体をイコール・パートナーとする「公民の広域連携・協働推進（ネットワーク化）」による地域づくり運動が必要であり,また,「定住人口増」が望めない中,『交流人口の増加』が鍵を握るとの認識のもと,2007年7月,当金庫の外部に公益的な地域づくりの広域連携組織『美しい多摩川フォーラム』（任意団体）を立ち上げた。初代会長には,篠塚英子・お茶の水女子大学教授が就任した（2009年4月,人事院人事官就任に伴い現在は名誉会長。2代目会長は細野助博・中央大学大学院公共政策研究科委員長・教授）。また,当金庫がその事務局を担うことでCSRを果たそうと考えた。営業地域が限定され,地域と運命共同体でもある信用金庫は,「非営利・相互扶助」を基本理念とする協同組織金融機関の一員であり,地域の旗振り役として適任であると考えた。ちなみに,当金庫では,本件のようなCSRに係る負担は"コスト"ではなく,地域への"投資"と位置づけ,地域づくりに対する従来の考え方を一新した。

図8-1：東京都多摩地区と多摩川の位置関係

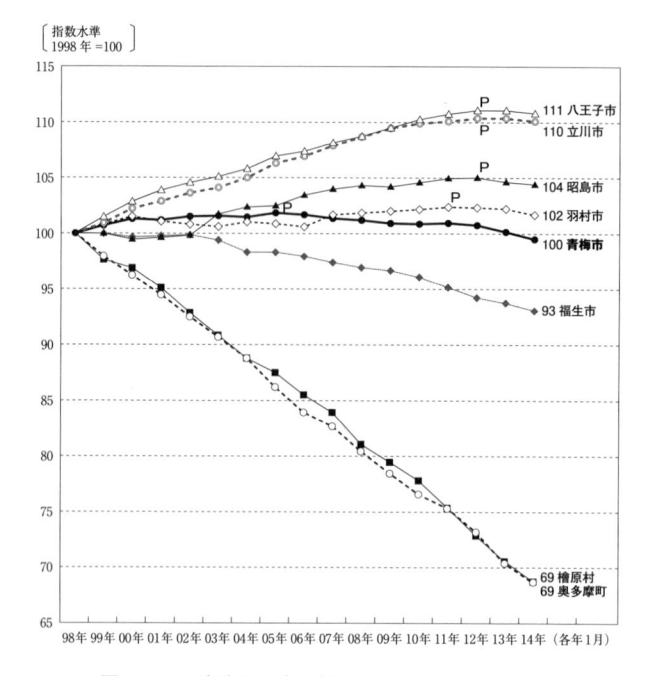

図8-2：西多摩周辺市町村の人口トレンドとピーク

出所）東京都「住民基本台帳」（月次）をもとに筆者作成。

2.3　美しい多摩川フォーラムの基本理念

　美しい多摩川フォーラムでは，"持続可能な地域社会"としての「美しい多摩づくり」を目指すに当たり，全国津々浦々に存在する"河川"（多摩川水系）に着目し，「コモンズ（共有資源）」の概念で流域を捉えてシンボル化した。これを物理的・精神的な柱として，経済，環境，教育文化の三つの観点から，進化・発展する基本計画『美しい多摩川100年プラン』（以下，100年プランと表記する）を立案し，地域の各主体が広域的に連携・協働する実践的地域づくり運動モデルを構築した。特に，"河川"は地域の間を「流れて結んでいる」ため，それが各流域自治体間でコモンズとして認識され，行政と民間の連携・協働を生む素地となった。また，"河川"は「いのちの水＝環境のシンボル」でもあり，"持続可能な地域社会"を実現するための大きなファクターとなっている。

ちなみに，美しい多摩川フォーラムがモデルにした先駆的な「美しい山形・最上川フォーラム」について一言触れておきたい。「美しい山形・最上川フォーラム」は，すでに人口減少時代に突入し，アジア通貨危機の影響により景気が低迷していた山形県において，"地域の活性化と県民の自立"を標榜し，県内の4地域圏（置賜，村山，最上，庄内）を隈なく流れ，源流から河口まで1県1川の「最上川」をシンボルにした，官公民広域連携・協働推進による地域づくり運動組織であり，当時，日本銀行山形事務所長であった筆者の提唱等により2001年7月に設立され，県庁内の文化環境部に事務局が設置された。運動の3本柱に，経済，環境，文化（教育を含む）を掲げ，長期計画として「美しい山形100年プラン」を立案し，世代を超えた県土づくり運動として今日の発展に至っている（現在，約4,300会員）。

　このように，美しい多摩川フォーラムでは，上述のような考え方を基本として，『経済，環境，教育文化を運動の3本柱に据え，水環境を守りながら，地域経済の活性化に取り組み，そして，次代を担う子どもたちへの教育を通じ

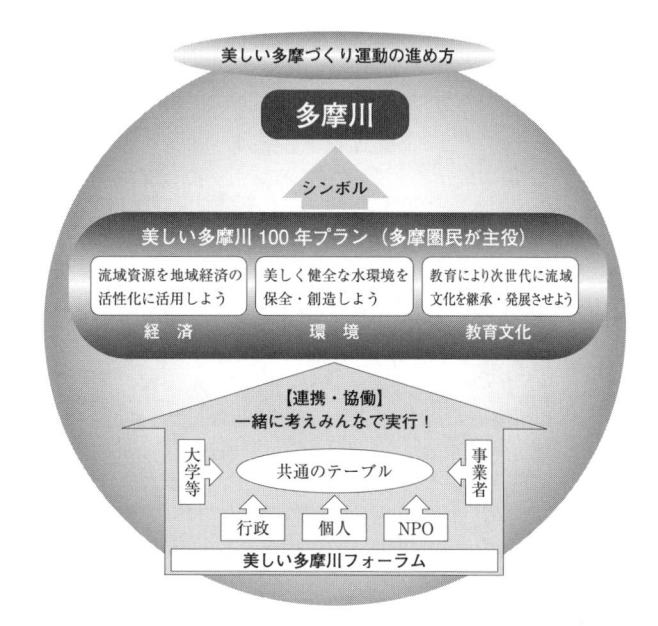

図8-3：美しい多摩づくり運動の進め方

て，地域の人々（多摩圏民）が生きがいをもって，自立した生活が送れるよう，"持続可能な地域社会"を実現すること』を目指している。なお，こうして立ち上がった美しい多摩川フォーラムは，現在，1,500会員を超え，国（国土交通省）や東京都をはじめ，多摩川流域25の自治体が行政会員として参加する一方，民間からは公益的な企業，一般企業，団体，NPO，大学，市民，子どもなど，幅広い層の参加を得て活動を展開している。

2.4 美しい多摩川フォーラムの組織体制

美しい多摩川フォーラムでは，会員である各主体（事業者，個人，NPO等団体，大学等教育研究機関，行政）に，一人1票のイコールパートナーとして，多摩の地域づくりの"夢"を語る「場」を提供するとともに，議論を重ね，「緩やかな合意形成」を目指した議事運営を行い，合意が得られた事業については，連携・協働して実践している。特にフォーラムにおける「合意形成」に当たっては，格別の注意が払われ，民主的な議事運営が行われている。

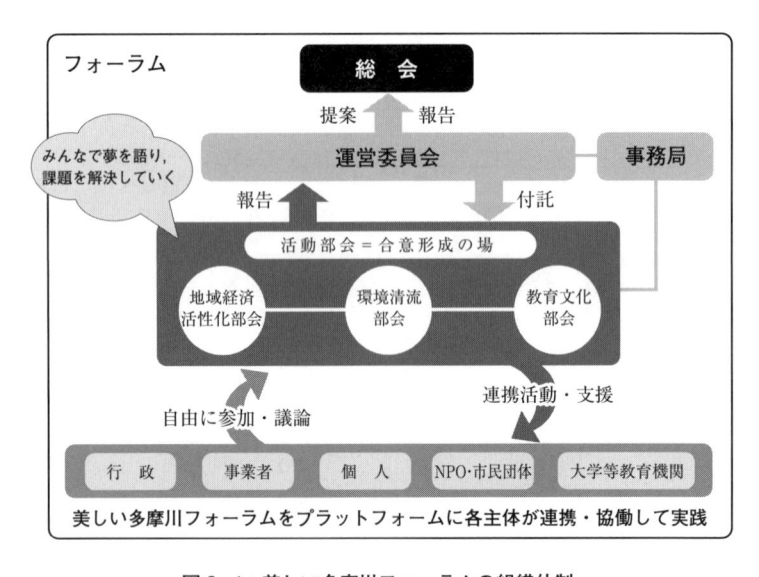

図8-4：美しい多摩川フォーラムの組織体制

フォーラムの議事運営の流れを具体的に見ると，会員が夢や課題の実現に向けて議論したり，意見交換を行う「場」として，フォーラム運動の3本柱（経済，環境，教育文化）に沿って三つの「活動部会」（地域経済活性化部会，環境清流部会，教育文化部会）が設けられ，そこで「緩やかな合意」が得られた事業案件は，役員会である「運営委員会」（行政委員30名以内，民間委員30名以内）に回付され，運営委員会で協議のうえ承認された事業案件がフォーラムの「総会」にかけられる仕組みになっている。また，識者が集まる運営委員会から部会に検討が付託されることもあり，双方向で議論することもできる組織になっている。いずれにしても，総会で決定した事業は，会員の連携・協働事業として実施される。このように，フォーラムは，会員が連携・協働して活動を実践していくための「プラットフォーム」として機能している。

2.5　コモンズを中核とするフォーラム運動のシンボルプラン

美しい多摩川フォーラムでは，コモンズ（共有資源）である"多摩川（水系）"をシンボルに，"持続可能な地域社会"の実現を目指して活動を展開しており，この自然資源を将来にわたって保全・整備していくため，例えば，"環境"の視点から，毎年6月に多摩川の源流から河口まで「多摩川一斉水質調査」を実施し，11月には多摩川沿いの散乱ごみの清掃を集中的に行う「美しい多摩川クリーンキャンペーン」を地域連携により実施している。しかしながら，人口減少時代を迎え，地域経済も低迷している多摩地域において"持続可能な地域社会"を実現していくためには，"経済"の視点が最も重要になる。「定住人口の増加」の追求は事実上不可能としても，知恵を絞って，「交流人口の増加」による「地域経済の活性化」プランを策定・推進していけば，その実現性は高くなる。なぜなら，多摩に暮らす人々の生活基盤があってこそ，環境の保全・整備が図れるからである。このため，美しい多摩川フォーラム設立準備委員会の段階から，「交流人口の増加」策として種々検討した結果，多摩川の上・中・下流域に万遍なく点在する"桜"の名所をネットワーク化し，「願い事を携えて訪ねる"桜"の札所・八十八ヵ所巡り」をコンセプトとする『多摩川夢の桜

街道』というネーミングの観光振興プランが構想された。この構想は，フォーラム設立の翌年の 2008 年 3 月にかけて，フォーラムの基本計画策定の中で議論され，会員の総意でまとめられた「100 年プラン」の「夢のシンボルプラン」としてオーソライズされた。顧みれば，自然資源である"桜"もコモンズ（共有資源）と捉えることが可能であり，"多摩川（水系）"とともに，美しい多摩川フォーラムのシンボル要素となっている。

2.6 「100 年プラン」の具体的活動内容

　美しい多摩川フォーラムの地域づくり運動は，フォーラムの基本計画である「100 年プラン」にしたがって実施されている。また，「100 年プラン」は，毎年，PDCA サイクルに基づいて評価され，「進化・発展する計画」になっている。その具体的な活動内容のエッセンスを，フォーラム運動の 3 本柱である (1) 経済，(2) 環境，(3) 教育文化の軸に沿って以下に紹介する。

経済
- ●「多摩川夢の桜街道〜桜の札所・八十八ヵ所巡り」運動
- ●桜ウォーキング（4月）
- ●「美しき桜心の物語」の語り会（4月）
- ●大人のカヤック体験教室（8月）
- ●「多摩川酒蔵街道」（11月）

教育文化
- ●子どもカヤック体験教室（7月）
- ●炭焼き体験と水辺の交流会（8月）
- ●多摩川子ども環境シンポジウム（12月）
- ●桜守学校活動（3月）
- ●「多摩の物語」の語り活動
- ●「多摩川の歌」普及活動

環境
- ●多摩川一斉水質調査（6月）
- ●「美しい多摩川フォーラムの森」保全活動（6月）
- ●美しい多摩川クリーンキャンペーン（11月）
- ●多摩川"水"大学講座
- ●桜等の植樹・維持再生活動

夢のシンボルプラン　多摩川夢の桜街道

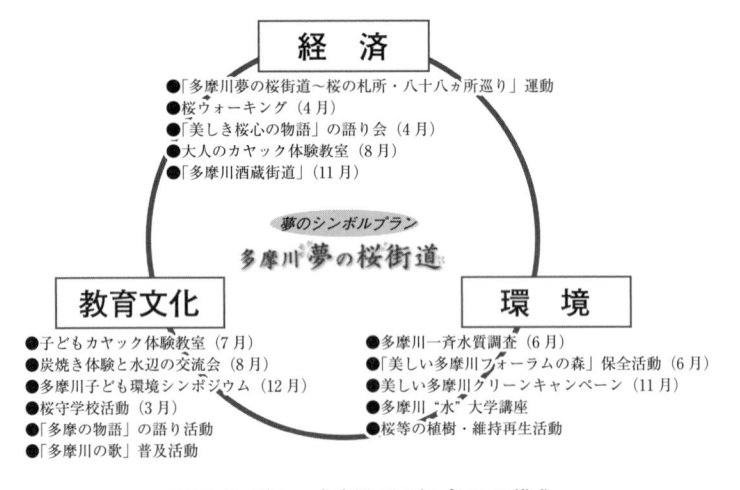

図 8-5：美しい多摩川 100 年プランの構成

（1）経済軸

単体では限定的な価値しかなかった多摩川流域の"桜"の名所を，当フォーラムが桜の札所として独自に選定し，『多摩川夢の桜街道〜桜の札所・八十八ヵ所巡り』と名付けてネットワーク化のうえ観光ブランド化した。観光による「交流人口増加策」として実践することで，ビジネスとしての成長が期待されている（『多摩川夢の桜街道』専門のホームページも開設）。例えば，①「桜ウォーキング」として，JR東日本等と連携し，「玉川上水散策と多摩川夢の桜街道」と銘打った"駅からハイキング"のお花見版を東京で初めて開催したところ，平日1日で2,000人も参加したため定例事業化が決まった。また，大田区，大田観光協会，東急，京急等と連携した「大田の桜札所巡り〜クイズラリー」でも数千人が参加した。コンパクトなものとしては，「桜守によるガイドつきの桜の札所巡りウォーキング」も人気が高い。一方，多摩川夢の桜街道のシンボリックな事業である②"美しき桜心の物語"の語り会」を，語りの第一人者である語り部・平野啓子氏（当フォーラム副会長）が，桜の札所の寺社において，毎年，ボランティアで公演しており，文化的裾野も広がりつつある。特に2011年春には，はとバスが加わり，「多摩川夢の桜街道」のうち3ヵ所の札所を巡り，締め括りとして上記の「桜の語り」をセットしたツアーを催行し，観光事業化に成功した。

このように，『地域経済の活性化は，美しい多摩の桜の観光まちづくりから』

写真8-1：経済軸の事業

と考えた事業が次々に実現しているほか，今後の事業アイディアも続々と寄せられており，『多摩川夢の桜街道プラン』は，当フォーラムと地域経済の成長を支える「100年プラン」の「夢のシンボルプラン」として重要な位置を占めている。なお，多摩の観光を通年で支援するため，2014年9月，秋からの新酒シーズンに向け，西多摩に存在する五つの酒蔵と温泉と紅葉を巡る『多摩川酒蔵街道』を創設し，はとバス，JR東日本等が旅行商品化した。

(2) 環境軸

『地球環境問題への取り組みは，身近な水辺の実態認識から』という考え方のもと，①健康な川づくりを目指し，毎年6月の第1日曜日に，多摩川の源流から河口まで440地点で「多摩川一斉水質調査（COD値）」を実施し，水質マップとして公表（大河での一斉水質調査は全国でも稀）しているほか，②きれいな水辺づくりを目指し，毎年11月をクリーンキャンペーン月間と定め，流域の自治体，企業と市民が連携したゴミの清掃活動である「美しい多摩川クリーンキャンペーン」を2009年にスタートさせた。また，近年，豊かな水の源でもある森林の荒廃が進む中，③健康な森づくりを目指し，多摩川に面した青梅市御岳地区の民有地の森林を「美しい多摩川フォーラム・御岳の森」と命名し，間伐や下刈りを実施して整備したほか，炭焼き窯もつくり，

写真8-2：環境軸の事業

自然体験施設として活用している。さらに，2011年5月には，東京都と青梅市梅郷地区の山主と連携し，「企業の森制度」に基づき，花粉の出る杉を伐採し，花粉の少ない杉を植樹する一方，伐採地（1.6ha）の約3割の土地に広葉樹を植樹し，水源地の森の環境整備にも努めている。

(3) 教育文化軸

『明るい未来のまちづくりは，次代を担う子どもたちへの環境教育から』と考え，フォーラム運動を次世代へ継承する観点から，コモンズの"多摩川（水系）"を「教育河川」と捉え，特に子どもたちへの自然・環境教育に重点を置いた実践活動を行っている。

具体的には，①源流から河口まで多摩川を結ぶ水辺のネットワークをつくり，沿川で活躍する団体の活動内容を紹介する機関誌「多摩川っ子」を毎年7月に発行しているほか，②夏場には「子どもカヤック体験教室」や「炭焼き体験と水辺の交流会」を子どもたちと保護者に向けて開催し，ボランティアで参加しているタレントのダニエル・カール氏（当フォーラム副会長）も，子どもたちと一緒になって，自然の中で遊ぶ楽しさを体感させ，生態系の仕組みや地球環境の大切さを学ばせている。さらに，③こうした活動の仕上げとして，毎年12月には，子どもたちがこの1年間学んだ成果の発表の場と

写真8-3：教育文化軸の事業

して，子どもたちだけで司会の進行から発表まで行う「多摩川子ども環境シンポジウム」を開催しており，参加した子どもたちにとって貴重な体験となっている。

なお，④子どもたちに地域への誇りや愛着心を育むべく，現代詩人の巨頭である谷川俊太郎氏を迎え，フォーラムの精神を反映させた「多摩川の歌」の作詞を依頼し（作曲は寺嶋陸也氏），2010年春に合唱曲として完成させ，翌年春にCD化した。2012年春には，語り部・平野啓子氏による詩の朗読，メゾソプラノの独唱，混声合唱のほか，ボサノヴァ・シンガー・小野リサ氏の歌唱に，多摩川や桜の風景映像を加えてDVD化した。今後100年間歌い継がれるよう，2011年秋に多摩川流域の公立小・中学校にCDを配付したほか，フォーラムの総会や子どもシンポジウム等の機会を捉え，プロ合唱団や中学生が「フォーラム歌」として披露するなど，「多摩川の歌」の普及に努めている。

一方，文化面では，2012年から，多摩に伝わる民話や昔話を掘り起こし，「多摩の物語」として冊子にまとめ，「語り」活動を展開している。

2.7 公民広域連携の地域づくり運動モデルの意義

全国至る所に存在するコモンズとしての"河川"や"桜"に着目し，流域概念で地域を捉えることにより，その地域の各主体が広域的に「連携・協働」する地域づくり運動としてモデル化した点は，独創的であり，特に，自治体をはじめとする流域のほとんどの行政（フォーラム活動の信頼性を担保するほか，情報の宝庫でシンクタンクでもある）がフォーラムに参加した意義は大きい。

また，フォーラムの事務局を「非営利・相互扶助」を基本理念とする協同組織金融機関である信用金庫が担うということは，フォーラム運動の公益的な立場を担保でき，民主的で安定的な運営に資すると考えられる。全国に所在する信用金庫など金融機関にも広く応用できる可能性を秘めている。

さらに，美しい多摩川フォーラムの地域づくり運動は，多摩圏民400万人のコモンズ（共有資源）である"多摩川（水系）"の受託者として，将来のための地域づくり事業を展開していくという意味で，いわば公益信託に当たると捉え

ることも可能であり，社会的貢献度が極めて高い運動であるといえる。

以上のとおり，「美しい多摩川フォーラム」の運動モデルは，コモンズ（共有資源）である"河川"や"桜"をシンボルとした公民連携・協働推進による地域づくり運動のモデルとして汎用性が高く，「100年プラン」のとおり，継続性，発展性もあり，世代を超えて継承する「地域の人材育成」機能もビルトインされた，普遍性の高い地域づくり運動モデルである。加えて，斯界の優れた人材が得意分野でボランティアとして参加するため，わずかな事業資金でも大きな効果が得られる事業を行える点も見逃せない。

なお，青梅信用金庫が考えるCSR事業は，企業が単独で行う一般的なCSR事業とは異なり，連携・協働の形をとることで，企業単独ではできない広域的，公益的な事業が行える点に特徴があり，従来のCSR概念から一歩踏み出したといえよう。

2.8　今後の展望

美しい多摩川フォーラムの"河川"を機軸とした公民連携・協働推進による地域づくり運動は，近年，日本で失われてきた共同体の再構築と捉え直すことも可能である。そもそも，フォーラム運動のスキームづくりのヒントとなったのは，江戸時代末期の実践的な農政家，経済思想家である二宮尊徳の「報徳仕法（疲弊した農村の復興策）」である。当時の農村における共同体的な報徳仕法は，後の明治時代に「非営利・相互扶助」の精神に裏付けられた今日の信用金庫の母体として結実した。フォーラム運動モデルの源流は，二宮尊徳の「報徳の教え」（至誠～勤労～分度～推譲）の現代的解釈による地域コミュニティの復興運動でもある。今後，美しい多摩川フォーラムでは，こうした普遍性のある地域づくり運動の実践を通して，地域問題のソリューションを提供していきたいと考えている。

最後に，2011年3月の東日本大震災により東北地方が未曾有の事態に陥った際，その震災時の人々の行動から，日本人の「相互扶助（助け合い）の精神」が世界でクローズアップされたが，これこそ二宮尊徳の報徳思想が日本人のア

イデンティティとして今日まで脈々と流れているものといえよう。同年10月，美しい多摩川フォーラムでは，東北の社会的，経済的ダメージを少しでも復興支援すべく，前述の山形県の官民連携の地域づくり団体「美しい山形・最上川フォーラム」とさらに広域連携し，「多摩川夢の桜街道」の"願い事を携えて訪ねる桜の札所巡り"の精神に則り，「東北・夢の桜街道」プランを立案した。多くの犠牲者の鎮魂と被災地の復興に祈りを捧げて巡る「東北・夢の桜街道～桜の札所・八十八ヵ所巡り」により，東北の復興を観光振興面から10年間支援することを決定した。

第3節　人口減少時代におけるコモンズを活用した東北復興支援プロジェクト「東北・夢の桜街道運動」

3.1　東北復興支援プロジェクト策定の背景・経緯

　東日本大震災により未曾有の災害を被った東北地方では，時間の経過とともに深刻な風評被害が発生し，直接被災していない地域も含め，東北への観光客は大幅に減少した。また，東北の定住人口減少傾向という構造的な問題を抱える中，大震災により，その人口減少傾向が加速するなど，東北復興支援は喫緊の国民的課題となった。東北6県の人口トレンドを見ると，宮城県を除く各県では，震災後，人口減少が概ね加速しているが，その宮城県も，東北での人口集中現象が見られる仙台市を除いたベースで見れば，減少傾向が著しいことがわかる。

　こうした中，公民広域連携・協働推進の地域づくり団体である「美しい多摩川フォーラム」では，大震災後，姉妹団体でもある「美しい山形・最上川フォーラム」に呼びかけ，直ちに東北復興支援策を検討した。各団体における地域づくり運動の経験を踏まえ，人口減少時代にあっては，「交流人口の増加」の観点から観光振興を図ることが最も重要であるとの結論に達し，コモンズ（共有資源）である東北の美しい"桜"をシンボルに掲げた『東北・夢の桜街道

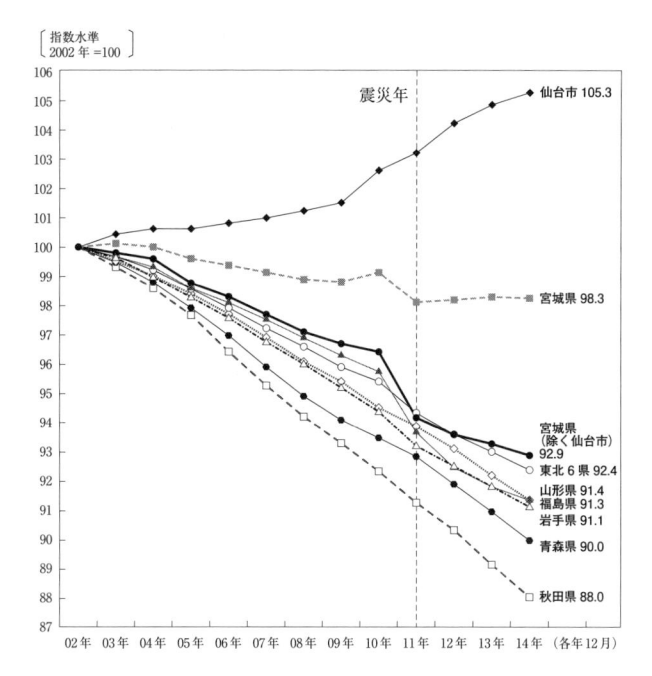

図8-6：東北6県の人口トレンドと震災の影響

出所）東北各県推計人口（月次）をもとに筆者作成。

〜桜の札所・八十八ヵ所巡り』という，観光振興による東北経済の面的再生プロジェクトを立案した。そして，2011年10月1日，両フォーラムは，東北6県や東京都の行政をはじめ，公共交通機関，旅行会社，東京や東北地区の信用金庫業界の「後援」を得て，以後10年間，東北復興支援を実施する旨，対外公表した。反響があまりにも大きかったことから，このプロジェクトを国民運動にするため，国土交通省国土政策局の助言を得て，同年12月1日，官民広域連携・協働推進の『東北・夢の桜街道推進協議会』が，両フォーラムを母体に，東北6県，東京都等16会員により設立された。協議会の会長には美しい多摩川フォーラム会長の細野助博・中央大学教授が，また，副会長には美しい山形・最上川フォーラム会長の柴田洋雄・山形大学名誉教授がそれぞれ就任した。翌年3月末には，国土交通省の出先機関である東北地方整備局や東北運輸局，東北観光推進機構が協議会メンバーに加わった。

3.2　東北・夢の桜街道運動の概要

『東北・夢の桜街道運動』は，日本国民に最も愛され，かつ東北に広く点在する「コモンズ（共有資源）」としての美しい"桜"を東北復興のシンボルに掲げ，両フォーラムが東北の桜の名所の中から独自に選定した「桜の札所・八十八ヵ所」を，東北復興への祈りを捧げながら巡るという，観光振興による東北復興支援スキームである。東北には桜の名所・名木が多数存在し，日本の桜の一大集積地になっており，青天のもと，残雪が輝く山々を背景に咲く桜は，東北ならではの一際美しい風景である。1ヵ所の桜の名所だけでは点に過ぎないが，八十八ヵ所をネットワークで結べば，点から線へ，線から面へと広がり，「四国八十八ヵ所巡礼」のように，観光客が桜の札所を巡れば，各所にお金を落とすことになり，面的再生につながる。このように，『東北・夢の桜街道運動』とは，民間主導の官民広域連携・協働推進（＝相互扶助）により，オールジャパン体制で「交流人口の増加」を実現し，地域経済の活性化を図るという画期的な仕組みである。運動の推進に当たり，協議会事務局（青梅信用金庫内）は，完全非営利活動のもと，参加主体の"緩やかな合意形成"を図りながら，司令塔としての機能を果たしている。

3.3　東北・夢の桜街道運動の実施スケジュールと事業概要

東北・夢の桜街道推進協議会では，東北・夢の桜街道運動を10年間の国民運動として推進するため，創生期・近景・中景・遠景の四つに区分された「計画期間」に想定する事業を落とし込み，10年間の「地域戦略工程表」を策定して全体スケジュールを管理している。また，同工程表については，毎年7月開催の総会で，「進化・発展する計画」として見直しを実施しており，計画の実施に当たっては，「震災の記憶の風化」も考慮し，できる限り当初3年間で事業を前倒し的に実施した。

「地域戦略工程表」に記載されている事業のうち，主な経済事業について概説すると，第1に，「広報事業」を優先的に実施しており，①全国の全267信

創生期	基本構想事業化段階（2011 年 9 月 ➡ 2011 年 12 月） ・2011 秋：桜の札所・八十八ヵ所選定（2011/9 月） ・2011 冬：東北・夢の桜街道推進協議会設立（2011/12 月）
近　景	基盤事業策定段階（2012 年 1 月 ➡ 2012 年 6 月） ・2012 春：❶ポスター全国掲示 ❷桜の札所パネル展 ❸公式ガイドブック発刊 　　　　　❹公式ＨＰ開設 ❺バス旅行商品造成 ❻桜の語り会実施 基盤事業整備段階（2012 年 7 月 ➡ 2013 年 6 月） ・2013 春：❶鉄道・航空旅行商品造成（含むインバウンド商品）❷スタンプラリー 　　　　　❸のぼり旗設置 ❹東北復興支援シンポジウム実施
中　景	基盤事業定着化＆観光産業化段階（2013 年 7 月 ➡ 2015 年 6 月） ・2014 春：❶台湾等インバウンド事業の強化 ❷食の逸品情報のＨＰ追加 　　　　　❸東北桜旅ナビ開発提供 ❹しんきん桜守制度事業実施 ・2015 春：❶桜の開花情報ＨＰ追加 ❷桜の札所・番外編 20 先追加
遠　景	観光産業定着化段階（2015 年 7 月 ➡ 2021 年 6 月） ・2015 秋：❶ 2015/10 月東北・桜サミット開催 ❷秋からの新酒シーズンに向け 　　　　　「東北酒蔵街道」を創設し，東北復興支援運動を通年化

表 8-1：「地域戦略工程表」（主として経済事業）

用金庫の全 7,517 店舗において 1 月から 4 月まで「東北・夢の桜街道」のＰＲポスターを掲出したほか，②東京のターミナル駅で桜の札所のパネル展や物産展を開催し，さらに③公式ガイドブック・小冊子・携帯マップ・チラシ・無料アプリを制作し，公式ホームページも開設した。ちなみに，④米国アカデミー賞にノミネートされた感動的な短編ドキュメンタリー映画「津波そして桜」の上映を含む東北復興支援シンポジウムも東京で開催した。

　第 2 に，「東北観光誘客事業」として，①バス，鉄道，航空機を利用した旅行商品の造成に加え，②桜の札所での語り会（語り部・平野啓子氏：文化庁芸術祭大賞受賞）や，③日本人が好む桜の札所巡りのスタンプラリー事業を開催し，④桜の札所や最寄り駅等にのぼり旗を 1,000 本設置した。さらに⑤東アジア・インバウンド事業として，観光庁の台湾での春の訪日旅行促進事業（台湾の地下鉄車体広告等）に協力したほか，⑥成田国際空港の国際線出発ロビーにおいて開催された国土交通省東北運輸局の「東北・夢の桜街道」の巨大パネル展にも協力した。

　第 3 に，「ICT 戦略事業」として，IT ベンダーとともに観光クラウド・コンピューティングにより，「東北桜旅ナビ」を開発し，桜の札所情報，食の逸品

情報,桜の開花情報を提供した.

なお,2015年春から,「桜の札所・番外編」として20ヵ所の桜の札所を追加選定し,札所全体では108ヵ所に拡大した.「人間の持つ百八つの煩悩を一つ一つ振り払うために桜の札所108ヵ所を巡る」というコンセプトを追加し,運動のさらなる拡大を図っている.

3.4 相互扶助によるソーシャル・イノベーション

大震災直後,「助け合いの精神」で整然と復興に努める被災者の姿が世界から称賛されたが,「東北・夢の桜街道推進協議会」でも,日本人の美徳とされる「相互扶助」により東北の復興再生に取り組むことで幅広い「絆」が結ばれ,ひいては国民運動になると考えた.そこで,「旅で支える東北」という考えのもと,まず「支援する側」で勝手連的な官民連携・協働推進(=相互扶助)による支援活動を立ち上げ,その動きが,「支援される側」においても,地域

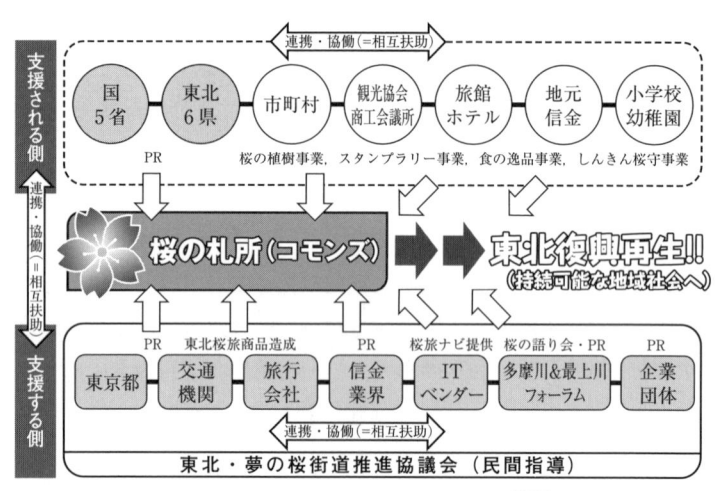

★官民広域連携・協働推進の"相互扶助",支援する側と支援される側の双方向の"相互扶助"により,オールジャパンで東北の復興再生を実現する「ソーシャル・イノベーション」の設計図を提示・実行.

図8-7:相互扶助によるソーシャル・イノベーションの構図

の自立的な「連携・協働」（＝相互扶助）を生み，そして支援する側と支援される側の双方向の「相互扶助」が，時間の経過とともにオールジャパンの力強いサポートになって，地域の復興再生を実現し，東北の「持続可能な地域社会への変革」，すなわち，今日的な「ソーシャル・イノベーション」につながると考えている。その前提として，「東北・夢の桜街道運動」が，国民の"共感"が得られる数少ないコモンズ（共有資源）としての"桜"をシンボルに据えているため，大規模な予算を伴わないソフト戦略であることが重要なポイントである。

3.5 東北・夢の桜街道運動の3本柱と方針

　「東北・夢の桜街道運動」を推進するに当たり，当初は「旅で東北を支える」という経済的な観点から東北復興支援プロジェクトをスタートさせたが，この運動が急速に拡大する中，2013年7月の総会開催時には，「進化・発展する計画」のもと，新たに地域の自立的な観点も加え，『東北・夢の桜街道運動』を，経済，環境，教育文化の3本柱で再構成し，総合的な地域振興プロジェクトに衣替えすると同時に，参加者の"共感"の連鎖に支えられた運動を展開することとした。

　3本柱の当面の方針について，「経済軸」では，「東北・夢の桜街道」の各種国内旅行の推進に加え，東アジア・インバウンド誘客事業を通じて，台湾，香港等東アジアからの訪日を促進し，東北のみならず日本の成長戦略にも寄与する考えである。次に「環境軸」では，東北の市町村や環境づくり団体等と連携し，生態系に配慮しながら桜を植樹し，美しい東北の桜を次代に継承する。最後に，「教育文化軸」では，地元の信用金庫や小学校，幼稚園，保育園が連携し，次代を担う子どもたちに魅力ある地域資源の桜に気づかせて郷土愛を育む「しんきん桜守制度」の普及に努める。例えば，福島信用金庫では，2014年春に，小学生対象の「桜の絵画コンクール」を公募で実施したところ，2,000人を超える応募があり，桜のもつパワーに驚くと同時に，子どもたちの地域への誇りや愛着が高まったことに感動したとのことである。2014年は，東北地区

全 27 信用金庫のうち 18 金庫でこうした取り組みが行われ，132 校・園，7,791 人もの子どもが応募した。一方，文化面では，桜の札所近隣の"食"の逸品を掘り起こして紹介するとともに，東北の"おもてなし"文化を PR する「食の逸品制度」を推進する。

　このように，「東北・夢の桜街道運動」の推進軸は，経済，環境，教育文化であるが，この運動を立ち上げた「美しい多摩川フォーラム」や「美しい山形・最上川フォーラム」でも同様の観点で実績を上げており，「経済，環境，教育文化」の3大要素は，「地域経済活性化の必須3原則」であるといえる。地域づくりにおいて，人々が生活していくためには，経済が最も重要なファクターであり，環境だけでは生活基盤をつくることはできない。しかし，経済を追求すれば，環境に負荷をかけることになるので，環境とはバランスをとる必要がある。そして地域づくりは一朝一夕にできるわけではないので，次の世代に運動を継承していく必要があり，教育文化が重要なファクターとなる。

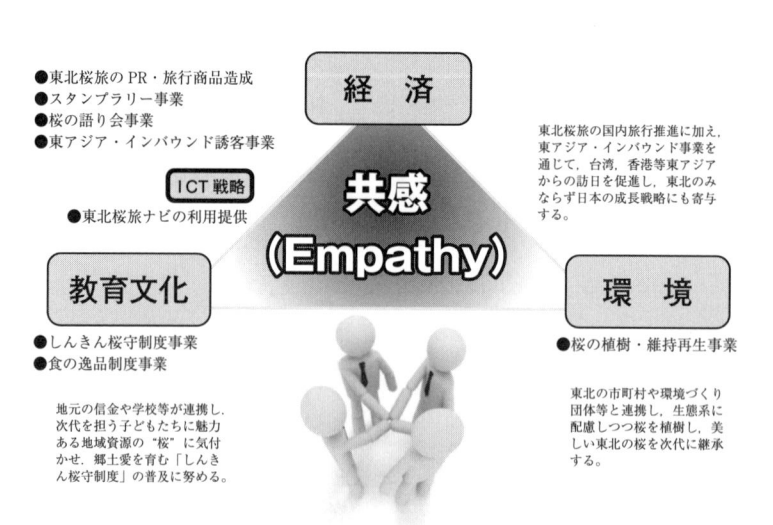

★東北・夢の桜街道運動が急速に拡大する中，東北地域の自立的な動きを踏まえ，平成 25 年 7 月に運動を経済・環境・教育文化の 3 本柱で再編成し，総合的な地域復興プロジェクトに衣替え。

図 8-8：東北・夢の桜街道運動の 3 本柱と方針

3.6 東北・夢の桜街道運動に対する企業の持続性と広範化

　資本主義経済のもとで，「地域経済の活性化」をリードするのは創造的な企業である。ただ，東北復興という社会的かつ長期的な企業の取り組みにおいては，従来からのCSR（企業の社会的責任）という考え方だけでは，利益を追求する企業として，支援の継続に限界がある。利益の最大化を目指す株式会社であれば，株主は，たとえ東北復興支援のためのCSRに係るコストといえども，株式配当金の長期間にわたる減額は容認できないであろう。現に，CSRとして東北復興に関わってきた理解のある企業でも，3年目位からCSRとしての継続的支出に難色を示す先が多いのが実情である。

　このため，東北・夢の桜街道推進協議会では，新たにCSV（共通価値の創造：Creating Shared Value）という「社会的課題の解決と利益の創出を両立させる企業行動」に関する新しい経営理論（M.ポーター 2011）の考え方を取り入れた。このCSVの理念のもとで企業が獲得した利益を東北に「再投資」すれば，資金が循環し，東北の持続的成長につながるのではないかと考えている。いずれにしても，企業の"共感"を前提に，CSVに基づく長期的な支援活動と幕末の経済思想家，二宮尊徳の「積小為大の精神（小さなことの積み重ねがやがて大きな成果につながる）」により，この運動を息長く，そして裾野を拡大していきたいと考えている。

　さらに，従来のように自社だけの閉じた世界で企業サービスを創造していくには限界が出てきている今日，自社だけでなく，他社や生活者等を巻き込むことで，初めて新しい価値を創造するという「共創（Co-creation）」により，新しいサービスを提供する「オープン・サービス・イノベーション」（H.チェスブロウ 2012）を加速させることも，企業による運動の広範化につながると考える。例えば，東北・夢の桜街道運動のICT戦略を担っている富士通では，2014年に「さくらハッカソン」を開催した。公募で集まってきた広告代理店のクリエイター，独立系Webデザイナー，学生，富士通社員など総勢40人の参加者が8チームに分かれ，わずか1日半で，スマートフォン向けアプリやWebサイトなど「東北への桜旅」を誘引するサービスについて，アイディア競争で企

画開発し，プレゼンテーション・ビデオまで作成した。このようなソフトウェア技術者などが限られた短い時間の中で開発するイベントを「ハッカソン」と呼び，米国では世界大会も開催されている。ちなみに，「この東北復興支援プロジェクトには"夢"があり，地域とWin-Winの関係で東北復興に関与できるのが嬉しい」との感想が参加者から多数寄せられた。

3.7　社会的共通資本の制度資本としての信用金庫の役割

　従来，金融機関は，中立的な立場という理屈を盾に，民間の地域づくり運動に直接関わることに距離を置いてきたが，人口減少時代に入り，地域経済と密接に関わる経営を行っている協同組織金融機関では，最近，地域づくり運動に直接的に関わるケースが現れ始めている。東北復興支援の地域づくり運動である「東北・夢の桜街道運動」は，筆者の知る限りでは，広域的な地域づくり運動の中軸メンバーとして金融機関が本格的に参加した初のケースである。全国の全267の信用金庫が，広報を中心に全国ネットで後援しているほか，東北地区の全27信用金庫は，前述の「しんきん桜守制度」等を通じて，この運動に直接参加している。ではなぜ，信用金庫がこのような運動に積極的に参加しているのであろうか。そもそも，信用金庫とは，「非営利」「相互扶助」を基本理念とする協同組織金融機関であり，根源的に利益を追求する株式会社の銀行とはおのずと性格を異にしている。信用金庫は，銀行のように，「地域が衰退すれば，新しい収益機会を求めて撤退する」わけにはいかない。営業区域が金融当局により規制された信用金庫は，まさに「地域と運命共同体」であり，地域に密着した地域づくりの推進役としても適任である。また，信用金庫の基本理念をたどれば，幕末の実践的な農政家で，経済思想家でもある二宮尊徳の「相互扶助」の報徳思想に行き着くため，「連携・協働（＝相互扶助）」を軸とする「東北・夢の桜街道運動」との親和性が高く，ここに，信用金庫業界がこの運動に参加する意義がある。

　このように考えると，今後，信用金庫は，社会になくてはならない「社会的共通資本（Social Common Capital）」（宇沢弘文1994）を構成する自然資本（コモ

ンズとしての自然環境等），社会的インフラストラクチャー（社会資本：堤防，道路，港湾，上下水道，電力・ガス供給施設，文化的施設等），制度資本（社会的インフラストラクチャーを側面から支える教育，医療，金融，司法，行政，警察，消防等）のうち，制度資本としての役割を果たす必要があり，また，東北の被災地金融機関の立場を踏まえ，自然資本を大切に守り，地域に寄り添う目線で地域を支援していく責務がある。

3.8 地域振興のソーシャル・イノベーション・モデルの意義

「ソーシャル・イノベーション（Social Innovation）」に対する考え方は，前述のとおり，J. フィルズ（2008）に準拠しているが，これをもとに再定義するとすれば，「社会的なニーズ・課題に対して，独創的な解決策を創造して実行する革新的な取り組みで，社会的価値・成果が得られるもの」ということになる。その意味において，「東北・夢の桜街道運動」という広域地域連携・協働推進による地域づくり運動は，「ソーシャル・イノベーション・モデル」である。そこで，この運動モデルの意義・戦略的核心をまとめれば，次のように集約することができる。

第1は，人々の"共感"が得られるコモンズ（"桜"）を広域的な地域づくりのシンボルとした独創性・発展性・経済性。具体的には，①東北地方に多数存在する点的なコモンズ（桜の名所）をネットワーク化し，面的なコモンズ（東北・夢の桜街道）に仕立てることにより，「交流人口の増加」を促すという仕掛けは，独創的である。また，②コモンズの"桜"をシンボルにした「連携・協働（＝相互扶助）」によるつながりが，企業を含む官民の"共感"の連鎖を呼び起こし，ひいては国民運動として裾野が広がる共感性・発展性を有している。さらに，③既存のコモンズ（"桜"）をシンボリックに活用した，大規模予算を伴わない「ソフト戦略」の運動であり，コスト・パフォーマンスが極めて高い。

第2は，官民の役割を明確にした"民主導"の官民連携組織の信頼性とスピード感。具体的には，①官民連携として，行政が情報提供や信用面を担保す

る一方，民間も"緩やかな連携"のもと，自主性が尊重されていることから，"民主導"の地域づくり運動として，スピード感を持った事業展開が可能である。また，②当協議会のように，法人格のない任意団体であっても，「完全非営利」であれば，適切なリーダーシップのもと，官民の広範な利害関係者をスピーディーに調整し，事業を前進させることができる。

第3は，「経済」「環境」「教育文化」という三つのバランスが取れた推進軸が支える地域づくり運動の計画的安定性・成長性。具体的には，地域経済活性化のためには，「経済」が主眼になるが，「環境」に負荷がかからないような視点が不可欠で，「経済」と「環境」は運動のいわば「車の両輪」である。そして，地域づくりは，次世代を担う子どもにつなげていく息の長い運動であり，「教育文化」による"人づくり"の視点は重要である。

第4は，CSR（企業の社会的責任）からCSV（価値共創）への変化による参加企業の持続性・広範性。具体的には，地域振興に係る企業の考え方に，「社会的課題の解決」と「利益の創出」を両立させるCSVの考え方を取り入れることにより，参加企業の持続性が確保され，企業の経営スタンスも守りから攻めに転ずることになり，運動はより活性化し，広範化する。

第5は，東北の"桜"をブランドとしたインバウンド事業を通じて東北の交流人口を増やすという発想の斬新性。具体的には，定住人口一人当たりの年間消費額を，訪日外国人旅行客8人分に相当する消費額で賄おうとする考え方は斬新である（出所：観光庁「訪日外国人消費動向調査」，総務省「家計調査」）。

第6は，異業種連携による価値創造性。具体的には，当協議会の連携・協働のプラットフォームが，異業種連携によるオープン・サービス・イノベーションの場を提供しており，「共創」により新しいサービスを生み出している。

第7は，協同組織金融機関である信用金庫が主体的に参加することで，地域に密着した金融インフラを支えることになり，「社会的共通資本」の「制度資本」としての機能が発揮される。

第8は，東北地方は，歴史的，文化的な背景の違いから，県という行政単位や，県内の地域単位でも，目に見えない障壁があるが，コモンズである"桜"は，各県，各地域に共通に存在し，仮想空間に"桜街道"を無数に設定するこ

とができるため，その障壁は超えやすい。また，将来，道州制が導入されたとしても，東北全体をカバーする観光政策として引き続き存在価値は高い。

3.9　東北・夢の桜街道運動の今後の展望

　「東北・夢の桜街道」への観光客の現状についてヒアリングしてみると，残念ながら，震災後4年間が経過して，「記憶の風化」が進んでいる。4年連続で東北復興支援の桜旅ができる人はそう多くはない。やや子細に見ると，これまで東北桜旅を楽しんできた人たちの中には，東北以外の地域への旅行を取り止め，東北復興支援のために振り替えてきた可能性が少なくない。つまり，東北の観光客の増加実績は，日本の他の観光地における観光客の減少により賄われていた可能性がある。景気回復の実感が乏しい日本経済の現状から判断すると，日本全体の国内旅行需要は，パイの取り合いでプラス・マイナス・ゼロであり，日本の成長にはほとんど寄与していないと考えられる。一方，海外からの観光客は，そのまま旅行需要の純増につながるため，その分，日本は成長することができる。幸い，東北・夢の桜街道推進協議会のインバウンド事業で見たとおり，日本人が愛してやまない"桜"は，台湾，香港，タイ等東アジアで幅広く好まれており，"桜"のブランド力には目を見張るものがある。

　すでに，2013年3月，香港の旅行雑誌「Hongkong Walker」に「東北・夢の桜街道」の特集記事と写真がカラーで8頁にわたり大きく紹介されたほか，2014年2月から3月にかけて1か月間，観光庁の台湾における春の訪日旅行促進キャンペーン事業として，台湾の地下鉄1編成6両の車体と車内の床・天井にラッピング広告が施された「東北・夢の桜街道」号が，台北の地下を走り抜け，現地で大きな反響を呼び，春の台湾からの訪日観光客の増加に貢献した。

　したがって，「東北・夢の桜街道」については，"桜"のナショナル・ブランド化（SAKURA JAPAN！）を図りながら，「海外インバウンド戦略」の目玉事業として，今後，積極的に活用していくことが肝要である。とりわけ，「東北・夢の桜街道」の早期観光産業化を展望しつつ，外国人の東北への新規旅行需要

写真8-4：観光庁による台湾の地下鉄車体・車内広告
出所）東北・夢の桜街道推進協議会提供。

を一段と掘り起こし，「交流人口のさらなる増加」を通じて，東北復興支援を加速させることが何より求められている。

また，「東北・夢の桜街道運動」は，震災後10年間実施することになっているが，改めて「日本の観光ブランド戦略」としても位置づけ，2020年に開催される「東京オリンピック・パラリンピック」に向けて国と歩調を合わせ，「外国人の訪日観光客数2,000万人」の政府目標達成に，東北から貢献するとともに，「日本の成長戦略」の有力な事業の一つとして発展させていく考えである。

ちなみに，日本のシンボルでコモンズでもある"桜"については，全国に特色のある名所が数多く存在し，日本全体で見れば，1月の沖縄（カンヒザクラ）から6月の北海道（チシマザクラ）まで半年余り桜を見ることができることから，オールジャパンでの"桜"による「インバウンド観光戦略」は，リピーターも期待でき，極めて有効である。加えて，東北一円が観光客の宿泊の受け皿としても機能を発揮する。さらに外務省の在外公館等を通じて"桜"を発信すれば一層効果的である。こうしたことから，「東北・夢の桜街道」は，今後，『日本・夢の桜街道』としても幅広い展望が可能であるといえよう。

一方，国内的に見ると，「東北・夢の桜街道」の観光産業化を射程に入れ，「東北・夢の桜街道推進協議会」は，「農・商工・金・外連携」ができる体制を整えてきており，2015年10月に開催された「東北・桜サミット」（東北復興支

援運動5周年を前に，東北6県が連携・協働した記念シンポジウムや映画上映会等を山形県で開催）で公表された『東北酒蔵街道』（東北の80酒蔵が参加）については，「東北・夢の桜街道」とともに，年間で切れ目がないよう，東北復興支援を通年化する考えである。

なお，『東北酒蔵街道』を簡単に紹介すると，「和食」がユネスコの無形文化遺産に登録されたことを踏まえ，食文化として密接な関係にある「日本酒」に着目し，国内でも有数の酒どころである東北の"酒蔵"を，秋からの新酒シーズンに紹介するとともに，紅葉や温泉を満喫しながら東北を巡る旅のスタイルであり，東北の「農・商工・金・外連携」により，東北復興支援を一段と幅広く底上げしていく方針である。

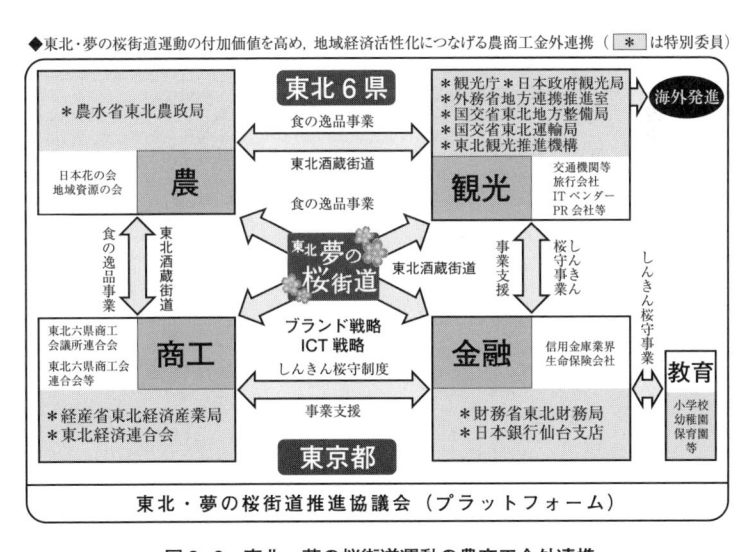

図8-9：東北・夢の桜街道運動の農商工金外連携

おわりに

顧みると，一地域づくり団体（美しい多摩川フォーラム）の問題提起から始まった「東北復興支援プロジェクト」であるが，3年足らずで日本の観光政策

の一角に取り入れられ，国民運動としても発展しつつある。今後，東北のコモンズ（"桜"）による観光産業化にも大きく寄与するものと期待されている。

東北・夢の桜街道推進協議会では，コモンズ（"桜"）を活用した広域連携・協働推進による地域振興モデルを，「地方創生」を目指す全国の地域づくり運動に対し，戦略的かつ普遍的なソーシャル・イノベーション・モデルとして，また，持続可能な地域社会を実現するためのスキームとして，今後，積極的に提供していきたいと考えている。

（2015年9月30日現在）

特別委員（11）	民間構成員（37）	
国土交通省東北地方整備局 国土交通省東北運輸局 農林水産省東北農政局 経済産業省東北経済産業局 財務省東北財務局 外務省地方連携推進室 観光庁観光資源課 日本政府観光局（JNTO） 日本銀行仙台支店 一般社団法人東北経済連合会 東北観光推進機構	【交通機関，旅行会社等】（10） 東日本旅客鉄道株式会社 全日本空輸株式会社 日本航空株式会社 株式会社はとバス 東日本高速道路株式会社東北支社 株式会社ジェイティービー クラブツーリズム株式会社 近畿日本ツーリスト株式会社 株式会社阪急交通社 株式会社読売旅行	【金融機関，金融業界団体】（8） 富国生命保険相互会社 フコクしんらい生命保険株式会社 東京海上日動火災保険株式会社 株式会社日本政策投資銀行東北支店 信金中央金庫 一般社団法人全国信用金庫協会 一般社団法人東北地区信用金庫協会 一般社団法人東京都信用金庫協会 【報道機関】（1） 株式会社テレビユー福島
行政構成員（7）	【一般企業】（10） 富士通株式会社 楽天株式会社 エーザイ株式会社 住友商事東北株式会社 株式会社大丸松坂屋百貨店 株式会社ジェイアール東日本企画 アルピン株式会社 株式会社リクルートライフスタイル 株式会社KADOKAWA 株式会社ぱど	【団体】（8） 東北六県商工会議所連合会 東北六県商工会連合会 公益財団法人日本花の会 日本酒蔵組合中央会東北支部 いいね！JAPAN 地域資源の会 美しい山形・最上川フォーラム 美しい多摩川フォーラム
青森県 岩手県 宮城県 秋田県 山形県 福島県 東京都		

表8-2：東北・夢の桜街道推進協議会の体制（55会員）

―― **参考文献** ――

宇沢弘文『宇沢弘文の経済学　社会的共通資本の論理』日本経済新聞出版社, 2015年。
宇沢弘文・茂木愛一郎編『社会的共通資本――コモンズと都市――』東京大学出版会, 1994年。
児玉幸多編『二宮尊徳』中央公論社, 1984年。
チェスブロウ，ヘンリー『オープン・サービス・イノベーション』（博報堂大学ヒュー

マンセンタード・オープンイノベーションラボ 監訳）阪急コミュニケーションズ，2012年。

野中郁次郎・廣瀬文乃・平田透『実践ソーシャルイノベーション』千倉書房，2014年。

矢口芳生『今なぜ「持続可能な社会」なのか──未来社会への方法と課題──』農林統計出版，2013年。

Garrett Hardin (1968), "The Tragedy of the Commons," Science, 162-3859, 1243-1248.

M. A. McKeen (1992), "Management of Traditional Commons Lands in Japan," in D. Bromley, ed., Making the Commons Work, San Francisco: Institute for Contemporary Studies.

James A. Phills JR., Kriss Deiglmeier, & Dale T. Miller (2008), "Rediscovering Social Innovation," Stanford Social Innovation Review.

Michael E. Porter (2011), "Creating Shared Value," Harvard Business Review, vol.89.

あとがき

　21 世紀は，急速な近代化による負の遺産を克服し，自然や歴史に立脚した真の豊かさを享受する社会としなければならない。「コモンズ」は，様々な領域における古典的な研究対象であるとともに，これからの社会の価値を創造していく先端的な概念としても注目されている。

　我々の生活を支える自然環境，社会インフラ，諸制度は，様々な主体によって所有・管理され，時に，その存在価値が十分に活かされないことが大きな社会問題となってきた。こうした諸問題の解決に向けて，多様なステークホルダー（利害関係者）の参加のもと，分断化された社会資本を再評価し，地域の「公共財」や「公益財」として再構築していかねばならない。

　日本社会は，これから，少子高齢化が急速に進んでいくことになり，「成長社会」から「成熟社会」への転換を余儀なくされていく。こうした大きなパラダイムシフトが進む時代においては，限られた地域資源を地域の知恵で最大限に活用するという発想が重要となる。今こそ，次世代の地域社会のあり方を見据え，未来への礎として，持続可能な社会資本整備を進めていくことが必要となっている。

　本書が提示する「コモンズ」の概念は，これまでのコモンズ研究を十分に尊重しながらも，これからの未来を築く創造的な視点，実践的な手法となることを指向している。

　2011 年 3 月 11 日に発生した東日本大震災は，日本社会を根底から揺るがす大きな衝撃を与えたが，そのソリューションは，未だ，可視化されているとは言い難い。本書では，東北復興や海外における先駆的な事例が取り上げられているが，こうした時代の先端を走る挑戦的なプロジェクトの中に，これからの時代を切り拓く鍵を見出すことができる。

　本書の背景には，2009 年 7 月より始まった日本計画行政学会のコモンズ研究専門部会（代表：風見正三・宮城大学教授，副代表：保井美樹・法政大学教授，特別顧問：細野助博・中央大学教授，以下，コモンズ研究会）の 6 年に及ぶ議論の蓄積がある。

コモンズ研究会では，自然環境保全・利用・再生，地域づくり，建築・都市計画，不動産，地方自治，雇用，金融，経営，政策，制度，税制，知的財産，コミュニティ等について，第一線の現場で活躍する実践者の方々からの報告をベースにして，多様な専門家メンバーが議論に加わるスタイルで研究会を重ねてきた。

　これまでの議論を俯瞰したときに，新たなコモンズが導く地域社会のビジョンとして，地域をつなぎ，活かすことによる，「地域の連携」や「共益の創出」，これらを支える「財源確保」の視点の重要性が浮かび上がる。

　21世紀は，地域を構成する様々なステークホルダーがそれぞれの役割を認識し，地域の共通の財産や未来をシェアし，自らが主体的にデザインに関わっていくことが求められる。本書の提示する「新しいコモンズ」の価値が人々の共通認識となっていくとき，真の永続的な豊かさを実感できる社会が到来することになるであろう。

　コモンズ研究会の成果は，日本計画行政学会のホームページにあるコモンズ研究専門部会の報告書（http://www.japanpa.jp/6_1/commons/）をご参照いただきたい。

　本研究会における研究成果や事例報告は，長い年月の中で，真の評価を与えられていく先端的なものばかりであり，日々の進化の中で，その重要性を増していくことであろう。コモンズ研究会では，こうした多元的な議論を続けることにより，新たなコモンズの創造を目指したいと願っており，これからも，様々な専門家にご参加いただきながら，活動を展開していきたいと考えている。

　最後に，本書の出版に当たり，これまでコモンズ研究会においてご報告をいただいた多くの専門家と実践者の皆様に感謝を申し上げたい。

　本書が，これからの持続可能な地域社会を創造する一助となることを願う次第である。

2016年2月

日本計画行政学会コモンズ研究専門部会

代　表　風見正三（宮城大学教授）

事務局　東海林伸篤（世田谷区職員）

―― 編者紹介（執筆順）

細野助博（ほそのすけひろ）（まえがき・第1章）▶ 中央大学大学院公共政策研究科委員長・総合政策学部教授。日本公共政策学会元会長，（一社）日本計画行政学会会長，（公社）学術・文化・産業ネットワーク多摩専務理事，財務省財政制度等審議会委員。著書：『中心市街地の成功方程式』（時事通信出版局）など。

保井美樹（やすいみき）（第5章）▶ 法政大学現代福祉学部教授。米 Institute of Public Administration，東京市政調査会，東京大学等を経て2004年より法政大学へ。エリアマネジメント，官民連携が専門。NY大学都市計画修士，工学博士（東京大学）。共著：『新版エリアマネジメント』（学芸出版社）など。

風見正三（かざみしょうぞう）（第7章・あとがき）▶ 宮城大学事業構想学部副学部長・教授。東京工業大学大学院博士後期課程修了，英国ロンドン大学大学院修了。博士（工学），経営学修士，技術士（都市及び地方計画）。専門分野は，地域計画・コミュニティビジネス。著書：『コミュニティビジネス入門』（編著，学芸出版社）など。

―― 執筆者紹介（執筆順）

菊池純一（きくちじゅんいち）（第2章）▶ 青山学院大学法学部・大学院ビジネス法務専攻教授。専門は知的財産法，知財クリニック，政策評価（研究開発追跡評価等）。著書：『先端技術と経済』（岩波書店），『知的財産と無形資産の価値評価』（中央経済社），『知財のビジネス法務リスク』（白桃書房）など。

大和田順子（おおわだじゅんこ）（第3章）▶ 立教大学21世紀社会デザイン研究科兼任講師。一般社団法人ロハス・ビジネス・アライアンス（LBA）共同代表，農林水産省・世界農業遺産専門家会議委員。有機農業や生物多様性をテーマとしたCSV，地域づくりを支援。著書：『アグリ・コミュニティビジネス』（学芸出版社）など。

菊池宏子（きくちひろこ）（第4章）▶ 武蔵野美術大学，立教大学兼任講師。米国タフツ大学大学院博士前期課程修了。Creative Ecology 社代表。複数の非営利組織の活動に関与。MITやボストン美術館を含む国内外の美術館，文化施設，まちづくりNPOにてアートや文化の役割・機能を生かしたコミュニティデザイン・地域再生事業などに多数携わっている。

矢部拓也（やべたくや）（第6章）▶ 徳島大学大学院ソシオ・アーツ・アンド・サイエンス研究部准教授。専門はまちづくり，地域社会学。共著：『分断社会と都市ガバナンス』（西山八重子編著，日本経済評論社），『地域社会の政策とガバナンス』（岩崎信彦・矢澤澄子監修，東信堂）など。

宮坂不二生（みやさかふじお）（第8章）▶ 日本銀行山形事務所長（山形大学非常勤講師を兼任），考査局考査役等を歴任後，青梅信用金庫執行役員リスク管理部長兼地域貢献部長に就任。現在，同金庫特別アドバイザー／美しい多摩川フォーラム常務理事／東北・夢の桜街道推進協議会事務局長。

東海林伸篤（しょうじのぶあつ）（あとがき）▶ 日本計画行政学会コモンズ研究会事務局，世田谷区職員，一級建築士。専門はまちづくり，コミュニティ・ビジネス，公共建築。共著：『コミュニティ・ビジネスのすべて――理論と実践マネジメント』（ぎょうせい）。

新コモンズ論 ──幸せなコミュニティをつくる八つの実践──

2016 年 3 月 30 日　初版第 1 刷発行

編　　者	細野助博・風見正三・保井美樹
発行者	神﨑茂治
発行所	中央大学出版部
	東京都八王子市東中野 742-1　〒192-0393
	電話 042 (674) 2351　FAX 042 (674) 2354
	http://www2.chuo-u.ac.jp/up/
装　　幀	松田行正
印刷・製本	ニシキ印刷／三栄社

Ⓒ 2016 Printed in Japan
ISBN978-4-8057-6188-5

＊本書の無断複写は，著作権上での例外を除き禁じられています．
　本書を複写される場合は，その都度当発行所の許諾を得てください．